« RÉPONSES »

Collection créée par Joëlle de Gravelaine,
dirigée par Sylvie Angel et Abel Gerschenfeld

Ouvrages collectifs du Dr Sami-Paul TAWIL

Limites des soins ambulatoires en psychiatrie
(sous la direction de J. de Verbizier et de S. Tawil)
Éditions l'Élan retrouvé, 1994

Le Trouble de l'adaptation avec anxiété
(sous la direction de M. Ferreri)
Éditions Springer, 1999

Deux mille ans de psychiatrie
(sous la direction de M. Bourgeois),
Éditions NHA, 2000

Dr SAMI-PAUL TAWIL

LE MIROIR DE JANUS

Comprendre et soigner la dépression et la maniaco-dépression

Préface du professeur Maurice Ferreri

ROBERT LAFFONT

ISBN : 2-221-09248-1

À la mémoire de Paul, Marie
et Freddy

Pour Christine, Pauline,
Sophie et Cédric,
porteurs d'amour
porteurs de vie

En souvenir de Leila
rappelée trop tôt par la nuit

« Nul n'a jamais écrit ou peint, sculpté, modelé, construit, inventé que pour sortir en fait de l'enfer. »

Antonin ARTAUD

Préface

Les oscillations de l'humeur, ces familières inconnues

La dépression envahit le langage et la « déprime » imprègne parfois notre quotidien. Est-on sûr pour autant d'être déprimé ? Rien n'est moins certain.

Les mouvements des affects, des sentiments, participent à notre vie et colorent nos émotions.

Pourtant, il est des matins blêmes, teintés de grisaille prégnante. Les idées s'embuent d'un pessimisme grandissant. Le plaisir s'est évanoui.

Le ciel bleu est triste et le soleil sombre.

L'angoisse a posé sa catastrophique tenaille de fer sur un corps alourdi, ralenti, taraudé par une térébrante lassitude.

Tout est effort, tout est noir.

De tragiques idées de suicide peuvent faire vaciller la vie.

Et puis, thérapeute et traitement aidant, la vie, comme la montée de la sève au printemps après un hiver d'engourdissement et de froidure, revigore le corps et l'esprit.

Le ciel est bien bleu et le soleil brille.

Sorti de l'enfer, le déprimé, guéri, en connaît trop les tourments pour ne pas les redouter et vouloir s'en prémunir. La famille cherche des réponses à de légitimes inquiétudes. La dépression qui interroge douloureusement le déprimé et ses proches nous interpelle sur nous-même et sur notre propre histoire.

Mais au décours de la dépression, le patient est parfois envahi par un bien-être naturel qui atteint rapidement une euphorie communicante, annonciatrice d'une affection cyclique, la maladie maniaco-dépressive. Il pense que ses projets, pourtant démesurés, ne peuvent qu'aboutir. Tout est facile, tout est joie.

D'exaltantes idées participent à ce festin ludique qui gouverne une vie dont l'avenir est radieux.

Le ciel est en lapis-lazuli et le soleil brille d'un or éternel… avant de s'assombrir à nouveau.

Je suis reconnaissant à Sami-Paul Tawil d'avoir, par son talent, sa double culture, son expérience internationale, éclairé les mouvements de l'humeur oscillant de la dépression à l'euphorie. Il a abordé leur subtile complexité, psychique, biologique et sociale et illustré la particularité de chaque patient en instaurant ses troubles dans leur historicité.

L'univers des déprimés et maniaco-dépressifs nous est désormais plus proche, et l'aide singulière dispensée plus pertinente.

Professeur Maurice Ferreri,
Centre hospitalier universitaire Saint-Antoine (Paris).

Introduction

La maladie maniaco-dépressive est une affection de l'humeur ; celle-ci a été pertinemment définie par Jean Delay dès 1946 dans son ouvrage sur « les dérèglements de l'humeur » comme une « disposition riche de toutes les instances émotionnelles et instinctives, qui donne à chacun de nos états d'âme une tonalité agréable ou désagréable oscillant entre les deux pôles extrêmes du plaisir et de la douleur [1*] ». Sommes-nous tous des cycliques ? D'une certaine manière oui, puisqu'il est des jours où l'on se sent en pleine forme, optimiste, brillant, à l'aise, et au long desquels tout ce que l'on entreprend réussit. Il est d'autres jours où l'on est au contraire traversé par des moments de tristesse, de lassitude, où l'on devient incapable de mener à bien – en tout cas avec plaisir – nos tâches quotidiennes. Ces états par essence fluctuants caractérisent l'évolution de chacun d'entre nous. Ils révèlent aussi certains traits de notre personnalité, notre façon d'aborder les autres et de gérer notre existence. Mais dans la dépression et dans la maladie maniaco-dépressive, les oscillations naturelles de l'humeur dépassent largement les seuils décrits par Jean Delay et s'inscrivent au centre de la souffrance psychique. L'humeur gaie peut ainsi devenir euphorique, exaltée, outrageusement expansive et verser dans la **manie** ; en psychiatrie, celle-ci n'a donc aucune relation avec le sens que lui accorde le langage courant où elle est synonyme d'obsession. De même, le sentiment de tristesse ou de « **blues** » peut s'aggraver et évoluer vers une véritable dépression voire un état de **mélancolie** accompagné d'une intense douleur morale représentant la forme majeure des différentes formes de dépression. Des faits divers dramatiques font parfois prendre conscience à tout un chacun de la dimension tragique de la mélancolie. Les suicides de l'homme politique Pierre Bérégovoy, du philosophe Louis Althusser, du psychanalyste Bruno Bettelheim ou du peintre Bernard Buffet ont frappé et ému leur entourage, le grand public et les psychiatres.

En France la dépression touche plus de trois millions de personnes (4,7 % de la population), et implique le patient lui-même, son entourage familial et son milieu professionnel. D'autres études

* Les notes sont regroupées par chapitre, en fin de volume.

sont plus pessimistes et avancent le chiffre de 7,6 %, soulignant l'implication majeure de cette affection en terme de santé publique.

Un état dépressif aigu peut guérir dans 80 % des cas, or il s'avère que trop de dépressions sont ignorées et que 50 à 60 % des déprimés ne sont pas traités ou sont sous-traités voire mal traités !

La dépression est une affection invalidante. Elle l'est encore plus quand elle s'inscrit dans le cadre d'une maladie à rechute ou quand elle alterne, comme dans la maladie maniaco-dépressive, avec des phases d'exaltation que l'on appelle maniaques.

La puissante DMDA* se pose les mêmes questions aux États-Unis. Pourquoi si peu de déprimés américains sont-ils traités ? Il y a plusieurs raisons mais une des principales est le manque d'information du public : beaucoup d'Américains pensent que la dépression guérira par elle-même et que de toute façon ce serait un signe de faiblesse de demander de l'aide pour cela, et de dépendre de médicaments.

Il est à noter qu'aux États-Unis vingt-trois millions d'adultes présentent une dépression ou une maladie maniaco-dépressive (soit 10 % de la population) et que le coût de la dépression est de 43 milliards de dollars par an pour la santé publique.

C'est au stade de la succession des épisodes dépressifs et maniaques que se constitue la maladie maniaco-dépressive, comparable à la figure du dieu romain Janus paré de son double visage de « Jean qui pleure et Jean qui rit » : les états maniaques et dépressifs s'expriment de manière plus ou moins intense, durable et rapide selon le type de cette maladie si complexe. L'exacerbation de notre tendance naturelle à l'oscillation entre le pôle de la tristesse et celui de l'euphorie constitue une pathologie remarquée depuis l'Antiquité : chez les Anciens déjà, Hippocrate et Arétée de Cappadoce ont tenté de trouver une relation entre la manie et la mélancolie. Mais jusqu'à la fin du XIXe siècle, les phases successives de manie et de mélancolie sont restées comme deux maladies distinctes. C'est le psychiatre allemand Emil Kraepelin [2] qui en a défini le cadre unitaire en 1899 dans sa description de la « folie maniaco-dépressive ». Les psychiatres baptisent rapidement cette pathologie « psychose maniaco-dépressive » (PMD), terme abandonné dans les années 1980 au profit de

* DMDA : Depressive and Manic Depressive Association, association de lutte contre la dépression et la maniaco-dépression.

« maladie maniaco-dépressive » (MMD) et, plus récemment, de « trouble bipolaire » (BP*). Ces changements de termes sont révélateurs de l'évolution de notre connaissance de la maladie et du caractère obsolète de l'opposition tranchée et hermétique entre *névroses* et *psychoses*, qui a longtemps dominé l'approche des maladies de l'esprit. Si le terme de psychose dans son acception française est rapidement apparu inadéquat pour dénommer la maladie maniaco-dépressive, c'est bien parce qu'il s'agit d'une maladie de l'*humeur*, ne comportant que rarement un délire ou des hallucinations. Lorsque ceux-ci existent, ils sont liés à l'humeur – on dit qu'ils sont *congruents* – et sont en général absents pendant les périodes d'intervalles libres de la maladie. Entre deux épisodes maniaques et dépressifs, les patients connaissent en effet des phases de répit durant lesquelles ils peuvent se sentir parfaitement bien.

La maladie maniaco-dépressive, dans sa conception moderne, s'inscrit dans la mouvance des progrès de la psychiatrie depuis les cent dernières années. La psychiatrie est une science médicale jeune, parfois balbutiante et souvent subjective. Il n'existe pas d'examens ou de dosages permettant d'étayer un diagnostic avec une certitude absolue, comme un électrocardiogramme dans les maladies cardiologiques, un dosage de la TSH** dans les affections thyroïdiennes ou un dosage du glucose sanguin dans le diabète... Les sciences du cerveau (neurosciences) sont porteuses de promesses fascinantes, mais les connaissances actuelles ne constituent que les prémices d'un alphabet hiéroglyphique qui attend toujours son Champollion.

Les progrès de la psychiatrie ont été marqués par trois révolutions, représentant autant de jalons qui ont fécondé progressivement cette discipline sortie des abysses du Moyen Âge en moins de cent ans. Il faut se rappeler qu'au XVIIe siècle on brûlait encore les hystériques, considérées comme possédées par le diable, et qu'à la veille de la Révolution française on enchaînait les aliénés agités. C'est au début du XIXe siècle, grâce à Philippe Pinel*** et à ses disciples Esquirol et Ferrus, que la situation des malades mentaux a commencé à s'améliorer. Les conditions d'hospitalisation (de détention !) dans la

* Abréviation de « bipolaire » ou « *bipolar* » en anglais.

** *Thyroïd Stimulating Hormon* (hormone produite par le cerveau et stimulatrice de la thyroïde).

*** Dont on a célébré en 2001 le bicentenaire du fameux *Traité médico-psychologique*.

plupart des établissements d'aliénés étaient effroyables jusqu'en 1820, date à laquelle les méthodes nouvelles et humanistes de traitement y furent appliquées, tout d'abord, dans les plus grands établissements psychiatriques de Paris, Bicêtre, la Salpêtrière et Charenton. Philippe Pinel peut être considéré comme le libérateur des aliénés puisqu'il a ôté les chaînes des malades de Bicêtre, geste mythique immortalisé par des tableaux de Fleury et de Müller* ; une statue érigée à sa mémoire trône d'ailleurs à l'entrée de l'hôpital de la Pitié-Salpêtrière, sur le boulevard de l'Hôpital à Paris.

La révolution freudienne a représenté la deuxième étape de l'évolution de la psychiatrie.

Nous devons à Freud les découvertes de l'inconscient, de la sexualité de l'enfant, la mise au point de la cure analytique. Ces découvertes majeures ont reçu en Europe et aux États-Unis un écho considérable, qui a marqué à jamais le domaine de la psychiatrie et de la médecine mais aussi ceux des arts et des lettres. Dans les années 1970, la plupart des internes français en psychiatrie suivaient une formation psychanalytique, le courant analytique étant alors dominant. Jacques Lacan faisait salle comble lors de son séminaire clinique de la salle Magnan, à l'hôpital Henri-Rousselle, et lors de son séminaire théorique de l'hôpital Sainte-Anne. Les étudiants, les praticiens et d'autres « spectateurs » s'y bousculaient, dans une véritable ambiance de « happening ».

Aujourd'hui, on note un net mouvement de retour du balancier puisque beaucoup de jeunes psychiatres montrent actuellement davantage d'intérêt pour les neurosciences et les thérapies cognitives et comportementales que pour la psychanalyse. Ce renversement de tendance est dû en partie à la troisième révolution survenue en psychiatrie : l'ère de la biologie. Ce fut en 1952 la première utilisation en psychiatrie, par Pierre Deniker, de la chlorpromazine (Largactil), molécule synthétisée par les laboratoires Rhône-Poulenc et utilisée initialement par Henri Laborit en anesthésie dans l'« hibernation artificielle ». À l'hôpital Sainte-Anne, Jean Delay et Pierre Deniker suivent ses indications dans les psychoses : le premier traitement neuroleptique est ainsi initié, permettant enfin d'apaiser la souffrance et l'agitation des malades mentaux. Quant au premier

* Un tableau se trouve à la salle Charcot à l'Hôpital de la Salpêtrière, un autre à l'Académie de Médecine rue Bonaparte.

antidépresseur (Imipramine – « Tofranil »), il n'est mis au point qu'en 1957, transformant la vie des déprimés et les sortant de cet « enfer » que décrit Catherine Derivery dans son témoignage autobiographique [3].

La psychopharmacologie ne cesse de se développer car les besoins sont pressants et également parce que les marchés des firmes pharmaceutiques sont fabuleux. Enfin, l'expansion de la psychiatrie biologique est pour une part liée au développement du fameux et si controversé manuel de diagnostics et de statistiques des troubles mentaux *Diagnostic and Statistic Manual.* La publication de sa version DSM III R (1987) a été un véritable tournant, et l'édition du DSM IV (1994) et son actualisation, le DSM IV TM, sont de véritables « bibles » de la psychiatrie américaine [4]. Celle-ci est partie à l'assaut de la psychiatrie mondiale en faisant éclater, par son « athéorisme » (supposé) et son pragmatisme, la conception antérieure des névroses et des psychoses. Pourtant le DSM, qui se défend d'être « idéologique », pose les jalons d'une psychiatrie descriptive qui ne se réfère pas aux causes présumées des pathologies mentales et utilise la dénomination de « troubles » là où on utilisait le terme de « maladies ».

Un récent congrès de l'Association mondiale de psychiatrie – « née » en France en 1950 sous l'égide d'Henri Ey – a fait tiquer plus d'un psychiatre. Cette manifestation avait choisi pour thème « Une psychiatrie-un langage », cherchant à établir un langage commun à tous les praticiens en psychiatrie, mais beaucoup de psychiatres avaient entendu dans ce titre une référence non seulement à l'anglais mais surtout au DSM.

De plus, le DSM a modifié les classifications préexistantes des maladies mentales, fractionnant les grandes entités de la pathologie mentale en une multitude de sous-catégories diagnostiques, et en étudiant leur réponse à la prescription de médicaments de l'esprit, mais aussi à des psychothérapies (essentiellement cognitives et comportementales).

Dans le domaine des troubles de l'humeur qui nous intéresse ici, cet éclatement apparaît clairement : alors que Kraepelin distinguait cinq catégories pour rendre compte de leur diversité, les classifications actuelles en dénombrent plusieurs dizaines !

Les dépressions et la maladie maniaco-dépressive s'inscrivent en grande partie dans le registre de la révolution biologique de la psychiatrie car les antidépresseurs et les sels de lithium, introduits depuis plusieurs décennies dans le traitement de ces affections, ont largement modifié leur pronostic. Comme l'affirme Peter Berner en parlant de la maniaco-dépression, « cette affection est exemplaire des problèmes et des avancées de la psychiatrie moderne [5] ». En effet, lorsqu'elle est bien individualisée cliniquement, la maniaco-dépression répond à un traitement curatif dans les phases maniaques (grâce aux neuroleptiques, à certains médicaments utilisés dans l'épilepsie, et aux tranquillisants dénommés benzodiazépines) et dans les phases dépressives (grâce aux antidépresseurs). Elle répond aussi à un traitement préventif par le lithium et les anti-épileptiques qui ont littéralement transformé la vie des malades puisque grâce à ces deux familles de médicaments dits « thymorégulateurs » on peut souvent prévenir les rechutes et stabiliser les patients.

Ronald Fieve ne s'y est pas trompé en inscrivant lui aussi la maniaco-dépression dans le cadre de la troisième révolution psychiatrique dans son ouvrage *Mood Swing : The Third Revolution in Psychiatry* (Variation de l'humeur : la troisième révolution en psychiatrie). Mais l'adaptation de son titre en français, *Nous sommes tous des maniaco-dépressifs* [6] peut prêter à confusion car comme nous le verrons, nous ne sommes pas *tous* maniaco-dépressifs.

Cependant la psychiatrie clinique doit tenir compte du sujet lui-même et peut difficilement se cantonner à des considérations exclusivement biologiques. Comme dans la quasi-totalité des pathologies ou troubles mentaux, on ne peut limiter le traitement de la dépression et de la maniaco-dépression aux seuls traitements médicamenteux, et la psychothérapie reste extrêmement précieuse. Ces maladies sont certes liées à la génétique, aux neuromédiateurs, aux antécédents familiaux, mais aussi à l'histoire personnelle, à la structure psychique, à l'environnement socioculturel, à l'apprentissage, à la formation et à l'information des personnes qui en sont atteintes et de leur entourage.

La psychiatrie a tendance à se biologiser depuis dix à quinze ans, mais pour autant, la psychanalyse, les psychothérapies d'inspiration analytique et les autres psychothérapies (cognitives, comportementales et interpersonnelles) n'ont pas dit leur dernier mot. Le débat actuel – voire les virulentes querelles de chapelles – entre partisans du « tout-médicament » et ceux du « tout-psychanalyse » apparaît manichéen et à certains égards d'une grande pauvreté. Y aurait-il une conception plaçant d'un côté le cerveau et de l'autre l'inconscient ou la psyché, nous faisant retomber dans l'écueil de la dichotomie âme et corps ? On ne peut opposer de façon simpliste la biologie et le psychisme. Il faut maintenir l'unité de ces deux composantes qui interagissent sans cesse si l'on veut tenter de comprendre ce qui se passe dans le fonctionnement psychique des malades mentaux et appréhender leur vécu et leurs souffrances quotidiennes. L'être humain est un « tout » mystérieux, fascinant et surprenant. Chacun de nous porte son histoire personnelle, sa vulnérabilité propre et surtout sa singularité irréductible. Notre psychisme et son mode de fonctionnement dépendent de multiples facteurs qui sont beaucoup trop complexes pour qu'on les réduise à une entité unique. Nous ne sommes pas une simple « *mécanique neurobiologique* », selon la formule d'Édouard Zarifian, qui critique parfois avec pertinence certaines dérives de la psychiatrie contemporaine dans son livre *La Force de guérir*[7]. Dans son ouvrage *Pourquoi la psychanalyse ?*, Élisabeth Roudinesco[8] fait le point sur les apports cliniques incontestables de la psychanalyse dans le domaine des névroses et des souffrances psychiques, et dénonce également une idéologie scientiste trop oublieuse de l'individu.

Il est à noter cependant que cet excès de biologie n'a d'égal que l'excès de « psychologisme » lié à un discours psychanalytique excessif et parfois mégalomaniaque qui a pu caractériser une certaine dérive des années 1960-1970. C'est comme si psychanalyse et biologie avaient répétitivement fonctionné dans l'exclusion ou l'opposition l'une de l'autre. Ce conflit a été longtemps illustré par la polémique « historique » Lebovici / Debray-Ritzen, et il est actuellement présenté trop facilement par la grande presse comme un match dont la tête d'affiche serait « Freud contre Prozac ».

La psychiatrie biologique a aussi gagné en vigueur en s'opposant à d'autres courants comme l'antipsychiatrie, qui a ignoré la réalité de la folie : le discours du style « Chacun est un peu fou » ou « C'est la société qui forge les maladies mentales » est à la fois oiseux, outrancier et faux. Fascinés par les travaux antipsychiatriques de Laing, Cooper et Esterson en Grande-Bretagne, de Basaglia en Italie et de Szasz aux États-Unis, certains praticiens ont adopté un comportement inadapté, qui a conduit leurs patients dans des impasses.

Chaque société et chaque époque ont abordé et traité les maladies mentales selon leurs traditions et leur histoire culturelle. On peut même affirmer qu'une société se juge à la façon dont elle traite ses malades mentaux. Les neurosciences sont indispensables mais ne permettront jamais de découper – du moins de notre vivant – notre cerveau en lamelles afin d'étudier les causes présumées de notre souffrance psychique. De même que les plus belles images obtenues par scanner, imagerie par résonance magnétique (IRM) et autres neuro-images de « caméras à positons » ne permettront pas d'appréhender l'essence de nos émotions. Ce livre consacré à la maniaco-dépression me donnera souvent l'occasion de revenir sur ce sujet, si révélateur des questionnements suscités à la fois par les progrès des neurosciences et ceux des traitements psychosociaux des maladies mentales. Aussi faut-il être réaliste, la psychiatrie est une discipline en mutation et en progrès et ses limites se confondent avec celles de la biologie, de la psychologie, de la médecine, de la neurologie et des sciences humaines. La psychiatrie est une affaire trop sérieuse pour être confiée aux seuls psychobiologistes, aux seuls psychanalystes ou aux seuls sociopsychiatres. Si nous dissocions ces trois approches complémentaires du « fait mental », le risque est grand de voir un jour éclater la psychiatrie en trois pratiques où les médicaments seront prescrits par les tenants des neurosciences, la psychothérapie dispensée par les seuls psychologues (ce que l'on voit déjà pour une part aux États-Unis) et les problèmes sociaux abordés exclusivement par les assistantes sociales.

Si le dialogue entre la biologie et la psychothérapie doit être maintenu, celui qui s'instaure entre le patient et le médecin se révèle également indispensable. Les qualités humaines et les capacités d'empathie du médecin sont aussi importantes que le traitement proposé, car en paraphrasant Michael Balint : « Beaucoup plus que par ce qu'il dit ou ce qu'il fait, le médecin soigne par ce qu'il est. » L'alliance authentique avec le patient, dont parlent Marie-Christine Hardy-Baylé et Patrick Hardy dans *Maniaco-dépressif, l'histoire de Pierre* [9], est absolument essentielle. Cela vaut pour l'ensemble des médecins, généralistes ou spécialistes. Lorsque le courant ne passe pas avec le médecin, trop technicien et pressé, le patient se sent incompris, voire rejeté. Peut-on s'étonner alors qu'il cherche désespérément un autre praticien, qui saura l'écouter et le comprendre ?

Dans le domaine de la maniaco-dépression, la référence incontournable de la littérature scientifique reste l'ouvrage de F. K. Goodwin et de Kay Redfield Jamison intitulé *Manic Depressive Illness* [10], qui a demandé dix ans de réflexion et de travail à ses auteurs.

La deuxième édition tant attendue annoncée au congrès de l'American Psychiatric Association à Chicago est sortie en mai 2000. Le livre autobiographique de K. R. Jamison, *De l'exaltation à la dépression* [11], paru en 1995 et traduit en français en 1997, représente, par sa sincérité et son courage, un modèle d'ouvrage utile au grand public puisqu'il s'agit du témoignage d'une « psy » atteinte de maniaco-dépression. Il est à « prescrire » aux personnes atteintes par le même mal : bien que souffrant de cette affection grave l'auteur assume un poste de professeur de psychopathologie à la John Hopkins University de Baltimore ; beaucoup de patients, en s'identifiant à elle, pourraient eux aussi mieux lutter contre leur mal et le relativiser, sinon le démystifier. La manière dont K. R. Jamison décrit sa prise en charge par le lithium a aidé plusieurs de mes patients à comprendre qu'une discipline exemplaire concernant la prise du traitement permet d'éviter les rechutes et les hospitalisations. Pour cette seule raison, on pourrait suggérer que ce livre soit remboursé par la Sécurité sociale !

Avant l'introduction du lithium et des autres médicaments préventifs, l'évolution de la maniaco-dépression restait encore très sévère, les phases de répit (intervalles libres) ne laissant augurer que de nouvelles rechutes. Le célèbre aphorisme du docteur Knock de Jules Romains s'appliquait alors parfaitement à l'évolution de cette maladie : « La santé est un bien très précaire qui ne présage rien de bon. » Les dépressions et la maladie maniaco-dépressive sont demeurées trop longtemps synonymes de chronicité et d'invalidité.

Les traitements actuels permettent enfin aux malades, dans un bon nombre de cas, de vivre et d'assumer leur affection d'une manière toute différente. Je souhaite que cet ouvrage réponde à leurs attentes, à leurs questions, à celles de leurs familles et de leurs proches. Bien qu'il s'agisse d'une maladie parfois grave et toujours perturbante, il importe de la dédramatiser en apportant au lecteur des informations claires, précises et, je l'espère, rassérénantes.

De chapitre en chapitre, j'aborderai les différentes facettes de la mélancolie et de la maladie maniaco-dépressive qui fascinent depuis deux mille ans : l'historique de ces affections, leurs symptômes, leur diagnostic, leurs différentes formes cliniques, leur relation avec la schizophrénie et d'autres pathologies psychiatriques, leurs traitements, les réactions des familles des malades et de leur entourage à leur égard...

Chaque malade est unique, singulier et mérite une approche

personnelle. Il doit composer – au sens littéral du terme – avec sa maladie qui implique aussi son entourage familial, amical et professionnel. Vous lirez ici des histoires de vie, douloureuses, parfois tragiques mais également riches, émouvantes et souvent porteuses d'espoir.

Chacune d'elles est particulière, originale et individuelle de même que notre regard et notre attitude de soignant, car comme le dit Boris Vian dans l'*Écume de jours* : « Ce qui m'intéresse ce n'est pas le bonheur de tous les hommes, mais celui de chacun d'entre eux. »

1

Les deux visages de Janus : l'histoire de Véronique

Alors pourquoi voudrais-je être concernée de près ou de loin par cette maladie ? Parce que je crois honnêtement que je lui dois d'avoir éprouvé plus de choses, plus profondément. D'avoir eu plus d'expériences, plus intenses. D'avoir aimé davantage et d'avoir été plus aimée. De rire plus souvent, pour avoir plus pleuré. De mieux apprécier le printemps au sortir de l'hiver. D'avoir porté la mort « aussi étroitement qu'une salopette », et d'en avoir mieux conscience – comme de la vie. De connaître le meilleur et le plus détestable des êtres. D'avoir appris lentement la valeur de l'affection, de la bienveillance, de la sincérité. De savoir ce que c'est que d'être là dans les coups durs.

J'ai pris la mesure de mon esprit et de mon cœur, vu combien tous deux sont fragiles, et demeurent si mystérieux. Déprimée, je me suis traînée à quatre pattes pour traverser une pièce, et cela pendant des mois. Mais, normale ou maniaque, j'ai couru plus vite, pensé plus vite, aimé plus fort que la plupart des gens que je connais. Et je pense que cela tient pour beaucoup à ma maladie – à l'intensité qu'elle donne aux choses, et à la perspective qu'elle m'impose. Je crois qu'elle m'a fait toucher les limites de mon intelligence qui ne sait pas toujours ce qu'elle veut, et les limites de mon éducation, de ma famille, de mon instruction. Les limites de mes amis.

Mes innombrables manies modérées, et les manies franches elles-mêmes, m'ont toutes apporté un supplément de perception, d'émotion et de réflexion. Même quand j'étais le plus effroyablement psychotique – délirante, hallucinée, forcenée –, j'avais conscience de découvrir de nouveaux espaces de mon cœur et de mon esprit. Certains de ces aspects inconnus de moi-même étaient beaux à couper le souffle, à vous tuer sur le coup – moi, ils m'aidaient à vivre. D'autres étaient grotesques et laids, j'aurais préféré ne pas les connaître et ne jamais les revoir. Mais, toujours, il y avait cette découverte de moi-même et, dans mon état normal, que je dois à la médecine et à l'amour, je ne peux pas imaginer devenir blasée de la vie, parce que je connais ces échappées inépuisables.

Kay Redfield JAMISON [1]

Véronique avait vingt-neuf ans lors de sa première admission à l'hôpital.

Il s'agit d'une jeune femme intelligente, émotive et sensible, artiste peintre dans l'âme, paraissant tout juste sortie de l'adolescence. À cette époque, elle est mariée depuis quatre ans et a accouché depuis quelques mois de sa première fille, Sonia. Après de brillantes études de sciences politiques, Véronique est devenue directrice des ressources humaines dans la filiale française d'une société internationale ; son mari, Olivier, occupe un poste important dans le secteur bancaire.

Son hospitalisation a été motivée par une tentative de suicide par défenestration du troisième étage, alors qu'elle se trouvait seule avec son bébé. Elle a eu la chance de n'être que légèrement blessée et a d'abord été traitée dans le service d'orthopédie pendant une quinzaine de jours. À son arrivée dans le département de psychiatrie, elle se montre coopérante avec l'équipe soignante, accepte le dialogue ainsi que l'aide qui lui est proposée. Elle critique son geste et prend lentement conscience de son état psychologique et des conséquences dramatiques sur ses proches. Des perfusions d'Anafranil – puissant antidépresseur – commencent à améliorer partiellement son état au bout de quinze jours. Des entretiens psychothérapiques réguliers, que Véronique accepte volontiers, avec une psychologue de formation psychanalytique, sont instaurés conjointement. L'amélioration est nette au bout d'un mois.

Véronique décrit à son médecin une enfance et une adolescence sans difficultés particulières. Elle a connu un premier épisode dépressif « réactionnel » à l'âge de vingt ans, après une rupture sentimentale ; cette dépression n'a cependant pas été traitée. Elle avait pourtant duré plus de quatre mois et avait eu un retentissement majeur sur ses études et sur sa vie sociale, puisqu'elle ambitionnait à l'époque de poursuivre ses études pour intégrer l'ENA.

Elle considère qu'à cette époque elle s'en est sortie grâce à son caractère de « battante » et à sa « robuste nature ».

Pour tenter d'appréhender la personnalité d'un patient, les psychiatres étudient toujours son histoire personnelle, ses relations avec ses parents ou ceux qui lui ont servi de substituts parentaux, les événements de son enfance, de son adolescence et de sa vie d'adulte, ainsi que les antécédents des proches et l'histoire familiale. Tous les éléments de ce puzzle jouent un rôle déterminant dans la constitution des accidents de la vie mentale. Les antécédents psychiatriques familiaux de Véronique sont lourds du côté de sa lignée maternelle puisque sa grand-mère et sa tante se sont suicidées à quelques années d'intervalle ; son arrière-grand-mère souffrait de mélancolie délirante (dépression intense accompagnée de délire et d'hallucinations). Comme on l'observe dans de nombreuses familles, les suicides sont souvent dissimulés ou maquillés en « accidents » en raison de la souffrance, de la culpabilité et surtout de la honte des proches. Les deux drames de l'histoire familiale de Véronique sont ainsi restés longtemps secrets, et elle ne les a appris par sa mère que très peu de temps avant son mariage. Avec les incestes, les viols et les adultères, les suicides et les troubles psychiatriques font partie des secrets de famille les mieux gardés ; or, mieux vaut en parler, bien entendu à des moments propices, que de les passer sous silence. Ce genre de secret se transmet toujours d'une manière ou d'une autre : personne n'est éternellement dupe, et beaucoup d'enfants portent des fardeaux ne devenant supportables que lorsque leur contenu est enfin révélé.

Les proches de Véronique avaient remarqué des modifications de son comportement (irritabilité, manque d'entrain, fatigue...) juste après la naissance de sa fille, mais la jeune femme les jugeait banales et les avait attribuées aux difficultés de sa grossesse et de son accouchement. La grossesse de Véronique ne s'est en effet pas très bien déroulée, puisqu'elle a failli accoucher avant terme. La menace d'accouchement prématuré, vers six mois de grossesse, a pu être jugulée par un cerclage du col (opération très mal vécue par Véronique), un traitement contre les contractions utérines et du repos. Véronique a cependant connu, comme beaucoup de femmes dans cette situation, l'angoisse de mettre au monde un prématuré, avec les risques vitaux alors encourus par l'enfant.

Ses parents avaient noté chez elle pendant la grossesse une fatigue intense et un désintérêt progressif envers son bébé. Ils évoquaient l'humeur morose voire mélancolique de leur fille, ses nombreuses idées noires et de fréquentes crises de larmes. Devenue anorexique, après la naissance, elle avait considérablement maigri et souffrait d'insomnies pendant lesquelles elle « ruminait », se sentait envahie par une sorte d'anesthésie affective, n'avait plus envie de rien. Poussée par son mari, Véronique s'était décidée à cette époque à soigner sa dépression en consultant son généraliste qui lui avait prescrit un antidépresseur mais, déjà, elle ne croyait pas que les médicaments pouvaient améliorer son état. Elle éprouvait de la culpabilité envers son mari et son bébé, et l'avenir lui paraissait tragique et sombre. Il est probable qu'elle songeait déjà secrètement à se suicider avant son passage à l'acte. Après la naissance du bébé, Véronique avait manifestement traversé autre chose que le classique baby-blues qui suit en général immédiatement l'accouchement – phénomène fréquent et somme toute banal, certains spécialistes le considérant même comme inévitable lorsqu'il dure vingt-quatre ou quarante-huit heures.

Grossesse, baby-blues et dépression puerpérale

Souvent, après l'accouchement, la mère pense qu'elle n'arrivera jamais à s'occuper de son bébé, se sent déçue, trop fatiguée ou inquiète, puis tout rentre progressivement dans l'ordre. Le baby-blues touche plus fréquemment les femmes lors de leur premier accouchement et celles qui ont des antécédents personnels – ou familiaux – de syndromes dépressifs. Elles ont souvent connu d'importantes variations prémenstruelles de l'humeur, puis des difficultés somatiques, conjugales ou sociales pendant la grossesse ; enfin, d'éventuels problèmes de santé du bébé jouent bien entendu un rôle déterminant dans le déclenchement du baby-blues. La femme a besoin de temps pour se remettre des remaniements psychologiques et physiologiques induits par la grossesse puis l'accouchement ; il lui faut aussi du temps pour superposer l'image du bébé rêvé et idéalisé qu'elle attendait avec celui qu'elle vient de mettre au monde. Pour de multiples raisons d'ordre inconscient, devenir mère se révèle parfois beaucoup plus difficile que ce qui a été prévu par mère Nature. Ainsi en lieu et place de la joie et de l'épanouissement de la mère, on voit parfois apparaître chez elle la tristesse, la déception, les sentiments d'incompétence, l'ambivalence affective – voire le rejet et les fantasmes de violence – envers son enfant.

Au-delà d'un baby-blues ponctuel, il peut s'agir d'une dépression dite du post-partum, qui trouve souvent une partie de ses racines bien en amont de l'accouchement (dans 10 % des cas, le baby-blues évolue vers une dépression qui dure plusieurs mois). La dépression du post-partum – encore appelée dépression majeure puerpérale – se traduit par des symptômes dépressifs francs, une fatigue tenace insurmontable, une irritabilité marquée et une forte inquiétude concernant les soins et la santé du bébé.

La grossesse est une période durant laquelle on note un amoindrissement du risque de décompensation aiguë pour la majorité des troubles psychiatriques. D'après Thérèse Lempérière [2], les psychoses survenant pendant la grossesse sont cinq fois moins fréquentes que celles du post-partum. Bien que les données sur ce sujet soient peu nombreuses, la maladie maniaco-dépressive semble suivre cette tendance : un premier épisode de trouble bipolaire de l'humeur pendant la grossesse reste un événement rare. Lorsque cela se produit, il s'agit le plus souvent d'épisodes mélancoliques ou dépressifs, comme l'avait déjà noté L. Marcé en 1858 [3] : « De toutes les formes de folie observées pendant la grossesse, la mélancolie semble la plus fréquente*. »

Ce constat historique est confirmé par Thérèse Lempérière (1984) [4] et Maurice Ferreri (1994) [5] qui notent que les « épisodes mélancoliques apparaissent surtout dans la deuxième moitié de la grossesse, ne guérissent pas spontanément après l'accouchement et tendraient même alors à s'aggraver ». Les épisodes maniaques sont exceptionnels pendant la grossesse.

En revanche, on sait aujourd'hui avec certitude que le post-partum est une période à haut risque de décompensations psychotiques, trop souvent regroupées sous le terme unique de psychose puerpérale. Celle-ci a beaucoup diminué dans les pays industrialisés grâce à l'amélioration des conditions sanitaires et de la surveillance médicale. Cependant elle touche aujourd'hui une à deux femmes sur mille. D'après certains auteurs, elle peut survenir au cours des douze mois suivant l'accouchement, mais de récentes études épidémiologiques relèvent un pic d'incidence du début des troubles au cours des deux ou trois semaines suivant l'accouchement. Durant le post-partum précoce (jusqu'à six mois), 70 à 80 % de ces troubles entrent dans le cadre des troubles bipolaires de l'humeur. Parmi les femmes ayant présenté une psychose puerpérale, environ 60 % connaîtront un ou plusieurs épisodes de troubles de l'humeur : un épisode dépressif du post-partum représente d'ailleurs d'après Hagop Akiskal l'un des critères de risque du début d'un trouble dépressif bipolaire. 20 à 30 % des femmes dont la pathologie bipolaire est connue risquent de rechuter en période de post-partum. Ce risque augmente avec le nombre de grossesses pour 20 à 30 % des femmes ayant eu un ou plusieurs antécédents de décompensation psychotique.

* Il faut bien entendu accorder au terme de « folie » le sens médical qu'on lui imputait à cette époque. Par exemple un état mélancolique ou un état d'exaltation maniaque pouvait être qualifié de « folie ».

Si Olivier et le reste de la famille se sont aperçus que quelque chose allait mal chez Véronique après l'accouchement, l'équipe soignante de la maternité a probablement minimisé sa dépression. Véronique a peut-être aussi su dissimuler ses sentiments profonds, à elle-même comme aux autres. Mais le mal était fait puisqu'elle a été réellement déprimée, non traitée pour cette dépression qui concerne autant la mère que le bébé : en effet, les bébés de femmes dépressives savent et sentent que leur mère va mal, et peuvent se déprimer à leur tour. Afin d'éviter de telles situations qui handicapent forcément l'avenir de l'enfant et de sa famille, il importe que l'entourage – et avant tout le père – se montre attentif aux changements de comportement. Les femmes restant dépressives plusieurs mois après l'accouchement devraient également oser parler de ce qu'elles ressentent. Mais trop de femmes souffrent en silence, se sentent isolées, coupables et désemparées. La dépression, qu'elles perçoivent comme une honte, risque de susciter plus tard sinon des tragédies comme dans le cas de Véronique, du moins des difficultés relationnelles avec le bébé, le conjoint, la famille. L'état psychologique des femmes enceintes ou venant d'accoucher nécessite prévention et information. Les obstétriciens, les sages-femmes, les infirmières, les généralistes, les gynécologues et les pédiatres avertis savent heureusement interpréter à temps les symptômes « clignotants » comme de véritables appels à l'aide. Plusieurs unités mère-enfant ont été créées dans différentes villes de France pour prendre en charge de façon spécifique ce type de troubles psychiques se situant en aval de l'accouchement.

La prolongation de l'état dépressif de Véronique et sa constitution en un véritable état dépressif puerpéral majeur a donc échappé à un traitement et à une prise en charge bien conduits. Il est vrai que la réticence de Véronique à se faire soigner y était pour beaucoup, mais souvent la dépression est non seulement ignorée par le patient mais aussi par l'entourage et parfois par les soignants.

Les conflits familiaux

Les relations des parents de Véronique avec leur gendre ont toujours été mauvaises et se sont aggravées car ils lui attribuent une certaine part de responsabilité dans le geste suicidaire de leur fille. Ils considèrent qu'il l'a négligée en s'investissant trop dans son travail, et il est vrai qu'Olivier est un véritable « drogué au travail », un *workoholic* comme disent les Anglo-Saxons. Ainsi devient-il malgré lui le bouc émissaire de parents bouleversés. Olivier est évidemment tout aussi désespéré que ses beaux-parents ; lui aussi se sent coupable, désemparé et malheureux, et se demande pourquoi sa femme a essayé de se suicider. Olivier entre alors en conflit ouvert avec ses beaux-parents, en cherchant à leur prouver qu'il n'est pas le seul responsable de la situation. Ses propres parents s'en mêlent et les suicides des aïeules de Véronique sont mis sur la sellette sans aucun ménagement. De façon caricaturale, la famille d'Olivier pense que « tout provient de là », puisque de leur côté rien de semblable ne s'est produit. Les familles s'affrontent et l'hérédité « défaillante » de l'une devient le principal enjeu de violentes discussions de l'autre. Le spectre et la peur de la folie rôdent, brouillant les esprits et les jugements. Le personnel soignant de l'hôpital est sans cesse sollicité par les parents de Véronique, convaincus que leur gendre ne peut que nuire à leur fille et Olivier vient voir sa femme en évitant de croiser ses beaux-parents.

Quand Olivier pense que sa femme va bien – ou moins bien –, ses beaux-parents affirment le contraire, et réciproquement. Cette attitude est fréquente au sein des familles, dont chaque membre juge, plus ou moins à distance et à l'aune de ses propres convictions comme de ses attachements, l'état de la personne malade. Celle-ci se sent de fait observée, surveillée et évaluée à longueur de journée. Le poids est lourd à porter, pour elle mais aussi pour son entourage. L'inquiétude légitime de l'entourage familial et amical risque, si elle est trop intense, de focaliser l'intérêt général sur la maladie plutôt que sur le malade. Entre les regards chargés d'angoisse, les faux-semblants, un ton artificiellement détaché ou les questions répétitives pour se rassurer (« As-tu bien pris tes médicaments ? », « Comment te sens-tu aujourd'hui ? »), le malade manque d'air ! Quand la personne se trouve dans une période où elle a conscience de sa maladie, elle souhaiterait que les autres la laissent en paix et lui fassent confiance, y compris pour gérer ne serait-ce que partiellement son traitement.

On note aussi parfois le contraire : un rejet net ou implicite, une indifférence latente, un éloignement progressif du malade qui se sent délaissé et surtout jugé, étiqueté et catalogué. Entre la surprotection et l'abandon, tous les cas de figure existent. Prendre en charge un patient atteint de souffrance psychique nécessite parfois la prise en charge des personnes qui l'entourent (son conjoint, sa famille, ses enfants, ses frères et sœurs, etc.) : outre une thérapie individuelle, une thérapie familiale – ou conjugale – peut être indispensable mais trop de patients et de familles la refusent. Il va de soi que ces difficultés relationnelles, ces inévitables interactions affectives, s'appliquent à l'ensemble des troubles psychiatriques graves et pas uniquement à la dépression et à la maniaco-dépression. Actuellement, la maladie mentale fait encore tellement peur que la plupart des gens « normaux » l'évitent ou la dénient, l'ignorent ou – pire encore – la stigmatisent.

Véronique est restée deux mois dans le service de psychiatrie. Elle a été ultérieurement suivie en hôpital de jour (les patients convalescents passent la journée dans cette unité spécialisée et rentrent chez eux le soir) pendant deux semaines, puis a consulté à l'hôpital, associant un traitement antidépresseur et une psychothérapie en ville.

La rechute mélancolique

Quatre ans ont passé. Véronique a trente-trois ans. Elle est hospitalisée une deuxième fois pour une nouvelle dépression accompagnée d'angoisses terrifiantes. Depuis sa précédente hospitalisation, elle a donné naissance à une seconde petite fille, Lucile, à présent âgée de vingt mois. Cette fois-ci, la grossesse et ses suites se sont bien passées.

Jusqu'à sa rechute, Véronique se sentait parfaitement heureuse, elle avait repris son travail et ne consultait plus de psychiatre depuis deux ans. Elle s'occupait avec plaisir de ses enfants et travaillait sans problème. Elle ne s'explique pas la forte dépression et l'angoisse diffuse apparues trois mois avant sa réhospitalisation. Forte de l'expérience précédente, elle a suivi dès le départ un traitement antidépresseur (Prozac puis Laroxyl) qui s'est révélé inefficace, mais l'a-t-elle bien pris ? Véronique flirte à nouveau avec des idées suicidaires sans manifester une volonté réelle de passage à l'acte. Elle est très triste, pleure beaucoup et n'a envie de rien. Elle a des difficultés de concentration, manque d'appétit mais dort bien. Devant l'apparente inefficacité du traitement, son médecin généraliste la fait donc réhospitaliser. Dès l'admission, on la met sous perfusions d'Anafranil, mais elles n'améliorent pas son état. L'Anafranil est augmenté à des doses maximales puis associé à un autre antidépresseur, moyennant les précautions d'usage.

Rien n'y fait, Véronique sombre dans un état dépressif mélancolique majeur et résistant. Son ralentissement psychomoteur est intense, sa pensée semble figée, elle se mure dans un mutisme presque total. Son visage se crispe, frappé d'un « oméga mélancolique* » sur le front. Se négligeant totalement au plan de l'hygiène, elle reste allongée sur son lit, prostrée dans sa souffrance. Face à ces symptômes, le traitement antérieur est arrêté et remplacé (après accord écrit de la famille) par des séances d'électroconvulsivothérapie (ECT, anciennement dénommées « électrochocs** ») : l'amélioration est spectaculaire dès la deuxième séance, et permet la levée de l'inhibition psychomotrice.

Six séances seront nécessaires pour stabiliser l'état de Véronique, qui retrouve une humeur euthymique (« normale ») avec quelques troubles de la mémoire (effets secondaires fréquents et réversibles de l'ECT).

Trois semaines plus tard, Véronique peut rentrer chez elle après la réintroduction progressive d'un traitement antidépresseur, et un traitement régulateur de l'humeur est discuté. Son but est de prévenir les rechutes mais Véronique le refuse catégoriquement à cause du sentiment d'« asservissement » au long cours à un médicament vécu comme la confirmation de sa maladie.

---

* « *Oméga mélancolique* » : pli qui apparaît entre les deux yeux à force de froncer les sourcils et qui prend la forme de la lettre grecque : Ω.

** Mis au point par Cerletti et Bini, l'électrochoc, ou électronarcose ou sismothérapie ou électroconvulsivothérapie, que l'on abordera plus longuement dans le chapitre du traitement, est particulièrement efficace pour traiter les dépressions très sévères, résistantes, figées (catatoniques), agitées ou délirantes. Ce mode de traitement peut sembler « barbare ». Il a été critiqué dans un film demeuré célèbre, *Vol au-dessus d'un nid de coucous*, repris au théâtre dans une pièce où le personnage campé par Jack Nicholson était interprété par Bernard Tapie. Il est impératif de démystifier son aspect terrorisant car il s'avère parfois indispensable et se révèle plus efficace que les médicaments. On l'utilise bien entendu lorsque les traitements antérieurs se sont montrés insuffisants, inefficaces, ou en cas de contre-indication médicamenteuse après l'accord écrit du patient ou de sa famille.

La signature de la maladie maniaco-dépressive

Véronique a trente-cinq ans. Depuis un an, sa relation avec Olivier s'est détériorée et ils se disputent apparemment pour un rien. Olivier s'inquiète de la nervosité grandissante de sa femme, de ses fréquentes sautes d'humeur, de son agressivité et surtout des nettes modifications de son comportement. Véronique achète une quantité d'objets inutiles et luxueux. Auparavant « sage » sur le plan vestimentaire, elle s'habille et se maquille d'une manière différente, voire outrancière, comme si elle désirait exhiber sa féminité. La vie quotidienne est devenue chaotique, à la limite de la frénésie. Véronique invite souvent une dizaine d'amis pour des soirées qui ressemblent à une sorte de représentation théâtrale où la jeune femme, d'ordinaire si réservée, ne cesse de parler, de parader, de déclamer des vers et de rire aux éclats. Ses idées s'éparpillent, elle dort et mange très peu mais a commencé à boire. Elle ne parvient pas toujours à assumer ses responsabilités familiales et professionnelles, reste imperméable aux remarques d'Olivier lorsqu'il tente de freiner ses achats compulsifs. Elle passe chaque matin une heure à la piscine avant d'aller travailler, et le soir part courir pendant deux heures d'affilée ; elle revient en pleine forme, énergique et décidément infatigable. Rivée à son ordinateur, elle étudie ensuite des dossiers jusqu'au milieu de la nuit.

À cette époque, la jeune femme souhaite changer de métier, de mode d'existence, et présente des idées mégalomaniaques : elle envisage d'ouvrir une galerie d'art dans laquelle elle veut exposer les œuvres « des plus grands artistes ». Quelques semaines auparavant, elle a conduit ses filles dans un gîte rural pendant une semaine, sans en avertir Olivier qui a eu tout le temps nécessaire pour imaginer le pire. À son retour, Véronique n'a pas supporté, ni seulement compris les vifs reproches de son mari. Olivier est en permanence aux aguets du moindre signe d'un éventuel dérapage. Il doit négocier sans cesse avec elle, supporter son état, ses variations d'humeur et son irritabilité. Ses beaux-parents, de plus en plus inquiets pour leur fille, persistent à lui reprocher de manquer à ses devoirs. Quant à ses propres parents, ils l'incitent à divorcer en demandant la garde exclusive de Sonia et de Lucile. Les quatre grands-parents cherchent implicitement à s'approprier les enfants, qui deviennent l'enjeu des dissensions familiales. Olivier finit par se confier un jour à une psychologue qui lui propose un soutien psychothérapique. Au fur et à mesure de ces séances, Olivier prend conscience qu'il a la possibilité de partager sa souffrance et son désarroi avec une personne plus neutre que ses amis intimes, et qu'il doit s'efforcer d'instaurer une certaine distance par rapport à ses beaux-parents et ses parents. Malgré leur désir de bien faire et de rendre service, ceux-ci interviennent trop dans l'intimité du couple.

Véronique a toujours aimé dessiner et elle crée de superbes aquarelles. Militante socialiste, elle en réalise une pour le président François Mitterrand qu'elle admire, puis la lui adresse à l'Élysée. Longtemps elle espère une réponse, qui, à son goût, tarde à venir. Très angoissée, Véronique prend alors conscience qu'elle a peint... des anémones (contraction des deux prénoms de l'épouse du président Valéry Giscard d'Estaing, « Anne-Aymone »). La réponse finit par arriver sous la forme d'un petit mot de remerciement posté directement de l'Élysée. Cet hommage ne rassure pas Véronique qui décide de réparer ce qu'elle considère comme une « erreur monstrueuse ». Elle peint cette fois-ci des roses puis se rend un soir rue de Bièvre, au domicile du président. Les policiers en faction l'interrogent. Pleine d'enthousiasme et parlant sans arrêt tout en multipliant les tentatives de séduction, Véronique brandit la carte qu'elle a reçue, montre son aquarelle et exige d'entrer immédiatement. D'abord interloqués par le courrier présidentiel visiblement authentique, les policiers finissent par réagir face à l'excitation grandissante de cette jeune femme au comportement si étrange.

Elle s'emporte, puis hurle. L'histoire se termine mal puisque Véronique est conduite à l'IPPPP* puis orientée en hospitalisation d'office (HO)**.

À l'hôpital elle reste extrêmement agitée au plan psychomoteur, elle ne tient pas en place, parle sans cesse, saute du coq à l'âne, fait des jeux de mots et manifeste une forte angoisse. À côté de cette euphorie et de cette attitude ludique, on note qu'elle est insomniaque et anorexique. Agitée et anxieuse, elle dénie totalement ses troubles et

* IPPPP, infirmerie psychiatrique de la préfecture de police de Paris.

** Il existe trois types d'hospitalisation en psychiatrie : l'hospitalisation libre (HL), le patient demandant lui-même à se faire hospitaliser, l'hospitalisation demandée par un tiers (HDT) où la famille s'engage avec le médecin pour faire hospitaliser le patient, et enfin l'hospitalisation d'office (HO) faite à l'instigation du préfet de police. (Voir chapitre 9 et annexes.)

affirme qu'elle va bien, tout en se montrant très revendicative et hostile envers son mari auquel elle adresse mille reproches.

Très rapidement Véronique entre dans un état mixte (état dépressif *et* maniaque) : d'un instant à l'autre elle passe du rire aux larmes mais n'a cependant aucune idée suicidaire. Un traitement par Dépakote est proposé et poursuivi pendant tout le temps de la période aiguë qui durera trois semaines. Au bout d'un mois, Véronique va très bien, elle accepte enfin l'idée qu'elle doit poursuivre son traitement sous peine d'une rechute.

Elle a eu la chance d'être soutenue et accompagnée par une psychothérapeute. Elle ne ressemble plus du tout à ce qu'elle était au début de sa maladie, c'est-à-dire une jeune femme perdue, prostrée ou au contraire agitée mais toujours « absente » et comme en dehors du monde. Aujourd'hui resplendissante, le regard vif, équilibrée et souriante, elle dit avoir « reposé les pieds au sol ». Ces longues années de souffrance sont là à jamais mais une psychothérapie, qui se poursuit toujours, l'a aidée à les accepter, à les intégrer.

Pendant la psychothérapie, la remémoration de l'épisode maniaque a été angoissante car il lui rappelle la perte de contrôle de ses pensées et de ses actes. Ce trouble était immanquablement, à ses yeux, signe de folie. Les épisodes dépressifs étaient paradoxalement évoqués avec moins d'angoisse alors qu'ils ont failli lui coûter la vie.

Grâce à la psychothérapie, Véronique a pu reconnaître et accepter l'existence d'une fragilité foncière, inhérente à la maladie maniaco-dépressive, mais également repenser son histoire personnelle et familiale à la lumière de cette affection.

Jusqu'alors, disait-elle, quand elle sortait d'un épisode maniaque ou dépressif, elle se sentait tellement revivre qu'elle voulait « tout oublier » de ces moments troublés de sa vie. La psychothérapie va l'aider peu à peu à effectuer un travail de réappropriation plutôt que d'annulation de ses accidents et, en y intégrant sa maladie, à avoir une meilleure compréhension de son histoire personnelle. Elle parviendra même, au terme d'une année d'entretiens réguliers, à se questionner sur d'éventuels facteurs de risques pouvant favoriser les rechutes.

Au cours des premiers mois, le récit de Véronique était surtout centré sur le souvenir des perturbations de son humeur. Qu'il s'agisse d'humeur dépressive ou d'excitation euphorique, elle parvenait à les évoquer sans trop de culpabilité et donc à les reconnaître comme des sentiments lui appartenant et personnellement vécus. Cette remémoration lui a permis de resituer ses accidents dans la chronologie de sa vie personnelle et de s'interroger sur leurs incidences notamment au sein de sa famille. Ce qui la fera souffrir le plus c'est le vécu abandonnique ressenti à l'égard de ses enfants lors de ses hospitalisations, notamment lors de son premier épisode mélancolique. Elle a appris à atténuer sa culpabilité et à renouer le plus intensément possible ce lien mère-enfant qui lui a momentanément fait défaut.

Concernant son couple, elle a pris conscience des moments d'angoisse et de découragement vécus par son mari et du nécessaire équilibre à reconstruire avec lui à la sortie de chaque rechute. L'évocation des troubles n'est plus un sujet tabou entre eux, et son mari lui a même montré comment repérer les prémices d'un nouvel épisode d'excitation ou d'un retrait dépressif.

Ce travail de parole associé à la prise conjointe d'un traitement médicamenteux lui donnera la possibilité de se dégager peu à peu d'une représentation angoissante de sa maladie. Certes, elle sait que son humeur peut devenir « folle » mais elle a acquis la certitude qu'elle peut se soigner.

Véronique a fait le deuil d'une capacité à guérir de façon magique et sans rechutes. Elle est cependant en mesure d'intégrer différemment ses troubles à l'histoire de sa vie et d'en limiter les effets dévastateurs. Elle a repris son travail depuis longtemps. « Certains collègues me regardent un peu de travers ou me fuient ouvertement », explique-t-elle en souriant. « Cela n'a pas d'importance. Collègues ou pas, mes véritables amis le sont restés. Quant aux autres, j'ai compris qu'il ne s'agissait que de relations sans intérêt. Ils m'évitent, alors je les évite aussi. Je sais qu'au fond d'eux-mêmes, ils ont peur. Je suis passée de l'autre côté du miroir, là où tant de gens craignent d'aller. »

Véronique s'est remise à peindre. Elle ne tremble plus et prépare même une exposition. En me l'annonçant, le regard malicieux, elle m'offre une aquarelle. Le thème ? Un vase chinois où cohabitent des roses et des anémones.

2

Manie et mélancolie : les deux faces du miroir

C'est comme si ma vie était animée de manière surnaturelle par deux courants électriques, l'un positif et joyeux, l'autre négatif et désespéré, et qu'elle fût totalement engloutie par celui des deux qui domine à tel ou tel moment. Actuellement je suis submergée de désespoir, d'hystérie presque, comme si je suffoquais. Comme si une grande chouette à la musculature puissante se tenait sur ma poitrine, les serres crispées sur mon cœur qu'elles étouffent.

Sylvia PLATH, *Journaux*, 1950-1962, Gallimard

La manie et la mélancolie représentent les deux pôles de la maladie maniaco-dépressive. Et comme nous l'avons vu dans l'histoire de Véronique elles sont l'image en miroir l'une de l'autre. Les patients sont entraînés dans la manie vers une allégresse excessive, ou au contraire dans la dépression vers un désespoir intense. Pour que vous compreniez mieux la nature de ces deux extrêmes, je vous propose des descriptions de leurs différentes formes cliniques telles qu'on les rencontre dans la pratique quotidienne.

LA MÉLANCOLIE

La dépression, notamment dans sa phase mélancolique, est porteuse d'une souffrance indicible. Gérard de Nerval l'a bien décrite dans son poème *El Desdichado* (« Le Déshérité ») :

Je suis le ténébreux – le veuf – l'inconsolé,
Le prince d'Aquitaine à la tour abolie,
Ma seule étoile est morte – et mon luth constellé
Porte le soleil noir de la Mélancolie.

Mélancolie et « bile noire »

Le terme « mélancolie » désigne en médecine un état dépressif majeur* caractérisé par une complète inhibition psychomotrice (le malade peut en arriver à être totalement incapable de bouger et d'agir), une douleur morale intolérable, des sentiments de culpabilité et d'indignité intenses, parfois des idées délirantes, le désir et la recherche de la mort. La dépression mélancolique comporte toujours des risques très importants de suicide. Comme la manie, la mélancolie peut revêtir plusieurs aspects, mais dans tous les cas elle constitue une authentique urgence médicale nécessitant une hospitalisation du malade.

Avant l'apparition des traitements actuels (antidépresseurs, neuroleptiques, tranquillisants et parfois ECT), les crises de mélancolie pouvaient durer plus d'un an. De nos jours un traitement bien adapté permet dans bon nombre de cas d'en atténuer l'intensité puis de les guérir en quelques semaines, et surtout d'éviter le cas de passage à l'acte suicidaire.

Les médecins de l'Antiquité grecque (IVᵉ siècle avant J.-C.) liaient la mélancolie au dysfonctionnement d'un élément constitutif de l'organisme ; on pensait qu'il existait dans le corps un lieu où se mélangeaient quatre « humeurs » naturelles nécessaires à l'équilibre physiologique et psychique : la bile jaune, le sang, le flegme et la bile noire. Le nom grec de cette dernière humeur, *melas khôlé* (« bile noire, humeur noire »), a donné en latin le terme de *melancholia*, puis en français « mélancolie ».

Les médecins de l'époque croyaient que c'était la rate qui produisait la bile noire ; ainsi quand ce liquide s'altérait et s'accumulait, ils évoquaient la mélancolie et parlaient d'un « trouble de l'âme » qui provoquait également selon leurs croyances des maladies cutanées, l'épilepsie et la « folie furieuse ».

Il est toujours intéressant de suivre le voyage des termes utilisés en médecine ancienne car la plupart d'entre eux ont laissé des traces jusqu'à notre époque. Ainsi « atrabilaire** » provient du latin

---

* Voir critères de l'État dépressif majeur tels que décrits par le DSM IV en annexe, p. 245.

** Atrabilaire : « Anxieux, chagrin, inquiet, mélancolique, pessimiste, soucieux, tourmenté, troublé » – Henri Bertrand du Chazaud, *Dictionnaire des synonymes*, Dictionnaire Le Robert.

atrabilis, forgé d'après *atra* (« noir ») et *bilis* (« bile »). L'état de chagrin « noir » a longtemps désigné un ensemble allant de la tristesse ponctuelle à la mélancolie. De même, le mot anglais *spleen* – qui signifie « la rate » – est synonyme de morosité. Quand nous disons aujourd'hui « avoir des idées noires », « voir la vie en noir », « se faire de la bile », « se biler » ou « être bilieux », nous reprenons donc une conception fausse datant de plusieurs millénaires. Pour l'anecdote, Marc Bourgeois rappelle que l'engorgement de la rate par l'atrabile, ou « opilation », étant la cause de la mélancolie, le traitement s'efforçait donc de « désopiler la râtelle », selon l'expression truculente de Rabelais. Ainsi le rire, comme les Anciens le prescrivaient, est-il un moyen efficace du traitement de la dépression [1]...

Mais le langage courant reste surtout influencé par le romantisme du XIXe siècle et lorsque nous employons le mot « mélancolie », nous évoquons un simple sentiment de tristesse, d'abattement et de rêveries vagues, qui n'a rien à voir avec le sens médical de ce terme.

La vie s'arrête

À l'inverse de la manie, la mélancolie s'installe en général lentement. Le malade se plaint d'abord pendant plusieurs semaines ou plusieurs mois d'une grande fatigue et de maux de tête. Il souffre d'une insomnie matinale qui va en s'aggravant et se réveille de plus en plus tôt, parfois vers 2 ou 3 heures du matin. Cette période de la nuit a toujours représenté un danger, aussi les infirmières et les aides-soignantes apprennent-elles à bien surveiller les malades qui, réveillés par leur souffrance morale, vivent leur dépression de façon encore plus insupportable à travers le prisme déformant et aggravant de la nuit ; c'est à ce moment que risquent de survenir « les suicides du petit matin ».

Les périodes de repos – week-ends ou vacances – ne sont jamais réparatrices. La fatigue du malade persiste et il ne parvient pas à se détendre. Il perd ses centres d'intérêt, n'a de goût à rien, ne cherche plus à se distraire et éprouve des difficultés à travailler. Taciturne, sombre et silencieux, il a tendance à s'isoler et à fuir les autres. Il ne fait aucun projet et ne prend aucune initiative. Tout le préoccupe et l'inquiète.

Le malade devient irritable, voire irascible : il ne supporte plus les comportements habituels de ses proches (conjoint, enfants, amis, collègues), ni son environnement (bruits, lumières, musique, transports en commun, embouteillages...). Il récrimine face à ce qu'il considère comme des agressions. Sa morosité s'accentue et se transforme en une tristesse accablante. Sa fatigue fait place à une inertie totale contre laquelle il est incapable de lutter. Il ralentit peu à peu l'ensemble de ses activités puis les fige complètement. Ses forces l'abandonnent, il a de plus en plus de difficulté à bouger. La perte de son élan vital l'empêche alors d'effectuer les gestes du quotidien comme se lever, se laver, s'habiller... Son attitude corporelle est caractéristique : le dos voûté, il se replie sur lui-même, baisse la tête et reste immobile. Son visage pâlit et se fige dans une expression portant les marques évidentes d'une profonde souffrance : les commissures de ses lèvres s'affaissent, il plisse le front et fronce les sourcils qui encadrent parfois sur le front le fameux « oméga mélancolique ». Ses yeux sont grands ouverts et son regard fixe. Il parle très peu – par monosyllabes et d'une voix atone – et le plus souvent se tait, gémit ou pleure.

Une souffrance indicible

En dehors des symptômes physiologiques, c'est l'altération intense de l'humeur qui prime dans la mélancolie, rendant cet état extrêmement pénible pour le malade. Il a l'impression de vivre – ou plutôt de stagner – dans un univers glacial, insécurisant, sombre et presque irréel. Il garde une perception du monde « extérieur » mais rien ne peut le détourner de sa souffrance. Les sollicitations de ses proches n'ont aucune prise sur lui, même si ceux-ci lui manifestent de la tendresse et cherchent à le soutenir. Sa pensée se ralentit, il a des difficultés à associer ses idées et se sent paralysé psychiquement. Tout effort intellectuel (écrire, lire, se concentrer...) devient impossible.

Le malade n'a plus d'appétit, il souffre de pénibles douleurs musculaires (courbatures, lombalgies), de nausées et de troubles digestifs (constipation, diarrhée, spasmes). Son pouls et sa tension artérielle sont perturbés, ses réflexes diminuent. Les femmes sont atteintes d'aménorrhée (arrêt des règles). De nombreux malades traversent des crises d'angoisse. La plupart deviennent hypocondriaques et sont convaincus d'avoir une maladie grave ou incurable (cancer, sida...) susceptible d'expliquer logiquement leur souffrance, aussi bien au plan corporel que psychique.

L'attention du malade se focalise sur le découragement, le désespoir, l'accablement, l'ennui, le dégoût de la vie, les remords et les regrets. Cette douleur morale intolérable l'envahit au point qu'il s'accuse de tout en se dévalorisant et se dépréciant. Il perd l'estime de lui-même et se reproche de ne plus pouvoir éprouver les sentiments d'autrefois (amour, amitié, intérêt...) envers son entourage. Le malade a donc conscience de son anesthésie affective, qui peut alterner avec des instants d'hypersensibilité émotionnelle. Le jugement sévère qu'il porte sur lui-même augmente sa douleur : se sachant dépressif – en tout cas « différent » de ce qu'il était auparavant –, il s'en veut de ce changement. Si la manie ressemble à un tourbillon emportant tout sur son passage, on peut comparer la mélancolie à une spirale entraînant le malade vers les abîmes de la souffrance morale. Il ne reproche rien aux autres mais se considère comme responsable de ce qui lui arrive. Cela ajoute à son angoisse. Il se sent incapable, improductif, inutile, indigne de vivre et d'être aimé. Tout lui paraît vain, sombre et sans espoir. Il ressasse les événements du passé et se culpabilise pour des « fautes » minimes, voire inexistantes. Ces sentiments de culpabilité, de honte et d'indignité prennent parfois un aspect délirant.

Ainsi un patient d'une cinquantaine d'années avait-il été conduit par la police aux urgences de l'hôpital Saint-Antoine. Il s'était « constitué prisonnier » une heure plus tôt au commissariat du 12e arrondissement en s'accusant d'avoir mis le feu à des voitures garées sur le parking de la gare de Lyon. Il s'était présenté « pour être incarcéré et jugé ». Les policiers, remarquant son air hébété, l'avaient accompagné à l'hôpital. L'enquête révéla rapidement que les voitures avaient été incendiées par des toxicomanes du quartier de l'îlot Châlon avant sa restauration.

Certains mélancoliques se « dépersonnalisent » et perdent le contact avec le monde extérieur. Ils ne savent plus s'orienter dans le temps et l'espace, ont des hallucinations visuelles ou auditives. Un chauffeur de taxi que j'ai longtemps suivi interpréta pendant un épisode mélancolique la présence de gardiens de la paix comme autant d'« observateurs » placés au coin des rues pour le surveiller et l'arrêter. Il s'est fait lui-même hospitaliser pour échapper aux hélicoptères qui le « cherchaient au moment où il passait devant l'héliport de la porte de Sèvres ».

Le visage, l'attitude corporelle, et la voix des mélancoliques peuvent se modifier. Ils demandent souvent à leur entourage de « confirmer » ces hallucinations étranges qui les angoissent. Ces patients déréalisés doutent de leur propre existence ; ils éprouvent la sensation d'un immense vide intérieur, parfois d'un anéantissement complet. Certains pensent qu'un organe vital ne fonctionne plus, d'autres se perçoivent « comme morts » mais ne peuvent exprimer – sur le moment – cette sensation terrifiante. C'est le syndrome dit de « Cotard ».

Douleur morale et suicide

Le malade ne parvient pas à envisager une amélioration de son état et croit ne jamais pouvoir guérir. Il se sent authentiquement incurable. Il perçoit son passé comme un échec, le présent lui est intolérable et l'avenir lui paraît tragique. La dégradation de sa perception de lui-même et du monde atteint un point de non-retour. Sa douleur morale est si forte qu'il ne voit alors d'issue que dans la mort : tous les mélancoliques n'essaient pas de se suicider mais tous songent à la mort.

Cette obsession de la mort, devenue la seule « solution » possible, représente le danger majeur de la mélancolie : c'est la voie ouverte vers le suicide. Certains réclament cette solution comme un droit à disposer d'eux-mêmes. L'ouvrage *Suicide mode d'emploi* avait à l'époque de sa publication défrayé la chronique. En 1987 ce livre a été interdit et une loi qui punit l'incitation au suicide a été votée. Le taux de suicides a significativement baissé depuis.

Les proches – et le personnel médical – doivent toujours tenir compte de la réalité suicidaire du patient afin d'empêcher le passage à l'acte. Le malade imagine sans cesse quand et comment il pourrait se suicider. Des mélancoliques guéris affirment que c'est pour échapper à cette douleur d'une intensité incomparable. Le malade envisage la mort comme une obligation et parfois comme une punition ou un châtiment. La perte habituelle de l'appétit reflète quelquefois ce désir taraudant de la mort, quand le malade refuse absolument de s'alimenter. Certains patients parlent de leurs idées suicidaires, d'autres pas. Mais le risque immense du passage à l'acte justifie à lui seul l'hospitalisation et une surveillance constante, y compris pendant la convalescence.

Mélancolie, mélancolies

En dehors de la forme aiguë, il existe différentes formes de mélancolie.

Dans la **mélancolie simple**, le patient ne présente pas d'autre symptôme clinique évident qu'une fatigue intense. Il reste morose, exprime peu d'émotions, perd ses centres d'intérêt et ne fait aucun projet. Il se sent « anesthésié » physiquement et intellectuellement, et préfère la solitude. On retrouve parfois un seul symptôme dépressif (concernant l'humeur, la pensée ou l'activité physique) dans cette forme de mélancolie atténuée. Le patient est cependant inhibé et ralenti, et il souffre moralement.

Dans la **mélancolie anxieuse** (ou dépression agitée), le patient – dont la douleur morale est terrible – traverse de fortes crises d'angoisse (prenant l'allure de crises de panique) qui s'ajoutent à une anxiété permanente et intolérable. Il pense qu'un danger vital le guette. Il a besoin de bouger, se tord les mains, se frappe la poitrine, sanglote et gémit en se lamentant.

Dans la **mélancolie délirante**, le patient est convaincu d'être entièrement responsable de terribles malheurs à venir concernant sa famille, son pays, voire le monde entier.

Son délire est étroitement lié à son humeur. J'ai déjà cité les sentiments de culpabilité et d'indignité intense, de reproches ou de remords non fondés présents dans la mélancolie aiguë. Chez le mélancolique délirant, ces idées se trouvent accentuées. Il les vit de manière très douloureuse mais les exprime de façon pauvre et monotone. L'hypocondrie – certitude d'avoir une maladie incurable – peut également prendre une tournure plus grave : on y observe là aussi le fameux syndrome de Cotard que l'on a vu plus haut. Le malade nie l'existence de l'un de ses organes (par exemple il n'a « plus de cœur, de cerveau, d'estomac »...), croit à la paralysie de sa fonction respiratoire, cardiaque ou digestive (ses poumons sont bloqués, ses intestins bouchés, etc.) ; il peut aussi nier la réalité du monde extérieur, se percevoir comme immortel ou voué à la damnation éternelle. Enfin, les idées de persécution sont fréquentes ; le patient interprète les événements, pense que le médecin est un policier ou un juge, souffre d'illusions et d'hallucinations, se dit menacé, traqué, envoûté ou possédé. Ces sentiments de persécution reflètent la profonde culpabilité du mélancolique, toujours persuadé de « mériter » sa souffrance.

Dans la **mélancolie stuporeuse** (ou catatonique), l'inhibition psychomotrice prédomine. Le patient ne bouge absolument plus, devient silencieux et refuse de s'alimenter. Il souffre moralement de façon intense et demande qu'on l'abandonne à son sort. Ses traits sont figés dans une expression de désespoir, à un point tel qu'on peut lui faire maintenir les attitudes qu'on imprime à son corps : par exemple le bras qu'on a levé reste en l'air, immobile, comme si le malade était une figure de cire.

Il existe enfin des formes pièges qu'il faut repérer.
Dans la **mélancolie – ou dépression – masquée**, le patient se plaint surtout de sa santé. Il a des insomnies sévères (résistantes aux somnifères), une fatigue constante et des douleurs, surtout des céphalées et des lombalgies ; il peut aussi s'agir de spasmes, de troubles digestifs, urinaires ou sexuels. Ces symptômes masquent le vécu dépressif comme un arbre peut cacher la forêt.

Dans la **mélancolie souriante**, le patient s'efforce de banaliser et de nier sa souffrance morale, bien que son entourage perçoive son changement d'humeur et de comportement. Peu actif et sans dynamisme, il reste en retrait et cherche à passer inaperçu ; il s'inquiète lorsqu'on le questionne sur ce qu'il ressent. Sa souffrance lui semble informulable.

Échelle de dépression d'Ivan Goldberg

Le Dr Ivan Goldberg a établi une échelle de dépression[2]. Cette échelle a pour but d'évaluer la sévérité de la dépression par le patient lui-même et ne peut en aucun cas se substituer à une évaluation faite par un généraliste ou un psychiatre auquel on doit avoir recours au moindre doute.

Nom	Prénom	Date
0 = Pas du tout	1 = Très peu	2 = Quelque peu
3 = Modérément	4 = Pas mal	5 = Beaucoup

1. Je pense lentement	0 1 2 3 4 5
2. Mon avenir est sans issue	0 1 2 3 4 5
3. Il m'est difficile de me concentrer en lisant	0 1 2 3 4 5
4. Le plaisir et la joie m'ont quitté	0 1 2 3 4 5
5. J'ai des difficultés à prendre des décisions	0 1 2 3 4 5
6. J'ai perdu l'intérêt de certains aspects de ma vie qui étaient importants pour moi	0 1 2 3 4 5
7. Je me sens triste et malheureux	0 1 2 3 4 5
8. Je me sens agité et ne peux rester en place	0 1 2 3 4 5
9. Je me sens fatigué	0 1 2 3 4 5
10. Il me faut de grands efforts pour accomplir de petites tâches	0 1 2 3 4 5
11. Je me sens coupable et mérite d'être puni	0 1 2 3 4 5
12. Je me sens comme une épave	0 1 2 3 4 5
13. Je me sens plus mort que vivant	0 1 2 3 4 5
14. Mon sommeil est perturbé, je dors trop peu, trop ou mon sommeil est haché	0 1 2 3 4 5
15. Je passe du temps à penser au suicide	0 1 2 3 4 5
16. Je me sens piégé	0 1 2 3 4 5
17. Je me sens déprimé même quand des choses positives m'arrivent	0 1 2 3 4 5
18. Sans avoir fait de régime j'ai perdu ou gagné du poids	0 1 2 3 4 5

Un score de 15 ou plus sur cette échelle de dépression devrait orienter vers une évaluation psychiatrique.

Le soleil noir

Impossible de bouger. Je ne pouvais plus lever la main. Impossible de sortir de mon lit. Impossible de parler. Mon amie a appelé un médecin. On m'a accompagné à l'hôpital. Je n'avais jamais vu un psychiatre de ma vie. Il a parlé d'« état dépressif majeur », de « mélancolie », que sais-je ?

Ce truc m'est tombé dessus sans prévenir. Pas vraiment, en fait, puisque depuis quelques semaines j'étais épuisé et surtout triste. Je ne comprenais pas pourquoi. Je pleurais dans mon coin pendant des heures et aussi dans ma voiture, en allant travailler.

Je suis resté deux mois à l'hôpital. C'était dur, très dur. En même temps quelque chose me convenait : je me sentais protégé, entouré. L'extérieur me terrorisait. Quand mes amis et ma famille venaient me voir, je les observais en me demandant comment ils faisaient pour aller bien, pour tenir debout, marcher, parler, sourire, travailler. Simplement vivre. Avant, cela me semblait si simple…

J'étais obsédé par la mort. Les fenêtres de ma chambre s'entrouvraient à peine, ce qui me rassurait. Pendant la première semaine, les médecins et les infirmières ne me lâchaient pas. J'étais surveillé régulièrement. Je regardais ma perfusion sans bien comprendre. Ce tuyau, ce sparadrap, ce cathéter sur mon poignet gauche que j'ai voulu arracher, c'était ça la vie ? On m'a dit que oui, pour le moment c'était ça la vie ! Les médicaments m'assommaient. Je flottais. Je ne savais pas où j'étais ni qui j'étais. En tout cas un autre.

Puis tout est redevenu plus normal. Mon aide-soignante préférée s'appelait Sylvie. C'était une Antillaise d'une trentaine d'années, souriante et lumineuse. Chaque fois qu'elle entrait dans ma chambre, je voyais une sorte de soleil. Elle souriait tout le temps et dans ses yeux je lisais : « Courage. » En nettoyant le sol elle me racontait des petits riens. Sa petite fille de trois ans qui venait de rentrer en maternelle. Ses trajets en métro, du centre de Paris jusqu'en Seine-Saint-Denis. Les courses et le repas du soir, qu'elle préparait après avoir récupéré sa fille. Elle me parlait de son chat « Cet imbécile de Tarzan a encore cassé un de mes vases. Et vous savez quoi ? Il riait ! » Elle me montrait des photos de sa fille : « Vous ne trouvez pas que c'est une merveille ? Elle s'appelle Antoinette, comme ma mère. Ma mère vit en Guadeloupe. Nous irons la voir cet été. Vous connaissez les Antilles ? Non ? Mon pauvre ! » Elle me racontait des histoires qui se passaient dans le service et me donnait des nouvelles des autres malades : (« Mme Michaut est sortie ce matin ! Elle va très bien maintenant. »)

On m'a ôté la perfusion. Je me suis levé. J'ai appris à remarcher sans trébucher. Sylvie m'emmenait à la cafétéria du rez-de-chaussée. J'ai appris à rencontrer les autres malades, dans le fumoir au bout du couloir du cinquième. Nous parlions beaucoup de ce qui nous arrivait. Nous restions ensemble, comme soudés. Nous traversions des choses différentes et pourtant semblables. Nous échangions nos adresses et numéros de téléphone. Dans le service, il y avait une fille de dix-neuf ans que tout le monde appelait « la petite princesse du 5e étage ». Elle était belle, douce et silencieuse.

Je recommençais à parler. À ma famille, à mes amis et aux médecins. Je lisais un peu. J'écoutais la radio. Je regardais par la fenêtre : le ciel, les nuages, la pluie ou le soleil, la cour de l'hôpital, les arbres. Et tout ça m'intéressait à nouveau, y compris la petite princesse. Le jour de son départ, j'étais vraiment heureux pour elle. Quand j'ai pu rentrer chez moi, Sylvie m'a serré la main en me disant : « J'espère ne plus vous revoir à l'hôpital. » J'ai fait mes adieux dans le fumoir au fond du couloir. Je n'aurais jamais pensé qu'un lien social pouvait se nouer dans le cadre d'une hospitalisation et qu'il pouvait apporter tellement de soulagement à des personnes venues d'horizons sociaux si différents.

Jean-Luc, trente-huit ans, informaticien.

LA MANIE

Jusqu'au milieu du XIXe siècle, manie et mélancolie sont restées synonymes de « folie ». Vers 1850, le terme « manie » a pris en psychiatrie sa signification actuelle de trouble fondamental de l'humeur, caractérisé par une exaltation euphorique, une expansivité marquée, une accélération de la pensée, de la parole, de l'activité motrice et des idées grandiloquentes et parfois délirantes*. Il existe différents degrés de manie, qui vont de l'exubérance « simple » à la manie confuse, voire furieuse. Bien sûr, chaque malade traduit ses troubles selon sa personnalité, sa structure psychique, son histoire individuelle et son mode de vie ; mais tous les accès de manie présentent des caractéristiques communes permettant d'en établir le diagnostic.

* Le lecteur peut se référer aux critères de la manie tels qu'ils sont décrits dans le DSM IV en annexe, p. 247.

La description d'un accès maniaque franc peut servir de référence. Il se remarque toujours, car le patient change brutalement de comportement, perd toute contrainte intérieure et se sent tout-puissant. Ses pulsions instinctives et affectives se déchaînent en l'entraînant malgré lui dans un tourbillon vertigineux. Rien ne semble pouvoir l'arrêter, il veut satisfaire ses désirs et réaliser les plus grands projets. Euphorique et infatigable, il déborde d'énergie, de bien-être et d'optimisme. Il vit et se comporte de manière excessive, extravagante, frénétique et désordonnée. Ses proches ne peuvent donc ignorer ce changement soudain, qui se manifeste dans tous les domaines. Comme le dit Henri Ey, la manie modifie la perception du « déroulement de la conscience dans le temps (...). Cette harmonie est ici rompue par un saut, une accélération, une avidité, un élan qui dévore le temps, le consomme, le consume [3]. » Dans la manie, il n'y a jamais de demi-mesure, d'équilibre ni de repos. Tout est allégresse, effervescence et chaos. Les patients abordent l'existence avec la certitude qu'aucun obstacle n'entravera leur route : « Je vais manger le monde ! » disait un de mes patients à chaque rechute maniaque.

La modification de l'humeur est marquée par l'instabilité. L'euphorie et l'irritabilité coexistent souvent. Le patient séduit puis agresse son entourage, qu'il aime manipuler et qu'il ne ménage point. Il passe d'une attitude enjôleuse et chaleureuse à l'agressivité verbale – ou gestuelle – en exigeant que chacun se soumette à ses désirs. Pour l'entourage, l'un des aspects les plus marquants du début d'un accès maniaque est le brusque « déluge verbal » du malade qui parle sans arrêt et très vite.

Dans un intarissable flot de paroles émaillé de jeux de mots – parfois de chants, d'incantations ou de grossièreté –, il décrit ses projets, sa vie ou ce qu'il pense des autres. Les yeux brillants et le visage animé, il ponctue ses propos de gestes désordonnés, rit ou applaudit. La fuite des idées reflète l'excitation et l'exaltation psychique du malade. Ses souvenirs s'entremêlent, il confond les événements et les situations. Ses idées s'éparpillent, sa pensée s'accélère, se désorganise et il devient incapable de se concentrer. Il réagit à toutes les sollicitations extérieures sans parvenir à réfléchir ni à fixer son attention. Les jeux de mots, basés sur des ressemblances entre les sons (onomatopées, rimes, slogans, inversions et répétitions de mots...), sont relativement pauvres. Le malade passe du coq à l'âne et n'écoute que difficilement ce qu'on lui dit. Il donne son avis à tout bout de champ, mais change sans cesse d'opinion. Dans les formes les plus aiguës de manie, la fuite des idées rend le discours incompréhensible et incohérent ; les phrases sont alors hachées et déstructurées, sans syntaxe ni signification.

L'orgie des sens

La libération des contraintes intérieures transforme l'individu le plus timide en boute-en-train, toujours prêt à attirer l'attention et à faire rire. Il aime jouer et se donner en spectacle, imite des personnages connus, chante à tue-tête, invente des histoires et improvise. Il se met en scène d'une façon caricaturale et n'a pas conscience de l'aspect incongru de son attitude. Il cherche à entraîner ses proches dans cette comédie joviale et utilise aussi tous les artifices possibles. Malgré ses troubles de mémoire, le malade peut se rappeler des textes ou des poèmes autrefois appris par cœur, qu'il déclame sans se lasser.

L'hyperactivité physique varie beaucoup selon les individus. Le malade ne tient pas en place : il marche de long en large à son domicile ou à son bureau, s'agite, se lève puis s'assied. Il danse ou gesticule dans la rue, au cinéma ou au restaurant. Un patient qui ne faisait auparavant pas – ou peu – de sport peut commencer à nager, à faire du jogging, du tennis... pendant des heures, sans fatigue apparente. D'autres patients rangent, nettoient, décorent ou repeignent leur appartement, modifient la disposition des meubles. D'autres encore entreprennent de grands travaux de bricolage ou de jardinage. Les malades sont obnubilés par leurs projets mais parviennent rarement à les mener à bien car les troubles de l'attention les en empêchent. Ils passent avec frénésie d'une activité à une autre sans en terminer aucune. Ce besoin irrépressible de mouvement se limite parfois à ce qu'on appelle une *graphorrée* : le malade écrit à toute allure d'interminables séries de phrases ou de mots ; il peut aussi griffonner ou « dessiner ». L'accélération et la désorganisation de la pensée rendent parfois les phrases ou les mots incohérents.

L'insomnie est constante au cours d'un accès maniaque. Les malades poursuivent leurs diverses activités pendant la nuit, se contentent de quelques heures de sommeil (deux à trois heures par nuit, quelquefois moins) et supportent sans difficulté ce manque de repos.

Comme le patient se sent invincible et « au-dessus des lois », les règles de la vie familiale et sociale, les contraintes financières ou professionnelles ne comptent plus. De nombreux patients prennent des décisions précipitées : ils déménagent, partent en vacances, effectuent des voyages non prévus, ou s'installent dans un pays étranger... Le sentiment d'invincibilité et de toute-puissance concerne aussi la santé. Certains malades commencent à boire ou à se droguer.

La recherche inconsciente du risque (rapports sexuels non protégés, conduite en état d'ivresse, pratique de sports dangereux...) devient un véritable besoin de « recherche de sensations nouvelles ». À chaque crise maniaque, un de mes patients trouvait le moyen de se mettre en danger en s'essayant à des sports extrêmes : un accident survenu en haute montagne et un autre en parapente ont ainsi failli l'un et l'autre lui coûter la vie.

La levée des inhibitions sociales s'associe à une hyper sexualité et à des comportements séducteurs. Ceux-ci peuvent se limiter à une attitude « allumeuse », des phrases allusives, des propositions ou des gestes lubriques plus ou moins significatifs. Certains patients vont plus loin : dans ce cas, les passages à l'acte sexuel, les comportements grossiers et obscènes, le fétichisme et surtout l'exhibitionnisme – y compris chez les femmes – sont fréquents.

Les dépenses inconsidérées sont caractéristiques de la manie et vont bien au-delà du simple besoin ponctuel de se faire plaisir. Le malade accumule les achats inutiles et les objets coûteux, couvre ses proches de cadeaux et s'endette lourdement. Il vide son compte en banque ou dépense son salaire en quelques jours, achète à crédit ou fait des emprunts bancaires qu'il ne parviendra pas à rembourser. Certaines personnes investissent toutes leurs économies dans la réalisation d'un projet quelconque ; plus rarement, d'autres commettent des escroqueries financières ou des vols. Sur le plan professionnel, le malade peut démissionner afin de changer radicalement de mode d'existence et de réaliser ses projets mégalomaniaques. Mais en raison de son comportement inadapté, il est parfois mis à pied ou licencié.

L'altération de la lucidité suscite des idées grandiloquentes : inventions « révolutionnaires », désirs de réformer des lois ou d'approcher des célébrités... Le malade est persuadé que tout lui réussira, il entreprend des démarches tapageuses et fait des scandales lorsqu'on lui résiste. Il récrimine sans cesse et dénonce ce qui lui déplaît. Si ses proches essaient de freiner son impulsivité ou de le détourner de ses projets insensés, il se lamente ou se met en colère en se lançant dans des explications saugrenues. Il veut démontrer la légitimité de ses désirs et de son comportement – qu'il juge très rationnels – et rejette avec virulence tout avis critiquant son attitude. Derrière sa gaieté apparente, l'angoisse est perceptible ; le malade tente de la fuir à travers son excitation.

Les troubles de l'alimentation sont plus rares que ceux du sommeil. Ils se traduisent par des excès boulimiques ou par des repas inconsistants car le malade souhaite « ne surtout pas perdre de temps » à se nourrir. Dans tous les cas, il maigrit beaucoup et l'hyperactivité provoque le besoin physiologique de boire de grandes quantités d'eau, ou d'alcool. Le malade résiste facilement au froid ; son pouls s'accélère et sa tension artérielle s'abaisse. L'ensemble des sécrétions corporelles augmente, en particulier la salive et la sueur. Les femmes sont souvent atteintes d'aménorrhée.

Comme un cheval fou

Comme on l'a vu dans l'histoire de Véronique et comme on le verra plus loin dans celle de Michel, il est impossible de « ramener à la raison » un patient souffrant d'un accès maniaque car il n'a généralement aucune conscience de son état et n'admet pas la contradiction. La personnalité du maniaque offre une paroi imperméable et lisse sur laquelle la parole et le raisonnement n'ont pas de prise. Les tentatives de dialogue sont donc vouées à l'échec. Selon le degré de manie, les plaisanteries, l'agressivité verbale, gestuelle ou la colère sont remplacées par des critiques et des sous-entendus permanents, une ironie ou des piques caustiques. Le malade pointe avec pertinence les faiblesses ou les défauts de ses interlocuteurs, qu'il aime ridiculiser et mettre mal à l'aise ; ces railleries sont toujours très désagréables pour ses proches.

Le malade peut pourtant se montrer très sensible au plan affectif. Il ressent alors avec beaucoup d'acuité les événements de son existence et réagit avec une émotivité extrême à ce qu'il perçoit – ou croit percevoir – de la part des autres. Les nerfs à fleur de peau, il fait preuve d'une sensibilité émotionnelle incontrôlable, s'angoisse ou pleure face à un stress et supporte parfois mal la lumière et les bruits.

La recherche de contacts auprès de l'entourage familial, amical et professionnel est permanente. Il harcèle ses proches en multipliant les visites impromptues et les appels téléphoniques à toute heure du jour et de la nuit. Il leur adresse de nombreuses lettres, des cartes postales, ou des fax jusqu'à saturer les récepteurs de ses correspondants. Enfin, le besoin intense de contact peut désormais s'épancher à notre époque par le biais d'Internet. Certains malades adressent à des « forums » de discussions entre internautes une multitude d'e-mails n'ayant aucun rapport avec le sujet proposé. Ils écrivent alors comme ils parlent : il s'agit de plusieurs pages de jeux de mots, d'onomatopées, de poèmes et de phrases sans syntaxe ni signification. Les difficultés relationnelles n'arrêtent pas le patient qui cherche à tout prix à se faire accepter. Si l'entourage réagit mal à ces sollicitations envahissantes, il essaiera de se justifier en se montrant séducteur, manipulateur, ironique ou agressif. Cette « sociabilité » extrême s'accompagne d'une grande familiarité. Elle peut donc concerner des inconnus, que le malade aborde de façon ludique ou agressive. Il compatit de manière excessive à la souffrance ou au malheur d'autrui ; en donnant par exemple de fortes sommes d'argent à un parfait inconnu, ou à des œuvres de charité. Dans les lieux publics, d'autres prennent avec vigueur la défense de quelqu'un qui leur semble en danger, ou se mêlent de dissensions dans lesquelles – en temps normal – ils n'interviendraient pas.

Les vêtements habituels sont souvent remplacés par des tenues extravagantes aux couleurs vives, parfois accompagnées d'accessoires étonnants. Chez les femmes comme chez les hommes, la provocation est évidente car les malades veulent qu'on les remarque : certains d'entre eux se teignent les cheveux dans des couleurs flamboyantes ou se rasent le crâne, se font tatouer, se font faire des piercings. Les femmes se maquillent exagérément, portent des vêtements provocants et d'innombrables bijoux ou se parent « comme un sapin de Noël ». Mais il arrive que des patients se négligent sur le plan de l'hygiène et de l'habillement, ils ne se lavent et ne se coiffent plus, sont débraillés et remettent des vêtements sales.

Manie et manies

Il n'existe pas une manie mais des manies. Leurs différentes formes se définissent selon leur degré de gravité, la coexistence de symptômes dépressifs (*états mixtes*) ou agressifs (*manie dysphorique*), le degré de conscience du malade, le retentissement sur son adaptation socioprofessionnelle. Autant par exemple dans les états de manies légères (*hypomanie*) le patient peut continuer à travailler et même à donner le change, autant dans les états de manies aiguës à forme furieuse ou délirante, l'hospitalisation en milieu spécialisé s'impose parfois contre l'avis du malade (hospitalisation par contrainte).

Les accès de **manie aiguë ou furieuse** sont impressionnants car le malade est très agité et s'exprime avec une grande violence. Ses crises de fureur le rendent véritablement dangereux. Le malade n'est pas joueur ni séducteur ; il cherche à satisfaire des désirs insensés et à faire valoir ses droits d'une façon extrêmement agressive. Tyrannique et orgueilleux, il se sent supérieur aux autres et n'a aucune conscience de son état. Ses réactions et son comportement sont proches de la paranoïa. La manie aiguë survient parfois chez des personnes qui, en temps normal, sont paradoxalement douces et passives ou au contraire chez des personnalités rigides et autoritaires.

Dans la **manie délirante**, l'altération du jugement se trouve au premier plan. Des symptômes délirants ou hallucinatoires (hallucinations auditives, plus rarement visuelles...) s'observent d'ailleurs chez plus d'un maniaque sur deux, et sont plus ou moins prononcés. Le délire est lié à l'humeur et on le qualifie de « congruent ». Presque tous les thèmes délirants existent dans la manie : la mégalomanie, le mysticisme, la persécution, les doutes sur la filiation, l'influence sur les autres, la dépersonnalisation, la certitude de lire dans les pensées ou d'être possédé, la déréalisation ou la culpabilité... Une étude attentive des symptômes associés (excitation, euphorie, irritabilité, insomnie, etc.) permet de diagnostiquer la manie délirante, bien que les troubles « psychotiques » soient très manifestes. On peut ainsi la différencier de certaines psychoses, en particulier de la schizophrénie ; mais cette forme de manie a des liens étroits avec les troubles « schizo-affectifs », apparentés à la schizophrénie, que l'on abordera plus loin.

Dans la **manie mixte** (états mixtes), le patient souffre d'un ou de plusieurs symptômes dépressifs associés à la manie. Elle est parfois difficile à identifier puisque trois patients sur quatre peuvent être dépressifs pendant plus ou moins longtemps en phase maniaque. Pour la diagnostiquer, l'épisode maniaque et l'épisode dépressif doivent coexister « presque tous les jours pendant au moins une semaine* ». Le patient passe du rire aux larmes, se sent débordant d'enthousiasme puis totalement désespéré ou suicidaire ; il arrive que son humeur se modifie plusieurs fois en une heure. Les états mixtes peuvent rester isolés dans le temps. Ils apparaissent surtout pendant ce que l'on appelle un « virage » de l'humeur chez un mélancolique hospitalisé ; ce changement brutal oscille de la dépression à la manie et ce sous l'effet parfois de certains médicaments antidépresseurs. Les états mixtes varient beaucoup d'un patient à l'autre, selon l'importance du pôle dépressif ou maniaque. La *dépression agitée* (le mélancolique présente une forte agitation psychomotrice) appartient aussi aux états mixtes.

Dans la **manie dysphorique**, l'état mixte peut prendre parfois l'allure d'une manie dite « dysphorique ».

Quelle est la différence entre l'euphorie et la dysphorie ?

Dans l'euphorie le sujet est en pleine forme, plein d'énergie, heureux, volubile. Dans la dysphorie, le patient est aussi euphorique mais dans un sens différent : il est agité, destructeur, parfois haineux, agressif, irritable…

Une étude coordonnée par Hagop Akiskal et Élie G. Hantouche et menée en France a déterminé la fréquence des manies dysphoriques qui peuvent représenter 37 % des manies en général et qui surviennent plus fréquemment chez les femmes.

L'euphorie et l'irritabilité coexistent souvent et Goodwin et Jamison ont montré la fréquence de leur association. Ils ont souligné que dans l'épisode dysphorique la composante agressive ainsi que l'agitation psychomotrice et l'hostilité marquée à l'égard des autres sont caractéristiques.

L'évolution de cette forme est globalement plus sévère, car le diagnostic de bipolarité est posé après un plus long délai. De plus, cette forme répond mal au lithium mais plus favorablement aux antiépileptiques et au Dépakote en particulier.

---

* Selon le DSM IV.

Dans l'**hypomanie**, stade le plus léger de la manie, on se pose la question clef : comment la distinguer d'une variation « normale » de l'humeur ou d'un enthousiasme passager ? La frontière avec un état maniaque pathologique reste parfois floue. De plus, elle fait partie intégrante de la cyclothymie et apparaît souvent quelques semaines avant un épisode maniaque. Contrairement aux autres formes de manie, elle ne nécessite pas toujours une hospitalisation ; elle ressemble à la manie mais tous les symptômes classiques, y compris l'insomnie, sont atténués. Le patient est vif, brillant, spirituel et original. Il est plus souvent euphorique qu'irritable, bouillonne d'idées, déborde de projets et multiplie ses activités. Son trop-plein d'énergie, son débit verbal incessant et son rythme de vie épuisent ses proches et finissent par l'épuiser lui-même. Bien qu'il ne les agresse pas avec violence, il peut se montrer sarcastique – voire très désagréable – puis atténuer ses « piques » par des traits d'humour ou des démonstrations excessives de tendresse. Les proches sont souvent désarçonnés et agacés par cette attitude imprévisible ; en quelque sorte, ils ne savent plus « sur quel pied danser ».

C'est donc l'entourage qui remarque les changements d'humeur et de comportement, car le patient se sent seulement au mieux de sa forme. Sa pensée s'accélère sans se désorganiser et il reste en général « raisonnable » dans les actes de sa vie quotidienne. Sa créativité augmente, ses dons artistiques s'accroissent, il manifeste des talents insoupçonnés ou obtient de remarquables résultats professionnels. Son hyperactivité mentale et physique peut donc être fructueuse. L'hypomanie n'entraîne pas de conséquences graves au plan socioprofessionnel.

Elle dure de quelques jours à plusieurs mois ou plus si elle n'est pas traitée ; chez certaines personnes, l'hypomanie devient alors un mode de fonctionnement « habituel ».

Manie, expansivité, exaltation et extase

Le terme de « manie » qui s'inscrit dans le cadre de la maladie maniaco-dépressive peut sembler relativement restrictif comparé au terme d'« expansivité » qui s'apparente au terme « exaltation », thème central de l'ouvrage de Bertrand Lewin sur la *psychanalyse de l'Élation* [4] et de Pierre Janet dans *De l'angoisse à l'Extase* [5].

Plusieurs situations d'expansivité de l'humeur sont décrites hors de la maladie maniaco-dépressive. L'expansivité secondaire à la prise d'alcool, de cocaïne, de crack, de kath (plante euphorisante du Yémen), de colle, de solvant, de cannabis, d'opiacés, d'hallucinogènes est fréquemment observée dans la pratique courante, de même que certains sportifs marathoniens ou grands nageurs sont dans un état d'exaltation lors de l'effort physique. Cela peut s'expliquer par la production par notre propre corps de produits morphiniques (« endorphines ») lors des efforts réguliers et soutenus. D'ailleurs, souvent, au moment de la suspension temporaire ou de l'arrêt de l'activité physique, il peut apparaître chez certains sujets quasiment « dépendants » au sport un état de ralentissement psychomoteur, voire de dépression.

Certains médicaments peuvent aussi provoquer des états expansifs ; les corticoïdes, l'indométacine, les bêtabloquants, les amphétamines...

Une situation originale mérite que l'on s'y arrête un moment : il s'agit du syndrome de *Stendhal*. En 1817, l'écrivain français sort de l'église de Sainte-Grâce à Florence et décrit dans son journal un état d'élation anxieuse avec une tachycardie. Graziella Magherini explique cette situation par le fait que « dans un premier temps l'observateur se laisse capter par la beauté formelle de l'œuvre qu'il regarde. Mais dans un deuxième temps il est bombardé par le message » qui fait collusion avec l'histoire personnelle du sujet et entraîne un débordement émotionnel. Stendhal analyse lui-même cette situation et reconnaît que « l'objet d'art renvoie chacun à ses constructions dans cette situation de grande vulnérabilité du voyage [6] ».

Cette situation a été décrite pour une part dans le syndrome de Jérusalem, ville mystique s'il en est. Certains voyageurs dans cette ville ont présenté des états d'exaltation et de joie expansive, d'autres de véritable délire mystique.

Échelle de manie d'Ivan Goldberg

Comme l'échelle de la dépression, l'échelle de manie établie par le Dr Ivan Goldberg [7] est particulièrement utile pour s'auto-évaluer. Elle a pour but de mesurer la sévérité de l'état maniaque et d'inciter le patient à consulter son psychiatre ou son généraliste. Elle ne peut en aucun cas se substituer à une évaluation psychiatrique faite par un psychiatre ou un généraliste auquel on doit avoir recours au moindre doute.

Nom	Prénom	Date
0 = Pas du tout	1 = Très peu	2 = Quelque peu
3 = Modérément	4 = Pas mal	5 = Beaucoup

1. Je pense lentement	0	1	2	3	4	5
2. J'ai moins besoin de sommeil que d'habitude	0	1	2	3	4	5
3. J'ai tellement de projets et d'idées qu'il m'est difficile de travailler	0	1	2	3	4	5
4. Je me sens obligé de parler tout le temps	0	1	2	3	4	5
5. Je suis particulièrement heureux	0	1	2	3	4	5
6. Je suis plus actif que d'habitude	0	1	2	3	4	5
7. Je parle si rapidement que mes interlocuteurs ont du mal à me suivre	0	1	2	3	4	5
8. J'ai plus de nouvelles idées que je ne peux en gérer	0	1	2	3	4	5 9
9. Je suis irritable	0	1	2	3	4	5
10. Il me vient facilement des blagues et des plaisanteries à l'esprit	0	1	2	3	4	5
11. Je me vis comme un boute-en-train	0	1	2	3	4	5
12. Je me sens plein d'énergie	0	1	2	3	4	5
13. Je pense particulièrement au sexe	0	1	2	3	4	5
14. Je me sens particulièrement enjoué	0	1	2	3	4	5
15. J'ai des projets particuliers pour le monde	0	1	2	3	4	5
16. Je dépense trop d'argent	0	1	2	3	4	5
17. Mon attention saute d'une idée à une autre	0	1	2	3	4	5
18. Il m'est difficile de ralentir et de rester en place	0	1	2	3	4	5

Un score de 20 ou plus sur cette échelle de manie devrait orienter vers une évaluation par un psychiatre qualifié.

Envolées de l'esprit

Il y a une souffrance, une jubilation, une solitude et une terreur propres à ce type de folie. Dans les envolées, c'est fantastique. Les idées et les émotions fusent à la vitesse des étoiles filantes. On les suit, on les lâche, on en trouve de meilleures qui brillent encore plus. La timidité s'en va, les mots et les gestes exacts vous viennent à point nommé. Le pouvoir de captiver les autres est une certitude intérieure. On trouve de l'intérêt aux gens inintéressants.

La sensualité est omniprésente, comme est irrésistible le désir de séduire et d'être séduit. Une impression de facilité, de puissance, de bien-être, d'opulence et d'euphorie vous gagne jusqu'à la moelle.

Et puis soudain ça change. Les idées folles sont trop nombreuses et vont trop vite. La lucidité fait place à une confusion accablante. La mémoire disparaît. Sur le visage des amis, l'inquiétude remplace l'amusement et la fascination. Tout ce qui marchait tout seul va maintenant à contre-courant – on devient irritable, mauvais, craintif, insupportable, totalement égaré dans les plus sombres cavernes de l'esprit. On n'était pas au courant de l'existence de ces cavernes. Et cela n'a pas de fin, la folie creusant elle-même sa demeure.

Ça continue de plus belle et, bientôt, comme la manie vous fait au moins la grâce d'effacer partiellement les souvenirs, vos comportements stériles, frénétiques et incongrus n'existent plus dans la mémoire des autres.

Et ensuite ? Après les médicaments, le psychiatre, le désespoir, la dépression, l'overdose ? Tout le fatras de sentiments à trier. Qui est trop poli pour dire quoi ? Qui sait quoi ? Qu'est-ce que je fais ? Pourquoi ? Et (plus obsédant) quand cela va-t-il recommencer ?

Ensuite, aussi, viennent les désolants pense-bêtes – médicaments à prendre, à refuser, à oublier, à prendre, à refuser, à oublier, mais toujours à prendre. Les cartes de crédit supprimées, les explications à fournir au travail, les excuses à formuler, les souvenirs intermittents (mais qu'est-ce que j'ai fait ?), l'amitié perdue ou lassée, un mariage détruit. Et toujours : quand cela va-t-il recommencer ? Lesquels de mes sentiments sont vrais ? Quel moi est moi ? Le moi brut, impulsif, chaotique, débordant d'énergie, complètement marteau ?

Ou le moi timide, renfermé, désespéré, suicidaire, défaitiste et exténué ? Sans doute un peu des deux, en espérant ni l'un ni l'autre. Virginia Woolf a tout dit de ses propres montées et descentes vertigineuses : « Dans quelle mesure nos sentiments naissent-ils du vide sur lequel nous vivons ? Qu'y a-t-il de réel en tout cela ? »

Quand je plane, je ne peux pas m'inquiéter de l'argent, même si j'essaie, alors je n'essaie pas. L'argent tombera du ciel. C'est mon droit. Les cartes de crédit sont catastrophiques, les carnets de chèques encore pires. Malheureusement, pour les maniaco-dépressifs en tout cas, la manie est un prolongement naturel de l'économie. Il y a peu de choses impossibles à obtenir avec les cartes de crédit et les comptes bancaires. J'ai acheté – c'était urgent et capital – douze trousses de secours contre les morsures de serpent. J'ai acheté aussi des pierres précieuses, des meubles inutiles aux lignes élégantes, trois montres à une heure l'une de l'autre (plutôt du style Rolex que Timex : les bulles de champagne montent à la surface, c'est ce qui compte dans la manie), et des vêtements de femme fatale totalement déplacés. Au cours d'une descente à Londres, j'ai dépensé plusieurs centaines de livres sterling en ouvrages dont les titres ou les couvertures parlaient à mon imagination : des bouquins sur l'histoire naturelle de la taupe, vingt Penguin Books disparates parce que les pingouins doivent vivre en bande. Une fois, je crois que j'ai piqué un chemisier parce que je ne pouvais pas attendre une minute de plus derrière la bonne femme qui traînait les pieds dans la file d'attente.

À moins que l'idée de voler quelque chose me soit simplement passée par la tête, je ne me rappelle plus, j'étais en pleine confusion. J'ai bien dû dépenser dans les trente mille dollars au cours de mes deux principales crises maniaques, et Dieu sait combien pendant mes fréquentes manies modérées.

Puis revenue au lithium sur une planète tournant à la même vitesse pour tout le monde, vous découvrez que votre crédit est coulé, votre mortification achevée : la manie n'est pas un luxe qu'on peut facilement se permettre. La maladie est dévastatrice et cela n'arrange en rien de devoir payer les médicaments, les analyses sanguines et la psychothérapie. Du moins ces dernières dépenses sont-elles partiellement déductibles des impôts. Mais l'argent dépensé pendant l'accès maniaque n'entre pas dans la conception fiscale des frais médicaux ou des déficits professionnels. Après la phase maniaque, au moment où vous êtes le plus déprimée, vous avez ainsi une excellente raison de l'être encore plus.

Kay Redfield Jamison [8]

3

Une maladie vieille comme le monde : deux mille ans d'histoire

> « Lorsque, dans l'une des branches quelconques du savoir, un fait nouveau ou qui jusqu'alors avait passé inaperçu est découvert, l'érudition est aussitôt mise en éveil. On dépouille avec le plus grand soin les auteurs anciens et si, par hasard, les chercheurs arrivent à y trouver quelques traces de la nouvelle découverte, ils se diviseront aussitôt en deux camps : les uns ne verront dans ces vieux textes qu'une nouvelle confirmation du proverbe qui dit qu'il n'y a rien de nouveau sous le soleil ; les autres, plus philosophes, étudieront avec impartialité ces documents tirés de la poussière des bibliothèques et s'appliqueront à rechercher de quelle manière nos ancêtres interprétaient le phénomène en question. »
>
> A. RITTI, *Traité clinique de la folie à double forme*, 1883

La mélancolie et la maladie maniaco-dépressive sont des affections dont les descriptions cliniques ont relativement peu varié au fil de l'histoire de la médecine. Les Anciens avaient pressenti l'existence de la relation entre la manie et la mélancolie, puisque les médecins grecs, Hippocrate (vers 460-377 av. J.-C.) puis Arétée de Cappadoce (Ier siècle après J.-C.) avaient noté qu'elles pouvaient survenir chez une même personne. Jusqu'au début du XIXe siècle on a cependant continué à les considérer comme indépendantes l'une de l'autre. Les médecins reconnaissaient leur alternance occasionnelle et certains même s'interrogeaient sur leurs rapports, rejoignant ainsi la prescience des Anciens. Mais l'établissement définitif du lien fondant l'unité maniaco-dépressive a été réalisé tardivement, en 1899.

Il a donc fallu des siècles pour parvenir à établir ce lien, à unifier la maladie maniaco-dépressive et à y intégrer certaines dépressions que l'on pensait être « isolées » à première vue. Ainsi est-il important devant tout état dépressif, surtout s'il s'agit d'une rechute, de se poser la question de son éventuelle appartenance à une maladie maniaco-dépressive. L'interrogation est justifiée même si le patient n'a pas présenté d'état maniaque. Nous verrons plus loin qu'il existe d'une part des formes « unipolaires » de la maladie et de l'autre que les états maniaques se déclenchent parfois plus tardivement dans l'évolution de l'affection. Ils sont soit spontanés soit provoqués par la prise d'antidépresseurs. Enfin, des « formes atténuées » de manie peuvent passer inaperçues. C'est ainsi qu'un nombre important de dépressions n'est traité qu'au « coup par coup » alors que la suspicion de l'appartenance d'une dépression à une maladie maniaco-dépressive nécessite une tout autre stratégie thérapeutique.

La finesse de l'analyse clinique de la maniaco-dépression, la compréhension de ses facteurs héréditaires, constitutionnels, psychiques et environnementaux ont progressé en même temps que la psychiatrie. La complexité de ce trouble de l'humeur et le large éventail de ses formes cliniques amènent d'ailleurs les psychiatres contemporains à parler de « spectre de la maniaco-dépression ».

Pour mieux comprendre la longue histoire de la maladie maniaco-dépressive, il faut s'attarder sur ses descriptions cliniques, sur l'évolution de nos connaissances en génétique, biologie et pharmacologie, mais aussi sur le sens des mots décrivant ses deux pôles, maniaque et dépressif. Les termes employés par les médecins au cours de l'Histoire ont évolué et parfois ont changé de signification. C'est ainsi que la manie et la mélancolie sont restées jusqu'au milieu du XIXe siècle synonymes de « folie » au sens du Moyen Âge. Toute maladie s'inscrit en effet dans un contexte historique et socioculturel où les traditions, les croyances, les connaissances médicales, thérapeutiques, mais aussi la sémantique jouent un rôle déterminant.

Hippocrate, Aristote, et Arétée de Cappadoce

Au fil des siècles de nombreux médecins ont commencé à établir, d'après leur expérience clinique, l'existence du lien entre mélancolie et manie. On s'aperçoit en lisant leurs travaux qu'ils possédaient un génie clinique et une perception extraordinairement fine de ce qu'on allait définir, plusieurs siècles plus tard, comme la maladie maniaco-dépressive. Hippocrate a été le premier à décrire avec précision la mélancolie. Il écrivait dans *Aphorismes* : « Si crainte et tristesse durent longtemps, un tel état est mélancolique. » Sa fameuse théorie des quatre humeurs corporelles a été reprise ensuite par son compatriote Galien, puis par les médecins arabes et musulmans, en particulier Avicenne. Cette théorie a d'ailleurs prédominé jusqu'au XVIIe siècle en Occident, où l'on pensait que les troubles psychiques étaient des maladies suscitées par un mélange défaillant de ces humeurs. On insistait déjà sur le fait que la mélancolie pouvait se transformer en « folie » (manie).

Le philosophe grec Aristote (384-322 av. J.-C.) comparait la bile noire au métal, susceptible de passer du froid (avec un ralentissement des puissances vitales) au chaud (accompagné d'une dangereuse effervescence). *Problème XXX* est un texte d'une quinzaine de pages auquel les médecins et les philosophes se sont référés du Moyen Âge au XIXe siècle. Dans cet ouvrage, l'auteur note : « [...] dans la nature, spontanément, existe ce mélange d'une telle humeur, la bile noire. C'est pourquoi aussi la bile noire devient et très chaude et très froide ; car la même chose, par nature, peut présenter ces deux états. [...] La bile noire est froide par nature [...] si elle est en excès dans le corps, elle produit des apoplexies, des torpeurs, des athymies, ou des terreurs, mais si elle est trop chaude, elle est à l'origine des états d'euthymie accompagnés de chants, des accès de folie, et des éruptions d'ulcères et autres maux de cette espèce. Ceux chez qui ce mélange se trouve abondant et froid sont en proie à la torpeur et à l'hébétude ; ceux qui l'ont trop abondant et chaud sont menacés de folie (*manikoi*) et doués par nature, enclins à l'amour, facilement portés aux impulsions et aux désirs ; quelques-uns aussi sont bavards plus que d'usage. Mais beaucoup, pour la raison que la chaleur se trouve proche du lieu de la pensée, sont saisis des maladies de la folie ou de l'enthousiasme. [...] parce que la bile noire est inconstante, inconstants sont les mélancoliques [...] [1]. »

Arétée de Cappadoce considérait la mélancolie comme le premier stade de la manie (prise dans le sens de folie) et soulignait la probable succession de ces deux états : « La mélancolie est une affection sans fièvre, dans laquelle l'esprit triste reste toujours fixé sur la même idée et s'y attache avec opiniâtreté ; elle me paraît être un commencement ou une espèce de demi-manie... S'il arrive quelquefois que cette tristesse cesse ou se dissipe, la plupart de ceux chez lesquels ce changement arrive deviennent maniaques. » Il ajoutait dans sa description de la manie : « L'accès fini, ils [les malades] deviennent languissants, tristes, taciturnes. »

Les Anciens distinguaient déjà plusieurs niveaux de manie, qui pouvaient aller jusqu'à la « fureur maniaque » (actuelle *manie aiguë*). Arétée de Cappadoce différenciait les maniaques « joyeux et joueurs » et ceux « passionnés et destructeurs ».

Apport de la psychiatrie arabo-musulmane : Avicenne, Rhazès, Averroès, Avenzoar

Les travaux d'Avicenne (Ibn Sina en arabe, 980-1037), médecin et philosophe persan d'expression arabe, ont profondément marqué l'histoire de la médecine au Moyen-Orient et en Europe jusqu'au XVIIe siècle. Son *Canon* (*El Kanoun*) *de la médecine*, traduit en latin au XIIe siècle et en hébreu en 1492, est longtemps resté une référence essentielle grâce à la finesse et à la précision de ses descriptions cliniques et pharmacologiques. Son ouvrage le plus célèbre est le *Kitab al Shifa* (« Le Livre de la guérison »). Malgré les riches et multiples apports d'Avicenne, son œuvre reste actuellement assez méconnue en Occident. On lui doit pourtant une quantité de textes passionnants concernant la mélancolie (*Melankholia*), la manie (*Mania*), la « maladie noire » (dépression) et la folie (*Lawka*)... Il écrivait par exemple : « On dit *Melankholia* pour le changement des croyances et de la pensée... Cette maladie affecte beaucoup les hommes, mais les femmes en sont plus atteintes en vigueur. Elle est plus répandue parmi les vieux et les séniles. Sa portée diminue en hiver et augmente en été et en automne. Mais elle pourrait atteindre son apogée au printemps parce que la maladie noire se manifeste au début de cette saison... Le signe de début de cette maladie est la suspicion de tout ce qui entoure le sujet, la peur sans raison apparente, les hallucinations, les craintes de ce qui est et de ce qui n'est pas... Le signe majeur de la *Melankholia* est un excès de réflexion et le regard continu fixé sur un seul objet[2]. » Quelle meilleure description de la mélancolie pourrait-on donner ? Vous remarquerez aussi que les dépressions dites saisonnières (pour lesquelles les Anglo-Saxons ont créé le sigle judicieux de SAD*), ne datent pas d'hier...

Dans les généralités du *Canon*, Avicenne a approfondi la relation entre le corps et l'esprit en affirmant par exemple que « les remèdes

---

* SAD : « *Seasonal Affective Disorders* » (troubles saisonniers de l'humeur). L'adjectif anglais « *sad* » signifie « triste », « malheureux ».

psychiques doivent toujours aider à la thérapeutique médicamenteuse et à la compléter en accroissant la résistance du malade », et il poursuit : « Nous devons considérer que l'un des meilleurs traitements, l'un des plus efficaces, consiste à accroître les forces mentales et psychiques du patient [...], à l'encourager à la lutte, à créer autour de lui une ambiance agréable, à lui faire écouter de la bonne musique, à le mettre en contact avec les personnes qui lui agréent, qu'il respecte et en qui il a confiance. »

Ses remarques, ses préceptes et plusieurs de ses *Nawadir* (anecdotes) en font aux yeux des Arabo-Musulmans le « Prince des savants » ou le « Prince de la médecine ».

Rhazès (Abubekr El Razi, 850-932), d'origine persane, auteur des *Continiens*, peut être considéré comme le promoteur de la psychothérapie. Il fut le premier à introduire le concept de *El Ilaj Ennafsani* (ou « traitement de l'esprit ») en insistant sur le fait qu'« il importe toujours au médecin de suggérer au malade la bonne santé même s'il n'y croit pas en son for intérieur » car, disait-il, « la structure du corps suit les vicissitudes de l'âme ».

L'enseignement clinique d'El Razi a eu aussi une influence sur les Européens. Ses ouvrages *El Mansour* et *Al Hawi* sont de véritables encyclopédies. Le premier comprend dix chapitres décrivant les tempéraments et les humeurs, le second, traduit en latin en 1270 et publié en 1486, est un des tout premiers livres de sémiologie et de thérapeutique.

Averroès (Ibn Rochd, 1126-1198), philosophe médiéval, médecin, juriste et théologien, est né à Cordoue, en Espagne, où il étudia la théologie, la philosophie, les mathématiques sous la direction du philosophe arabe Ibn Tufayl, et la médecine sous celle du médecin Avenzoar. Il fut premier médecin à la cour d'Abu Yaqub Yusuf, le calife almohade du Maroc et de l'Espagne musulmane. Sa doctrine défendant le primat de la raison sur la religion lui valut un exil en 1195, et il ne connut un retour en grâce que peu avant sa mort. L'averroïsme exerça une forte influence sur la pensée européenne du XIIe au XIIIe siècle. Son ouvrage principal, *Al Koulliyat Fil Teb* (« Généralités en médecine »), où il traite entre autres de la dépression, fut connu au Moyen Âge sous le nom de *Colliget.*

Avenzoar (Ibn Zohr, 1073-1162), médecin « pur », c'est-à-dire clinicien qui ne s'était pas intéressé à la philosophie, a écrit *Attaisir*

(« Facilitation »), sous-entendant la facilitation de la thérapeutique et des régimes. Lucien Leclerc considère qu'*Attaisir* est « le meilleur ouvrage pratique composé par les Arabes, ouvrage dégagé de toute préoccupation théorique, frappé au coin de l'originalité et de l'expérience ».

La mélancolie y tient une part importante, avec une description de symptômes étonnants par leur modernité : peur et désir de mort, hallucinations visuelles. Avenzoar invoque plusieurs causes à cela : une pathologie des vaisseaux irriguant le cerveau lui-même, et une pathologie de l'estomac.

Il est même le premier à aborder le sujet tabou du suicide, donnant de cet acte interdit par l'islam (péché mortel, il voue son auteur à la « Jéhenne », l'enfer) des descriptions innovantes. « J'ai vu, dit-il, beaucoup de gens qui se sont tués par pendaison, d'autres par noyade en s'alourdissant le corps. »

L'épopée des Bimaristans

L'avance de la connaissance des Arabes en matière de médecine et de psychiatrie ne se limitait pas à l'abord de la clinique et de la thérapeutique mais aussi à l'organisation des institutions de soin.

Peu de choses sont connues en Occident sur l'infrastructure des hôpitaux de cette époque et plus particulièrement de leur secteur psychiatrique. Les « Bimaristans », véritables hôpitaux psychiatriques reconnaissant la spécificité de la pathologie mentale, alliaient une infrastructure administrative sophistiquée à une recherche de confort et d'esthétique. Ainsi les deux fameux lions qui ornent le bassin du pavillon de la reine à l'Alhambra venaient-ils des Bimaristans de la capitale des Nasrides.

Les premiers hôpitaux psychiatriques du monde furent fondés en 704-707 à Damas par El Oualid Ibn Abdel Malik, puis en 765 à Bagdad.

Au XIIe siècle, les hôpitaux psychiatriques essaimaient en Afrique du Nord (Sidi Freij à Fès, Sidi Ishak à Marrakech, etc.).

Au XIVe siècle, l'hôpital Kalaoun voyait le jour au Caire et comportait quatre départements : chirurgie, médecine, ophtalmologie et psychiatrie. Il est à noter que les premiers hôpitaux psychiatriques européens n'apparaissent en Espagne que sous l'occupation islamique : Valence, Grenade, Cordoue, etc.

En Europe, au XVe siècle, l'hôpital psychiatrique de Valence fondé par les religieux espagnols s'inspire de l'hôpital Kalaoun du Caire. Cinq autres hôpitaux psychiatriques sont fondés en Espagne, toujours sur le modèle arabe. Ce n'est qu'en 1601 que les frères de Saint-Jean-de-Dieu fondent la Charité de Senlis et en 1644 Charenton.

Philippe Pinel lui-même cite dans son *Traité médico-philosophique sur l'aliénation mentale* l'hôpital de Saragosse (inspiré des Bimaristans andalous) comme modèle de prise en charge des aliénés.

« Mais au XVIIe siècle on brûlait encore les hystériques considérées comme possédées et à la veille de la Révolution française, on enchaînait encore les aliénés agités. Ce n'est qu'après le IV prairial an VI, grâce à Philippe Pinel et à ses continuateurs Esquirol et Ferrus, que la situation des malades mentaux devait commencer à s'améliorer... La plupart des établissements d'aliénés des années 1820 étaient encore effroyables... Les méthodes nouvelles de traitement et les réformes humanistes n'y seront appliquées que dans les plus grands établissements psychiatriques de Paris : à Bicêtre, à la Salpêtrière et à Charenton. »

Le mot Bimaristan, d'extraction persane, se compose de deux particules : « *Bimâr* » qui signifie malade, infirme ou invalide et « *stan* » qui est un suffixe indo-persan d'origine sanskrite signifiant maison, asile ou établissement... Mais l'usage l'a transformé et, de Bimaristan, il est devenu Mâristan ainsi que l'a rapporté Al Gawhari, lexicographe arabe mort en 1002. Comme le note Ahmed Issa Bey, les Bimaristans étaient des œuvres philantropiques dédiées non seulement aux soins des malades mais aussi à l'enseignement de la médecine et à la formation des futurs praticiens.

Ces hôpitaux très structurés étaient régis par un directeur qui veillait à leur fonctionnement. Aboul Abbas Ahmed El Kalkachandi rapporte : « Parmi les hautes fonctions de l'État se trouve la direction du Bimaristan. Celle-ci est en effet réservée au Vice-Roi qui y délègue un écrivain de son choix... C'est le Régent du Royaume (Vice-Roi) qui dirige le grand Bimaristan El Nouri à Damas, à l'instar du Bimaristan El Mansouri (Kalaoun) au Caire qui est dirigé par l'Atabek (généralissime). »

L'infrastructure hospitalière y était très sophistiquée et très hiérarchisée ; ainsi la Khiznat-el Sharab (Magasin des sirops) constituait la pharmacie.

Aboul Abbès El Kalkachandi a écrit au sujet de la Khiznat : « Ce magasin est celui qu'on appelle de nos jours Charabkhanah. La particule Khanah qui signifie maison est ajoutée au substantif pour indiquer le lieu. Aussi dit-on Charabkhanah ou Tablabkhanah pour désigner la maison, le lieu de telle matière. »

Les « Charabkhanah » étaient contrôlés par des « Mihtars » (du mot persan *Mahtar*, chef) qui hiérarchiquement avaient une position très élevée et étaient secondés par des assistants appelés « Charabdar ».

Cette organisation est confirmée par le voyageur Ibn Jubair qui a longuement décrit le fonctionnement des Bimaristans : « Chaque hôpital a des administrateurs qui tiennent des registres où sont inscrits les noms des malades, les dépenses qui sont nécessaires pour leurs soins et leur nourriture... Les médecins y viennent chaque matin, examinent les malades et ordonnent de préparer des remèdes et des aliments qui peuvent les guérir... »

Vers le déclin, les Bimaristans furent désinvestis par les malades et leur population était constituée exclusivement de malades mentaux, à telle enseigne qu'ils devinrent petit à petit et ce jusqu'à nos jours synonymes d'hôpitaux d'aliénés [3].

Les précurseurs et les modernes : Philippe Pinel

On doit à Philippe Pinel (1745-1826) d'avoir libéré de leurs chaînes à l'hôpital de Bicêtre ceux que l'on appelait alors les « aliénés », les « fous » ou les « insensés ». Pinel est incontestablement le père fondateur de la psychiatrie française. On retrouve dans tous ses textes une grande humanité à l'égard de ses patients. Son ouvrage essentiel est le *Traité médico-philosophique sur l'aliénation mentale ou la manie* (paru en 1801 et réédité en 1809) [4]. La manie et la mélancolie restaient à l'époque encore synonymes de « folie », mais de temps en temps on voit apparaître le mot manie dans son sens clinique actuel.

Ainsi Pinel et son disciple Jean Esquirol (1772-1840) ont décrit des malades alternant entre les pôles maniaques et dépressifs. Pinel écrit au sujet d'une femme qu'elle « passe six mois de l'année à s'agiter, à courir sans cesse, à enfanter des projets vains et chimériques, et les six autres mois sont marqués par une stupeur profonde, un sombre désespoir et une impulsion des plus fortes pour le suicide ».

Esquirol lui aussi a décrit des malades alternant entre les pôles maniaque et dépressif. Il note les alternances de manie et de mélancolie dans « Manie » (1818) et « Lypémanie ou mélancolie » (1820), articles regroupés dans son ouvrage *Des maladies mentales* (1838) [5].

Dans son observation de Mme de S., une rescapée du naufrage de la *Méduse*, Esquirol parle d'accès évoluant de la même manière : « Invasion subite provoquée par quelque affection morale ; période maniaque de deux à trois mois, remplacée par la période mélancolique. » Cependant, il n'a pas perçu qu'il pouvait s'agir d'une seule et même maladie.

Dans le premier registre rédigé en 1815 par A. Royer-Collard à l'hôpital de Charenton, où exerçait Esquirol, les observations décrivent des patients alternant entre les pôles maniaque et mélancolique sur des périodes plus ou moins longues. Par exemple chez Véronique C., vingt-trois ans, « l'activité et l'agitation ont succédé à la paresse, le bavardage au silence, la coquetterie à la malpropreté ». On note chez Albertine R., vingt-neuf ans, des « variations continuelles de son état : un jour, ennui, tristesse, dégoût de tout, défiance universelle, refus de boire et de manger ; le lendemain, gaieté excessive, loquacité, yeux brillants, confiance ». Marie L., cinquante-quatre ans, présente pendant près de deux ans « un accès de manie avec le plus grand désordre dans les facultés intellectuelles, extrêmement agitée, criant jour et nuit ». Cette femme sombre ensuite « dans une sorte d'affaissement moral remarquable, passant son temps à côté de son lit dans l'oisiveté ».

Dans la seconde édition de son *Traité*, Pinel décrit la transformation de la mélancolie en manie, voire en état mixte : « [...] pendant plusieurs jours, agitation continuelle, courses, fatigues portées jusqu'à l'épuisement ; d'autres fois, morosité sombre, engourdissement apathique... Souvent, dans le même jour, passage brusque d'une froide apathie aux épanchements de la tendresse filiale, à l'enthousiasme de la poésie... »

« Folie à double forme » et « folie circulaire » : J. Baillarger et J.-P. Falret

À partir des années 1850, les médecins commencent réellement à regrouper les alternances de mélancolie et de manie au sein d'une même maladie. J.-P. Falret (1794-1870) et J. Baillarger (1809-1890), tous deux élèves d'Esquirol, donnent à la manie et à la mélancolie un sens différent de celui qu'on leur accordait jusque-là. Baillarger décrit en 1843 une pathologie de l'humeur qu'il appelle mélancolie *avec stupeur* – ou *stuporeuse* – où le ralentissement intellectuel et psychomoteur est plus important que les idées délirantes. Il faut insister sur Baillarger et Falret, car ils sont les précurseurs de la description la plus proche de la maladie maniaco-dépressive, alors que cette maladie est plus fréquemment rattachée au nom de Kraepelin.

Dès 1851, J.-P. Falret décrit la *folie circulaire* caractérisée par l'alternance d'une période d'excitation avec une période, habituellement plus longue, d'« affaissement » définie comme « le roulement de l'exaltation maniaque, simple suractivité des facultés, avec la suspension de l'intelligence… Il n'y a généralement ni véritablement aliénation partielle, ni aliénation générale ; c'est en quelque sorte le fond de chacune de ces deux formes, sans leur relief[6] ».

En 1854, Baillarger et Falret décrivent à quelques jours d'intervalle la même maladie. Le 31 janvier, Baillarger présente la folie à double forme comme « un genre spécial de folie caractérisé par deux périodes régulières, l'une de dépression, l'autre d'excitation. [...] J'ai appelé cette maladie mentale *folie à double forme*, le même accès présentant dans une succession naturelle l'excitation et la dépression… S'il s'agit d'un premier accès, il nous sera difficile d'asseoir notre diagnostic ; dans tous les autres cas, c'est en consultant la marche de la maladie que vous reconnaîtrez la folie à double forme[7] ».

Baillarger pense que les deux phases « régulières » de dépression et d'excitation se manifestent sous la forme d'un accès de deux jours jusqu'à un an, sans aucune phase de répit entre ces périodes. Il note que pendant l'accès maniaque les « impulsions instinctives » sont plus importantes que les idées délirantes, et que les accès peuvent évoluer sous différentes formes : isolées, intermittentes ou se succédant sans interruption.

Le 7 février, Falret présente son article historique *De la folie circulaire*. Cette dénomination a longtemps désigné ce qui devait être appelé ensuite la psychose maniaco-dépressive. Falret décrit dans cet article une « forme de maladie mentale caractérisée par la reproduction successive et régulière de l'état maniaque, de l'état mélancolique, et d'un intervalle lucide plus ou moins prolongé. » Il ajoute que « ces états se succèdent le plus souvent pendant toute la vie » et que la maladie « consiste dans un ensemble de symptômes physiques, intellectuels et moraux, toujours identiques à eux-mêmes dans les diverses périodes ». Il se distingue donc de Baillarger, qui penchait plutôt pour deux périodes le plus souvent isolées dans la vie d'un malade. Falret décrit surtout trois périodes se succédant au cours de chaque accès : il souligne l'existence d'un intervalle de lucidité après l'alternance manie-mélancolie et passe ainsi de l'accès ponctuel au *cercle.* Il note en 1854 dans *Leçons cliniques de médecine mentale* : « La transformation de la manie en mélancolie et réciproquement a été signalée dans tous les temps comme un fait accidentel ; mais on n'a pas assez remarqué [...] qu'il existe une catégorie d'aliénés chez lesquels cette succession de la manie et de la mélancolie se manifeste avec continuité et d'une manière presque régulière. Ce fait nous a paru assez important pour servir de base à une forme particulière de maladie mentale que nous appelons folie circulaire, parce que l'existence de ce genre d'aliénés roule dans un même cercle d'états maladifs qui se reproduisent sans cesse [...] et ne sont séparés que par un intervalle de raison de courte durée [8]. »

Enfin, Falret remarque l'importance du facteur héréditaire, la prédominance féminine de la maladie et la gravité de son avenir. Falret est le premier psychiatre à avoir réellement pressenti l'aspect évolutif de la maladie maniaco-dépressive. On lui doit aussi l'image si juste du cercle lié à la folie circulaire. Les descriptions qu'il en donne correspondent exactement à celles des psychiatres contemporains et la pertinence de ses travaux est actuellement reconnue au plan international.

Malgré les apports de Baillarger et de Falret et comme nul n'est prophète dans son pays, ce n'est que vers 1870 que les psychiatres français reconnaîtront cette affection comme une nouvelle entité ; elle n'est pas non plus bien accueillie à l'étranger... Mais Jules Falret (1824-1902) prend le relais de son père. Il souligne le début précoce de la maladie et dès 1860, il est le premier à employer le terme d'*état mixte* avant Kraepelin pour décrire « des idées prédominantes, souvent de nature triste, au milieu d'un état d'excitation simulant la manie véritable », ajoutant que l'on est obligé d'« employer les expressions hybrides et contradictoires de *mélancolies maniaques* ou *manies mélancoliques* [9] ». Il fournit en 1866 une excellente description de l'exaltation maniaque, future hypomanie, c'est-à-dire l'état maniaque modéré.

Les médecins étrangers se réfèrent eux aussi désormais à la notion de « cercle ». Le Britannique H. Maudsley décrit les folies circulaires dans son livre *Le Crime et la Folie* (1874). En Allemagne, L. Meyer écrit un article sur les « Maladies mentales circulaires »

(1874). En 1878 paraît celui de L. Kim sur les « Psychoses périodiques », où il mentionne aussi la *psychose cyclique*. En 1879 R. von Krafft-Ebing s'intéresse à la folie circulaire. En 1882 K. Kahlbaum utilise pour la première fois le concept et le terme de *cyclothymie*, la considérant – à juste titre – comme une forme atténuée de folie circulaire.

L'unification de la maladie : Emil Kraepelin et la « folie maniaco-dépressive »

Mais c'est à Emil Kraepelin, maître de Zurich (1856-1926), que l'Histoire reconnaît le mérite d'avoir confirmé le lien entre manie et mélancolie. Ce médecin s'est bien sûr inspiré des travaux de ses prédécesseurs et de ses contemporains, mais il a réalisé une remarquable synthèse de leurs observations.

Il a surtout établi l'existence des « états mixtes », associant dépression et manie qui démontrent définitivement la profonde *unité* de ces deux phénomènes. Il les analyse minutieusement dans son *Traité de psychiatrie* (1899) [10], insiste sur l'alternance des phases maniaques et mélancoliques, dont les accès et la durée imprévisibles peuvent prendre différentes « colorations », ou se mélanger. Il souligne aussi la facilité avec laquelle les troubles passent des uns aux autres (« transition »). Il les voit donc comme très proches, et appartenant à une seule et même maladie. Grâce à des descriptions cliniques très fines des états de transition et d'intrication des crises mélancoliques et maniaques, il parvient à la notion fondamentale d'états mixtes dont il décrit plusieurs formes.

En regroupant des formes de la maladie auparavant dénommées intermittentes, périodiques, alternes, circulaires..., Kraepelin unifie ce qu'il appelle la *folie maniaco-dépressive* : « Toutes ces raisons m'ont incité à rassembler dans l'unité de la folie maniaco-dépressive, en plus des affections circulaires, non seulement les formes *périodiques et récidivantes*, mais aussi les formes simples de la manie et de la mélancolie [11]. » Il affinera ses travaux en 1913.

Kraepelin a considéré cette affection comme une « psychose endogène » (dont l'origine est « intérieure » à l'organisme), ou constitutionnelle (liée à sa constitution). Ce médecin a réellement confirmé les bases de la compréhension actuelle de la maladie.

4

Le « spectre » de la maladie maniaco-dépressive

> « C'est le plus souvent en outrepassant les vertus et en exagérant les penchants généreux et magnanimes que l'homme est conduit du libre exercice de la raison à la folie. »
>
> *Observations sur la manie pour servir l'histoire naturelle de l'homme*, par le citoyen Pinel, an II (1794) [1]

Une maladie très répandue : quelques chiffres éloquents

Les médecins s'accordent à reconnaître que la maladie maniaco-dépressive est l'une des affections les plus invalidantes qui soient. Vous savez maintenant qu'il s'agit d'une affection périodique, évoluant par phases successives de dépressions et de manies. Les accès sont séparés par des phases de répit (*intervalles libres*) et les *cycles* (c'est-à-dire le temps écoulé entre deux épisodes) alternent le plus souvent de manière irrégulière. La maniaco-dépression est émaillée de rechutes, peut comporter des symptômes délirants, et s'associer à des maladies concomitantes (dites « comorbides ») comme la toxicomanie, l'alcoolisme ou la schizophrénie. Enfin, le risque suicidaire est très élevé : il est trente fois supérieur à celui de la population générale et 15 à 19 % des patients atteints de cette maladie « réussissent » leur suicide.

Les retentissements psycho-socio-économiques de la maniaco-dépression sont importants, voire catastrophiques. D'après une étude de Jean-Pierre Olié sur les aspects médico-économiques de la prise en charge d'un épisode maniaque, il s'avère que le coût moyen d'un tel épisode revient en France à 19 800 € (129 500 F). Aux États-Unis, la maniaco-dépression représente à elle seule 5 à 15 % de toutes les hospitalisations au long cours. Ses causes exactes n'ont pas été élucidées, mais il existe des évidences cliniques d'une composante héréditaire. Conjointement, on trouve aussi des causes neurobiologiques, psychologiques et sociologiques sans lesquelles on ne peut appréhender l'essence de cette maladie si complexe.

Cette affection surgit généralement entre quinze et dix-neuf ans, avec un autre pic de vulnérabilité entre vingt et vingt-quatre ans. La maladie débute majoritairement avant trente ans et touche donc l'adulte jeune. Les premiers symptômes sont détectés vers seize ans et la confirmation du diagnostic s'effectue vers dix-neuf ans. Mais les premiers traitements ne commencent malheureusement que vers vingt-deux ans et les premières hospitalisations ont lieu vers vingt-six ans.

La majorité des maniaco-dépressifs présentent au moins quatre épisodes au cours de leur existence, voire sept épisodes ou plus. Un patient dont la maladie a débuté à vingt ans voit son espérance de vie diminuer de neuf ans ! De plus, il perd douze ans de « bonne » qualité de vie, et quatorze ans d'activité et d'insertion socioprofessionnelles ! La maniaco-dépression grève l'« efficacité » des patients car la diminution des capacités intellectuelles (« détérioration ») est deux fois plus rapide que dans un groupe témoin. Coryell et ses collaborateurs ont noté en 1993 que le taux de divorce est triplé chez les maniaco-dépressifs.

À côté des formes cliniques classiques de la maladie, on associe désormais à cette affection des *équivalents*, des *sous-types* et des *formes annexes ou atténuées*, ainsi qu'un certain nombre de troubles de la personnalité, appelés *tempéraments affectifs*. C'est pourquoi on parle du « spectre de la maniaco-dépression ». Cette maladie n'étant pas figée, certains patients passent d'une forme à l'autre, traversant alors plusieurs prismes de son spectre, comme nous le verrons dans l'histoire de Michel. Ainsi l'évolution de la maniaco-dépression n'est pas toujours prévisible. Il faut bien reconnaître que les troubles de l'humeur conservent une grande part de mystère inhérent à notre méconnaissance de l'organe le plus complexe de l'homme : son cerveau.

On estime généralement que la maniaco-dépression touche une personne sur cent. Mais cette fréquence globale – appelée « prévalence* » – varie selon les études épidémiologiques. Une étude menée

* Prévalence (terme remplaçant celui de « fréquence globale » (Organisation mondiale de la santé, 1966, en anglais *Prevalence*, épidémiologie) : « Nombre de cas de maladies ou de malades, ou de tout autre événement tel qu'un accident, dans une population donnée, sans distinction entre les cas nouveaux et les cas anciens. Elle peut être exprimée en chiffre absolu ou, plus souvent, en proportion par rapport au nombre d'individus. La prévalence est toujours précisée dans le temps » (Monnerot-Dumaine).

aux États-Unis l'évalue à 1,2 %* ; une autre étude américaine avance le chiffre de 1,6 %**. Celle d'Angst, réalisée à Zurich en 1992, l'évalue à 3,3 % !

Globalement, l'affection touche autant les hommes que les femmes. Certaines de ses formes, que je décrirai plus loin, sont plus fréquentes chez la femme. La prévalence de la maladie est identique quels que soient les groupes ethniques. Autrement dit, la maladie est réellement « universelle », ce qui n'est pas sans rappeler une étude de l'Organisation mondiale de la santé sur la schizophrénie, qui a évalué la fréquence de cette maladie à 1,2 % de la population mondiale, toutes ethnies confondues.

En France, on dénombre trois millions et demi de déprimés et environ 600 000 patients maniaco-dépressifs. Bien entendu, chaque patient évolue dans des réseaux familiaux, sociaux et professionnels. Ces différentes « sphères » mobilisent autour de lui une moyenne de cinq personnes : ascendants, conjoint, descendants, collatéraux, amis, collègues... Comme l'entourage est toujours impliqué d'une manière ou d'une autre, on peut affirmer que la maniaco-dépression concerne directement ou indirectement trois millions de personnes en France.

D'autre part, en considérant le « spectre » de l'affection, on peut aisément multiplier par deux – voire par trois – le nombre des personnes atteintes par les formes atténuées ou les équivalents de la maladie. Ainsi, aux États-Unis, qui comptent trois millions de maniaco-dépressifs, six à neuf millions de personnes seraient concernées par son « spectre » ! Ces chiffres impressionnants expliquent l'intérêt actuel des psychiatres, des chercheurs, des patients et du public pour cette affection, outre-Atlantique comme en Europe.

Emil Kraepelin distinguait dès la fin du XIXe siècle la spécificité et l'unité de la « psychose maniaco-dépressive », en la différenciant de la « démence précoce », dénomination initiale de la schizophrénie décrite par Bleuler. Emil Kraepelin soulignait la récurrence de la maladie (« psychose périodique »), la gravité des épisodes et le pronostic relativement plus favorable que celui de la schizophrénie. Mais le vocable de « psychose » dont on a affublé la maniaco-dépression pendant de nombreuses années prête à confusion, car il fait volontiers référence à la folie prise au sens commun... De surcroît, de

* *Epidemiological Catchment Area*, Weissman et coll., 1988.
** *National Comorbidity Study*, Kessler et coll., 1994.

nombreux journalistes l'emploient à tort pour décrire une réaction collective face à un danger, une menace ou une peur (la « psychose » des attentats qui suivit la destruction du World Trade Center à New York ou l'explosion de l'usine AZF de Toulouse par exemple). Enfin comme il a été démontré que l'affection qui nous intéresse n'est pas une *psychose* mais une *maladie de l'humeur*, cette dénomination a été abandonnée en faveur de « maladie maniaco-dépressive », remplacée depuis par « troubles bipolaires ». En effet, même si certains patients présentent des idées délirantes associées à leur manie (manie délirante) ou à leur mélancolie (mélancolie délirante), ils ne sont pas « psychotiques » pour autant au sens d'une personne schizophrène. Quand les idées délirantes apparaissent dans la maniaco-dépression, elles sont liées à l'humeur (on dit comme on l'a vu qu'elles sont « congruentes » à l'humeur). Dans le vocabulaire médical, l'humeur est également appelée *thymie* ou *affect*. C'est pourquoi les Anglo-Saxons parlent de « troubles affectifs » (*affective disorders*) et de « troubles affectifs bipolaires » (*bipolar affective disorders*) et en France on parle de *troubles de l'humeur* pour la maladie, et de *thymo-régulateurs* pour les médicaments, comme le lithium par exemple, qui régulent cette humeur.

Bipolaires et unipolaires

Le noyau central de la maladie est constitué par la succession d'épisodes de mélancolies et de manies qui sont point par point à l'opposé les uns des autres, et qui diffèrent beaucoup dans leurs formes, leurs intensités et leurs fréquences. Comme on l'a vu, Emil Kraepelin considérait la maladie comme une maladie unitaire : pour lui, quelles que soient la diversité, la complexité et la gravité de leurs symptômes, ces troubles entraient dans un seul cadre. Sa conception a influencé les psychiatres jusqu'à ce que Leonhard remarque, en 1957, que certains patients improprement diagnostiqués comme maniaco-dépressifs souffrent *uniquement* de dépressions mélancoliques. Angst, Perris et Winokur confirment ces observations en 1966, en soulignant la fréquence du facteur héréditaire de la maladie. On établit donc depuis une distinction entre les personnes ayant des accès dépressifs mélancoliques successifs (unipolaires), et celles ayant des accès maniaques et mélancoliques qui alternent, se succèdent ou sont intriqués selon l'intensité et la fréquence des accès (bipolaires).

Les bipolaires sont parfois considérés à tort comme des patients plus gravement atteints que les unipolaires. De nombreux arguments sont évoqués pour différencier ces deux troubles. Il existe davantage d'anomalies biologiques chez les bipolaires que chez les unipolaires. Par exemple une étude effectuée chez des jumeaux a révélé une plus grande incidence génétique chez les bipolaires que chez les unipolaires. Les troubles bipolaires commencent plus tôt, vers vingt-cinq/trente ans contre quarante/quarante-quatre ans pour les unipolaires. Enfin, les troubles bipolaires touchent autant d'hommes que de femmes, mais les troubles unipolaires sont deux fois plus fréquents chez la femme (22 %) que chez l'homme (10 %).

Les troubles unipolaires

Les patients dits unipolaires souffrent d'accès successifs de dépression. Le diagnostic est posé après deux à trois épisodes dépressifs majeurs. Ce trouble touche 5 % de la population générale. Ce taux déjà considérable est probablement sous-évalué, puisque de nombreuses dépressions ne sont ni diagnostiquées, ni traitées.

Les patients unipolaires ont en moyenne quatre à cinq accès (durant chacun environ quatre mois) au cours de leur vie. Mais certaines personnes ont une dizaine d'accès et sombrent pendant plusieurs années dans le gouffre de la souffrance morale, avec seulement de minces phases de répit entre les épisodes. D'autres ont des *cycles rapides*, c'est-à-dire au moins quatre épisodes dépressifs par an. Ces formes de maniaco-dépression sont extrêmement handicapantes pour les malades, qui souffrent presque en permanence. Plus grave encore, certains patients résistent à tous les traitements et deviennent des mélancoliques chroniques. Enfin, comme cela a été remarqué depuis que l'on étudie la maniaco-dépression, la mélancolie est plus fréquente en automne et en hiver qu'au printemps ou en été, et l'on observe l'inverse pour la manie. L'influence des saisons sur les troubles de l'humeur est désormais validée par toutes les études menées sur ce sujet.

Il existe une différence entre les symptômes des dépressions unipolaires et bipolaires. Les patients unipolaires sont moins ralentis physiquement que les patients bipolaires. Ils dorment peu et maigrissent beaucoup. Ils sont souvent agités, parfois agressifs et surtout très anxieux. Ils ont de nombreux problèmes de santé, se plaignent beaucoup et supportent mal la douleur physique qui s'ajoute à leur souffrance morale. Ils ont peu de symptômes délirants ou hallucinatoires.

La dépression pseudo-unipolaire (« faux unipolaires »)

Certains patients évoluant longtemps comme des unipolaires présentent subitement des épisodes maniaques ou hypomaniaques, et deviennent bipolaires. On les appelle alors des « faux unipolaires ». Selon des études menées par Perris en 1968 et par Angst en 1978, ce changement survient dans 20 % des cas. H. S. Akiskal a d'ailleurs défini des facteurs prédictifs de passage de la forme unipolaire à la forme bipolaire : les troubles dépressifs des patients pseudo-unipolaires commencent avant vingt-cinq ans, avec des accès fréquents et courts. Les symptômes de leurs dépressions ressemblent à ceux des patients bipolaires (fort ralentissement psychomoteur, hypersomnie). Chez les femmes, le début des troubles après un accouchement (période de post-partum) est fréquent. Enfin, l'hypomanie survient souvent après la prise d'antidépresseurs. Une grande partie de ces patients ont une histoire familiale de trouble bipolaire, et l'on retrouve parfois une transmission multigénérationnelle. Selon Akiskal, il existerait donc une continuité entre les unipolaires et les bipolaires, ce que nombre d'auteurs contestent.

Le tableau page suivante résume quelques caractéristiques de chacune des deux formes de la maladie.

Les troubles bipolaires

La classification des troubles bipolaires a été établie dès 1981 par G. Klerman, qui a identifié six formes différentes. Le nombre des épisodes, qui durent en moyenne trois mois chacun, est très variable d'un patient à l'autre. Comme nous l'avons vu avec le trouble unipolaire qui peut se transformer en trouble bipolaire, rien ne reste figé dans la maniaco-dépression, et beaucoup de patients passent d'une forme de bipolarité à une autre.

Résumé des différences entre les formes unipolaires et bipolaires de la maladie maniaco-dépressive [2]		
	Formes bipolaires (BP)	*Formes unipolaires (UP)*
Âge	25 – 29 ans	40 – 44 ans
Sexe ratio	Femmes aussi souvent atteintes que les hommes.	Femmes beaucoup plus souvent atteintes que les hommes.
Hérédité	Forte incidence génétique.	Faible incidence génétique.
Nombre d'épisodes	Élevé.	Moins élevé.
Durée des épisodes	3 mois (en moyenne).	4 mois (en moyenne).
Espérance de vie	Moins d'espérance de vie.	Plus d'espérance de vie.
Handicap social	Important.	Moins important.
Divorce	Fréquent.	Moins fréquent.
Réponse au lithium	Bonne.	Inconstante.
Anomalies biochimiques	Importantes.	Moins importantes.
Caractéristiques cliniques	Variabilité des symptômes d'un épisode à l'autre et dans le cadre d'un même épisode. Plus de ralentissement psychomoteur, plus de variations de l'humeur au cours d'un même épisode, plus grande durée du sommeil…	Plus d'anxiété, d'agressivité ouverte, de plaintes somatiques, d'agitation psychomotrice, de sensibilité à la douleur, de perte d'appétit.

Bipolaire I

Le critère du trouble bipolaire I (BP I) est la présence d'un état maniaque franc, ou d'un état mixte dans l'histoire d'un patient qui présente des dépressions majeures récurrentes. L'épisode maniaque éclate généralement chez un patient ayant déjà présenté des dépressions majeures. La première hospitalisation a lieu en moyenne vers trente ans. En étudiant cette forme de la maladie, Emil Kraepelin avait noté dès 1921 que les rechutes étaient plus fréquentes au fur et à mesure de l'évolution de la maladie, tandis que les intervalles libres se raccourcissaient. Malgré les traitements préventifs actuels, il reste impossible de prévoir si ces intervalles seront suivis par un épisode maniaque ou dépressif.

Dans 15 % des cas de bipolaire I, les états maniaques ou dépressifs comportent des idées délirantes liées à la manie ou à la dépression.

Les parents (ascendants) des patients bipolaires I sont souvent atteints du même trouble qui évolue pendant plusieurs années, ce qui atteste de la théorie génétique de l'affection. La plupart des patients sont stabilisés par les traitements préventifs, mais restent fragiles et soumis à des fluctuations de leur humeur.

15 à 20 % des BP I évoluent vers des cycles rapides (c'est-à-dire au moins quatre épisodes maniaques ou dépressifs par an, donc quasiment plus d'intervalles libres), qui concernent en majorité les femmes. Certains patients traversent un cycle complet en quelques jours ou, beaucoup plus rarement, en quelques heures.

Bipolaire II

On considère – souvent à tort – que le trouble bipolaire II (BP II) est moins grave que le trouble bipolaire I. Certains auteurs estiment en effet qu'il s'agit d'un trouble bipolaire « atténué ». Les patients présentent des états dépressifs majeurs et des états *d'hypomanie* (manies de faible intensité qui peuvent même passer inaperçues). La première hospitalisation pour dépression a lieu vers trente-cinq ans. 5 % seulement des patients auront un accès maniaque aigu et deviendront BP I.

La maladie évolue de façon plus chronique que le trouble BP I. Cela pourrait être lié aux maladies concomitantes, en particulier l'alcoolisme qui est très fréquent dans cette forme. Les parents des patients bipolaires II ont souvent le même type de troubles.

Une étude récente [3] a montré la fréquente association des troubles bipolaires atténués avec les troubles obsesso-compulsifs (TOC) d'où la nécessité de repérer entre autres les virages de l'humeur chez les patients suivant un traitement anti-TOC.

Bipolaire III

Le trouble BP III se caractérise par des épisodes de manie ou d'hypomanie. Ils sont toujours déclenchés par la prise d'un antidépresseur (souvent « tricyclique », comme l'Anafranil par exemple) ou par un autre produit agissant sur le système nerveux central (psychotrope), ou encore par l'électroconvulsivothérapie (« électrochocs »). Les patients bipolaires III présentent eux aussi des antécédents familiaux de troubles bipolaires. Cette forme de virage de l'humeur induit par les antidépresseurs a amené les psychiatres à prescrire avec précaution les antidépresseurs chez les maniaco-dépressifs, car non seulement ils peuvent induire des états maniaques à court terme, mais aussi des cycles rapides à plus long terme.

Bipolaire IV (cyclothymie)

Ce trouble débute avant l'âge de vingt ans et touche autant les femmes que les hommes. Il se caractérise par de nombreux épisodes de dépression modérée et d'hypomanie, qui durent quelques jours ou quelques semaines et sont séparés par de courtes périodes de stabilité de l'humeur. Ils constituent ce que l'on a dénommé la cyclothymie, maladie de l'humeur, diagnostiquée lorsque ces troubles persistent pendant au moins deux ans. Enfin, l'humeur du patient atteint de cyclothymie ne reste jamais stable plus de deux mois d'affilée. Les cyclothymiques oscillent donc sans arrêt entre la dépression modérée et l'hypomanie, changent très brutalement d'humeur d'un jour à l'autre et sont réellement incapables de « prévoir » leur état. Certains sont hypomaniaques d'une manière chronique. La cyclothymie est handicapante et perturbante, car les patients ont des comportements bien souvent « explosifs ». Leur dysfonctionnement émotionnel et leur instabilité provoquent des difficultés ou des échecs scolaires, professionnels, relationnels et sentimentaux.

La cyclothymie semble liée en partie à des facteurs héréditaires. On trouve dans l'histoire familiale de nombreux patients des antécédents de dépression majeure, de troubles bipolaires, de suicide d'alcoolisme ou de toxicomanie.

Beaucoup de cyclothymiques en phase dépressive prennent des substances toxiques (alcool, parfois des drogues illicites), ou trop de sédatifs. Ils peuvent aussi abuser de stimulants pendant les phases d'hypomanie.

Intellectuellement, le cyclothymique peut être extrêmement

créatif et brillant, et avoir ensuite des difficultés de concentration proches de la confusion mentale. Ce « brouillage » momentané le rend incapable de faire la part des choses et de prendre des distances par rapport aux événements ou à son entourage. Son estime de soi fluctue entre un manque de confiance dans ses capacités et la certitude d'être quelqu'un d'exceptionnel.

Les relations d'un cyclothymique à ses proches sont toujours conflictuelles car ceux-ci supportent mal ses sautes d'humeur. La manière dont il aborde les autres et se comporte avec eux suit les modifications de son humeur. Dans les bons moments de l'hypomanie, il n'a aucune inhibition et recherche les contacts. En période dépressive, il a tendance à adresser d'innombrables reproches à sa famille, ses amis et ses collègues. Il les accuse d'être responsables de son état tout en les sollicitant sans arrêt. Pendant les périodes d'hypomanie, il peut également se montrer désagréable et même très agressif si l'entourage refuse de se plier à ses désirs et à ses exigences.

En période d'hypomanie, le cyclothymique travaille beaucoup, avec des horaires dépassant les normes habituelles. Mais là aussi, la qualité de son travail suit ses changements d'humeur. Ses capacités et son efficacité varient selon son état. Enfin, il se contente de peu de sommeil en phase hypomaniaque, et dort très longtemps en phase dépressive.

Les cyclothymiques souffrent de l'instabilité de leur humeur (surtout quand ils sont déprimés), mais la plupart admettent rarement que cela puisse exercer une influence négative sur leurs proches.

Environ un tiers des cyclothymiques traverseront un épisode dépressif majeur et deviendront bipolaires II. D'autres auront un accès maniaque (ou un épisode mixte) et deviendront bipolaires I.

Bipolaire V

Les patients bipolaires V souffrent de dépression légère. Ils n'ont pas de symptômes personnels « significatifs » de dépression modérée et encore moins de dépression majeure. En revanche, tous ont des parents atteints de troubles bipolaires sévères.

Bipolaire VI

Il s'agit de manie dite unipolaire, sans épisode de dépression, évoluant exclusivement par phases de manie et d'hypomanie successives séparées par des moments de rémission. Cette forme est extrêmement rare en pratique quotidienne.

Formes cliniques des troubles bipolaires	
Bipolaire I (BP I)	Association de manie (M*) (au moins un épisode ou un état « mixte ») et de dépression (D*).
Bipolaire II (BP II)	Association d'au moins un épisode hypomaniaque (m**) à des dépressions (D).
Bipolaire III (BP III)	Hypomanie (m) ou manie (M) déclenchées par un antidépresseur ou un psychotrope ou une électroconvulsivothérapie. Pas d'épisode spontané.
Bipolaire IV (BP IV)	« Cyclothymie » (md**). Épisodes d'hypomanies et de dépressions peu intenses.
Bipolaire V (BP V)	Patients déprimés n'ayant pas de symptômes personnels « significatifs », mais ayant des parents bipolaires avérés.
Bipolaire VI (BP VI)	Manies (M) (unipolaires) sans dépression.

Ce tableau peut paraître compliqué au lecteur. Il est indispensable au spécialiste car chaque type de bipolaire doit bénéficier d'un traitement spécifique.

Les « confettis » de la maladie maniaco-dépressive

En complément à ces formes classiques il existe une multitude de formes de troubles dépressifs récurrents. Nous les avons appelés les « confettis » de la maladie maniaco-dépressive, car ils sont disséminés autour du concept de la maniaco-dépression et d'une façon ou d'une autre certains auteurs les ont rattachés au spectre de l'affection.

---

* Le M et le D font référence à des épisodes de manie franche (M) et à des épisodes dépressifs majeurs (D).

** Le m et le d font référence à des épisodes d'hypomanie (m), c'est-à-dire de manies atténuées, et à des épisodes dépressifs de faible intensité (d).

La dysthymie

La dysthymie est une dépression chronique d'intensité modérée, qui dure depuis au moins deux ans. Certaines personnes ayant présenté une dysthymie très tôt dans leur existence oscillent entre des épisodes de dépression majeure et des phases de dysthymie. Cela constitue ce que l'on appelle les « doubles dépressions » (*combined depression*).

Les dépressions récurrentes brèves

Comme leur nom l'indique, ces dépressions durent moins de deux semaines (en moyenne trois jours). Les patients présentent au moins huit épisodes par an, et parfois davantage. Les récidives sont imprévisibles et le taux de suicides important. Cette affection touche 5 % de la population générale.

La dépression brève peut s'associer à des épisodes de dépression majeure, devenant alors une « double dépression », comme dans l'association de la dysthymie à des états dépressifs majeurs.

Le passage (« virage ») des dépressions brèves en manie est aussi important que celui d'une population témoin « normale », contrairement à la dépression majeure où le virage vers la manie est plus fréquent.

Le trouble affectif saisonnier
(*SAD** : Seasonal Affective Disorders *des Anglo-Saxons)*

Le trouble affectif saisonnier est une dépression modérée apparaissant, dans l'hémisphère Nord, entre les mois d'octobre et de décembre. Ce trouble commence vers l'âge de vingt-trois ans et touche surtout les femmes. Pendant plusieurs semaines, les patients ressentent une forte anxiété avant la survenue de la dépression, qui dure de trois à quatre mois et guérit spontanément au début du printemps. Cette dépression comporte deux symptômes caractéristiques : les patients dorment beaucoup et mangent plus que d'habitude, avec une prédilection pour les aliments sucrés.

Irritables et susceptibles, ils ont tendance à se replier sur eux-mêmes. Ils éprouvent le besoin d'être seuls, et limitent leurs contacts

* Traduit par « syndrome automnal dépressif » qui a l'avantage de respecter le sigle américain mais ne tient pas compte des dépressions survenant, quoique moins fréquemment, au printemps.

amicaux et sociaux. Leur libido baisse, ils souffrent de maux de tête, de crampes musculaires et de constipation. Quand la dépression a disparu, certains patients traversent en été des phases d'hyperactivité physique et mentale proches de l'hypomanie. Tous les patients atteints de ce trouble connaissent l'importance des belles saisons et du niveau d'ensoleillement. Quand cela est possible, beaucoup choisissent de passer l'hiver (ou de prendre des vacances) dans une région ensoleillée. Un traitement par photothérapie (luminothérapie) dont plusieurs appareils existent dans le commerce peuvent à défaut d'ensoleillement améliorer leur état.

Influence du climat sur la santé mentale

Philippe Pinel s'intéressait beaucoup à l'influence du climat sur la santé mentale ; il notait en 1785 : « La classe nombreuse des mélancoliques a surtout à craindre les approches de l'hiver ; jamais les noirs accès de cette triste maladie ne se renouvellent avec plus de force, soit qu'un ciel nébuleux, soit que la révolution qu'éprouve alors toute la nature influe sur le genre nerveux, et que le changement physique se transmette avec force au moral. »

En 1787, il approfondit le sujet dans un remarquable article intitulé « Les accès de mélancolie ne sont-ils pas toujours plus fréquents et plus à craindre durant les premiers mois de l'hiver ? » Voici un extrait de ce texte, où Pinel évoque déjà l'aspect cyclique de la maladie en décrivant ses symptômes caractéristiques : « L'hiver est salutaire aux uns, et nuisible à d'autres, a dit Hippocrate, et on doit en dire de même de l'été. L'expérience de chaque jour prouve en effet que les premiers mois de la saison la plus rigoureuse sont surtout très contraires aux mélancoliques, que leurs accès se renouvellent pour les causes les plus légères, et qu'ils se portent au dernier degré de violence ; soit que la vue d'une atmosphère épaisse et nébuleuse soit propre à attrister ; soit qu'une vie plus sédentaire fasse languir toutes les fonctions de l'économie animale ; soit enfin que des passages alternatifs du chaud au froid augmentent la sensibilité des organes intérieurs. C'est surtout dans les grandes villes que les affections de mélancolie se reproduisent alors à divers degrés et sous mille formes variées, par le concours d'une foule de causes physiques et morales ; elles sont rarement le partage de ceux qui vivent dans les campagnes, à moins qu'ils ne soient livrés à des travaux excessifs ou à l'intempérance. Il serait superflu de rappeler ici les symptômes plus ou moins graves de ce genre d'affections, qui ont été décrits avec tant de précision et d'énergie par Arétée, Syndenham, Stahl, Boerhaave, etc., et qui se renouvellent tous les jours aux yeux d'un médecin observateur. Nous ferons seulement remarquer comme un de leurs caractères distinctifs une mobilité perpétuelle qui les fait passer avec rapidité d'un extrême à l'autre... d'un excès d'abattement à un mâle courage ; de la sérénité de l'âme à toutes les angoisses de la terreur et du désespoir ; de la tranquillité à tous les comportements de la colère et de la fureur ; enfin, des épanchements de la confiance à la froide réserve d'un esprit ombrageux et toujours prêt à éclater en murmures. L'imagination exaltée des malades leur exagère les sujets de plaintes les plus légers, et donne quelquefois lieu à un torrent de larmes avec des sanglots entrecoupés, et des soupirs comme convulsifs. Les causes de leurs craintes, souvent chimériques aux yeux d'un homme de sang-froid, peuvent produire en eux des bouleversements extrêmes, et des maladies réelles [4]. »

Les « tempéraments affectifs »

Le spectre de la maniaco-dépression s'est élargi récemment aux troubles de la personnalité, ce qui augmente la fréquence de la maladie aux yeux de certains chercheurs et cliniciens.

Notre personnalité se définit entre autres par notre *tempérament* (c'est-à-dire des tendances dues à l'hérédité et qui nous appartiennent en propre) et notre *caractère* (forgé grâce aux expériences réalisées au contact de notre famille et dans notre milieu socio-affectif). Il est évident que notre personnalité et notre histoire sont uniques, mais des traits de caractère communs peuvent nous faire ressembler à quelqu'un de notre famille ou de notre entourage, voire à un étranger.

Les psychiatres s'intéressent depuis longtemps à la personnalité des patients maniaco-dépressifs. Au début du XXe siècle, Emil Kraepelin décrivait les personnalités sub-dépressives (c'est-à-dire ayant des tendances dépressives) comme irritables, cyclothymiques et hypomaniaques. Il avait constaté que ces traits de caractère existaient chez ces patients avant qu'ils ne développent la maladie, et qu'on les retrouvait souvent chez leurs ascendants. Il en concluait qu'ils représentent des formes atténuées de la maladie.

Henri Ey décrivait chez les maniaco-dépressifs « une forme d'existence prise depuis son origine dans un conflit entre des tendances à se satisfaire et des tendances à se punir [5] ». Selon R. Fieve, une personne maniaco-dépressive est « un être sociable, agréable, chaleureux, entreprenant, chez qui le plaisir du jeu, l'attirance du pouvoir et l'ambition sont fréquemment retrouvés [6] ».

Bien entendu, les psychiatres continuent à étudier ce qui pourrait distinguer, au plan psychologique, les maniaco-dépressifs des autres. Mais ils s'interrogent : la personnalité est-elle un facteur prédisposant, ou la conséquence de la maladie ? Le débat reste ouvert, c'est la vieille histoire de l'œuf et de la poule ! Il est en effet essentiel de ne pas confondre la simple définition d'un trait de caractère et celle d'un trouble de l'humeur appartenant à la maniaco-dépression. La différence est grande entre une personne chez laquelle la maladie a été diagnostiquée et une autre dont le tempérament de base ressemble à ses formes atténuées. Mais il est évident que le « terrain » psychologique d'une personne maniaco-dépressive exercera une grande influence sur les manifestations de sa maladie.

Au-delà des formes cliniques majeures de la maniaco-dépression, les psychiatres s'intéressent beaucoup aux formes atténuées de cette affection. On l'a vu avec la cyclothymie par exemple et les troubles « subsyndromiques » (c'est-à-dire dont les symptômes sont peu bruyants), représentés par les « tempéraments affectifs ». H. Akiskal en décrit quatre formes : cyclothymique, hyperthymique (ou instable), dysthymique (ou dépressif) et irritable. On estime actuellement que ces tempéraments peuvent rendre certaines personnes vulnérables face à la maniaco-dépression. Cette façon de voir permet donc d'identifier des facteurs de risque, d'autant plus que ces tempéraments se manifestent tôt dans l'existence, avant l'âge de vingt et un ans, voire dès l'enfance.

Michel ou le « le feu sous la cendre »

L'histoire de Michel illustre parfaitement le fameux passage d'une forme de maladie maniaco-dépressive à une autre. C'est dire que les formes décrites plus haut, pour didactiques qu'elles soient, ne sont pas pour autant « étanches » et cloisonnées. Des passages de l'une à l'autre s'observent fréquemment tout au long de l'évolution de la maladie.

Michel, cinquante ans, dirige une entreprise de composants électroniques en région parisienne. Grand bourgeois, tenant plus que tout à ses privilèges, il a fait ses études dans une grande école de commerce en France, puis a obtenu un diplôme de MBA de la Business School de Stanford, aux États-Unis. Ses parents sont décédés et il est très attaché à sa sœur jumelle, Clémence, qui travaille avec lui et qu'il considère comme son « bras droit », son « clone féminin », son « alter ego ».

Sa maladie a beaucoup perturbé son activité professionnelle et a failli mettre un terme à sa carrière et à son entreprise. La reconstitution de son histoire particulièrement mouvementée montre que non seulement un patient peut passer au cours de son évolution d'une forme de maniaco-dépression à une autre, mais illustre les fluctuations imprévisibles de cette maladie.

Michel représentait l'archétype du P-DG surmené et stressé. Il travaillait quinze heures par jour, consacrait ses week-ends à étudier des dossiers et se contentait d'une semaine de vacances par an pendant laquelle il trouvait le moyen d'emporter avec lui son ordinateur. Le repos était alors pour lui « du temps perdu, du temps pour rien ». Hyperactif depuis son adolescence, Michel avait toujours souhaité créer sa propre entreprise, ce qu'il a fait à l'âge de trente ans, après le décès de son père. Il aimait le pouvoir (qui lui donnait un sentiment de toute-puissance et de domination des autres) et contrôlait le moindre détail concernant la marche de son entreprise. Il débordait d'idées destinées à la développer et se rendait aux États-Unis deux à trois fois par an. Michel consommait beaucoup d'alcool et buvait huit à dix tasses de café par jour. Il dormait seulement cinq heures, mais ce rythme de vie effréné lui convenait parfaitement.

Il se définissait comme un « célibataire endurci », multipliant les aventures. Son succès auprès des femmes comblait le narcissisme de cet homme charismatique et séducteur. Il était exubérant, chaleureux et optimiste, mais également égocentrique, autoritaire et irritable. Il ne ménageait pas son entourage et avait des tendances manipulatrices avec son personnel et avec les femmes qu'il aimait « collectionner ». Son humeur effervescente et instable agaçait ses proches. Il se montrait parfois agressif avec ses collègues, puis s'excusait auprès d'eux, craignant de perdre leur affection. Ses nombreux amis appréciaient sa vitalité, sa gaieté, son humour et son caractère extraverti, mais supportaient mal ses sautes d'humeur.

À cette époque (et probablement depuis l'adolescence), Michel était « speedé » ; en langage psychiatrique on dirait aujourd'hui qu'il avait un tempérament hyperthymique ou qu'il était hypomane chronique. Cela apparaît clairement à travers son hyperactivité permanente et son humeur exaltée. Mais n'ayant jamais été réellement dépressif, il n'a pas éprouvé le besoin de consulter. C'est le cas de nombreuses personnes hypomaniaques, qui, généralement, ne demandent de l'aide que lorsqu'elles traversent une phase dépressive. Michel ignorait alors qu'il souffrait déjà d'une forme de dérèglement de l'humeur.

La maladie de Michel s'aggrave brutalement durant sa quarante-troisième année. Depuis plusieurs semaines il se sent triste, anxieux et fatigué, mais il préfère ignorer ces symptômes. Il en parle pourtant à sa sœur Clémence, qui s'inquiète et le convainc d'aller consulter. Dans un premier temps, Michel refuse de suivre les conseils de son médecin, qui souhaite le « mettre au vert ». Il accepte seulement de prendre des antidépresseurs et de se mettre en arrêt de travail. Dix jours plus tard, son état a empiré. Il est prostré, très anxieux et pleure sans cesse. Il ne résiste pas quand Clémence le conduit dans une clinique psychiatrique huppée de la banlieue parisienne.

Cette première dépression dure deux mois et demi. Des perfusions d'Anafranil améliorent son état au bout de deux semaines. Mais Michel refuse tout dialogue avec le personnel soignant et les médecins. Quand ceux-ci lui proposent des entretiens psychothérapiques, il rétorque d'un ton sec et hautain qu'il n'en a absolument pas besoin et qu'il veut uniquement « recharger les batteries ». Après son hospitalisation, il consulte quatre ou cinq fois son médecin généraliste, qui s'occupe du suivi médicamenteux et assure globalement la surveillance de son état psychologique sur un mode plus amical que médical.

À quarante-cinq ans, Michel traverse une nouvelle dépression grave. Cette fois-ci, il se montre attentif aux premiers symptômes (fatigue, douleur morale et anxiété), et son médecin n'a aucune difficulté à lui faire accepter une hospitalisation. Cette dépression est plus sévère que la précédente et dure trois mois. Michel a des idées suicidaires, dont il parle à sa sœur. Pendant l'hospitalisation, Clémence nous décrit le mode de vie de son frère avant ces deux épisodes dépressifs et nous confirme que leur mère était dépressive et que leur oncle s'est suicidé par pendaison à la suite de la faillite de son entreprise vinicole. Ces renseignements étaient tabous et exigeaient la discrétion absolue.

À sa sortie, Michel poursuit une psychothérapie une fois par semaine. Il supporte très mal le fait d'avoir à nouveau été dépressif et évoque avec une profonde douleur ses idées suicidaires. Il se sent diminué physiquement et moralement, regrette de ne plus pouvoir travailler et voyager comme avant. Il suit correctement son traitement, mais refuse l'incompatibilité de l'alcool avec ses médicaments, et continue à boire. Parallèlement, il est aux prises avec de graves difficultés professionnelles. Des placements boursiers malencontreux lui ont fait perdre de grosses sommes d'argent et il a dû licencier deux employés, ce qui le conduit à deux reprises aux prud'hommes.

Pendant les premiers entretiens, Michel refuse de parler de son histoire personnelle et familiale. Il considère que cela est « trop intime » pour être raconté à un « inconnu » et se montre très hostile. Il lui faudra du temps pour établir un lien de confiance et se livrer davantage.

Dans leur enfance, Michel et Clémence ont bénéficié d'un grand confort matériel mais ils ont manqué d'affection de la part de leur père, banquier génial mais rigide et tyrannique. Leur mère était beaucoup plus tendre mais s'effaçait totalement devant son mari qui détenait l'autorité morale et financière au sein de la famille. Elle a dû accepter que Michel soit placé à l'âge de neuf ans dans un pensionnat religieux de province. Son mari voulait « dresser » leur fils comme lui-même l'avait été. Michel s'est senti abandonné par ses parents et a beaucoup souffert de ses années d'internat. Il a réagi en se jetant à corps perdu dans les études, et son adolescence a été une période très troublée. Il a quitté le pensionnat à dix-sept ans, après son baccalauréat, pour étudier à Paris et a pris comme devise un des slogans de Mai 68 : « Il est interdit d'interdire. »

En raison de son éducation très stricte, Michel a appris à retenir ses émotions douloureuses. Avant ses dépressions, il s'est toujours efforcé de contrôler ses « défaillances ». Au fur et à mesure de sa psychothérapie, il va peu à peu prendre conscience de sa vulnérabilité, et l'accepter peut-être un peu mieux, mais il considérera longtemps ses dépressions comme un échec personnel.

Michel a maintenant quarante-sept ans. Depuis un an, il a arrêté sa psychothérapie en prétextant manquer de temps, et a décidé de ne plus prendre aucun médicament. Il se sent mieux et travaille de nouveau avec plaisir. Mais une troisième dépression survenant quelques mois après le décès de sa mère le conduit à nouveau à l'hôpital.

Or cette fois, l'Anafranil, que Michel a jusqu'alors parfaitement toléré, provoque un accès de manie au bout d'une quinzaine de jours, le faisant passer brutalement du désespoir total à l'exaltation. Il se sent « en pleine forme » et se croit guéri. Cet accès maniaque est jugulé grâce à un traitement sédatif. Michel reste deux mois à l'hôpital, et son traitement est relayé par un traitement au lithium qu'il se résigne à accepter et qui stabilisera son humeur pendant cinq ans.

Puis son état se perturbe à nouveau gravement, cinq mois après l'arrêt du lithium – de sa propre initiative. Michel a toujours critiqué le système fiscal français, qu'il juge trop pénalisant pour les citoyens et les entreprises. Il en parlait sans cesse à ses collègues et à ses amis en leur confiant qu'il élaborait des projets de restructuration économique. Il travaillait sur son ordinateur jusqu'à 4 heures du matin. Ses proches s'inquiétaient de sa mégalomanie et de sa nervosité, mais Michel ne tolérait aucune remarque. Depuis une quinzaine de jours son entourage a remarqué des modifications de son comportement. Il a recommencé à parler sans cesse de fiscalité. Les yeux brillants de colère, il hausse le ton en faisant des gestes désordonnés et s'emporte contre « l'inertie du gouvernement ». Il dort mal, mange peu mais boit de plus en plus. Il agresse ses collègues pour des détails insignifiants et reproche à ses amis de ne pas le comprendre.

En l'espace de trois semaines, il envoie au ministre des Finances une dizaine de lettres recommandées mais il ne reçoit aucune réponse. Cela le rend furieux. Un matin, il rassemble ses dossiers, enfile une tenue de jogging et se rend à Bercy, au ministère des Finances. Il affirme aux policiers de faction qu'il a rendez-vous à 9 h 30 avec le ministre. Dans un déluge verbal frénétique, il se présente comme le P-DG d'une prospère entreprise d'exportation et exhibe ses dossiers. Comme les policiers lui demandent de partir, Michel les injurie en hurlant et tente de les frapper. Il est arrêté puis conduit à l'Infirmerie psychiatrique de la préfecture de police de Paris où il est interné en hospitalisation d'office.

Son agitation persiste plusieurs jours malgré le traitement instauré en urgence. Il se montre très agressif et violent avec le personnel soignant. Il répète qu'il doit partir immédiatement car le « ministre des Finances l'attend ». Il se sent persécuté et n'a aucune conscience de ses troubles. Agité et violent, il s'exprime d'une manière incohérente, crie puis rit sans raison. Il se sent de nouveau persécuté, se croit « trahi » par l'un de ses collègues et affirme à longueur de temps qu'il a une « mission » à accomplir. Son état ne s'améliore qu'au bout de trois semaines. Deux mois plus tard, il quitte l'hôpital avec une reprise du traitement préventif par le lithium. Michel souffre beaucoup d'avoir déliré. Il lui est intolérable de se considérer comme malade et surtout d'avoir été momentanément « fou ».

Par la suite, sa maladie évolue vers des cycles de plus en plus rapides. À partir de cinquante ans, il est hospitalisé à quatre reprises. Les traitements curatifs donnent de bons résultats à l'hôpital, mais les traitements préventifs qu'il ne prend qu'irrégulièrement ne permettent pas de juguler la survenue de ses crises, toujours précédées d'épisodes d'hypomanie. Chaque fois qu'il revient à l'hôpital, Michel se dit « perdu ». Compte tenu de son état, il ne pourra pas travailler pendant deux années particulièrement pénibles. Sa sœur réussit pourtant à maintenir l'entreprise à flot et à éviter une faillite. L'efficacité de Clémence rassure Michel. Dans le même temps, il se reproche d'être malade et se juge sévèrement comme un « bon à rien ».

Actuellement stabilisé, l'état de Michel reste fragile. Il a recommencé à travailler, appuyé par sa sœur Clémence, son « ange gardien », l'unique personne dont il accepte l'ascendant. Sa psychothérapie lui a permis d'admettre, douloureusement, qu'il devait composer avec sa maladie et se ménager. Sa sœur a appris à repérer les signes avant-coureurs d'une éventuelle rechute dépressive ou maniaque. Elle soutient son frère d'une manière remarquable. Elle a beaucoup souffert de sa maladie, mais cette épreuve a renforcé leurs liens. D'autre part, Michel a eu la chance de conserver tous ses amis. Aucun d'eux ne l'a abandonné ni considéré comme « fou ». Leur affection aide considérablement Michel qui dit désormais de sa maladie : « Je la gère, bien qu'elle m'empêche de vivre. »

Dépression et troubles bipolaires chez l'enfant et l'adolescent

Comme on l'a vu, les troubles bipolaires commencent le plus souvent vers l'âge de vingt ans, au début de l'âge adulte, et parfois plus tard, vers quarante-cinquante ans. Mais on a longtemps ignoré qu'ils pouvaient apparaître dès l'adolescence, et même (plus rarement) dès l'enfance. En 1845, Esquirol a pourtant décrit un accès maniaque chez un enfant d'âge scolaire. Au début du XXe siècle, Kraepelin et d'autres auteurs ont relaté plusieurs cas d'accès maniaques et dépressifs chez des enfants. 31 % des adultes maniaco-dépressifs pensent d'ailleurs que leur maladie a débuté dans l'enfance. Selon les études, les premiers symptômes se sont parfois manifestés entre cinq et neuf ans. Certaines équipes trouvent un âge moyen de début des troubles entre quatre et cinq ans.

Il existe un délai parfois très long entre l'âge auquel se présentent les premiers symptômes et le diagnostic du trouble bipolaire. Dans certains cas, ce délai est de dix ans, et dans 40 % des cas, trois psychiatres sont consultés avant la pose du diagnostic chez l'adulte… c'est dire les difficultés à reconnaître le trouble bipolaire chez l'enfant et l'adolescent, qui ne se manifeste pas de la même manière que chez l'adulte.

Le trouble bipolaire précoce a le plus souvent une forme chronique. Les accès sont assez courts et parfois imbriqués. Les fluctuations de l'humeur sont moins nettes et moins délimitées dans le temps que chez l'adulte. Il existe aussi des cycles ultra rapides, où les jeunes deviennent brutalement hypomaniaques, maniaques ou dépressifs. Pendant les périodes de manie, ils sont dangereux pour eux-mêmes et pour les autres. Ces « crises » soudaines peuvent durer seulement quelques heures ou quelques jours.

On a longtemps considéré que les troubles psychologiques de l'adolescence, dus à une réactivation des conflits infantiles, étaient bénéfiques et indispensables au développement. Anna Freud notait ainsi en 1958 qu'il « est normal pour un adolescent de se conduire pour une durée importante de temps de façon inconséquente et imprévisible [7] ». Ces troubles étaient donc minimisés, perçus comme « normaux », se résolvant spontanément et sans conséquences néfastes pour l'avenir. Mais depuis les années 1980, de nombreux travaux ont démontré que certaines des perturbations psychologiques de l'adolescent ne s'estompent pas progressivement. Au contraire, elles s'installent durablement, ou s'aggravent.

Quand les parents d'un enfant diagnostiqué « bipolaire » parlent des difficultés qu'ils ont connues (et connaissent) avec leur enfant, on retrouve souvent une trace de ces problèmes dès le plus jeune âge. Par exemple, les parents ont eu beaucoup de mal à calmer et à apaiser leur bébé, nerveux et agité. Leur enfant était très sensible et émotif, et répondait de façon parfois disproportionnée aux stimuli extérieurs. Les troubles du sommeil et les terreurs nocturnes sont fréquentes. Plus tard, l'enfant est souvent hyperactif, turbulent, remuant et anxieux. Son angoisse peut être forte, surtout quand il est (ou va être) séparé de sa mère.

D'autre part, l'enfant ne supporte pas la frustration, contrôle mal sa colère, est impulsif et impatient. À la maison comme à l'école, il a tendance à ne pas savoir « attendre son tour » et à interrompre sans cesse les autres. L'enfant pique de violentes colères qui durent longtemps. Mais ensuite, il se sent plein de remords et dit de lui-même qu'il est incapable de se contrôler. Ce regret exprimé franchement est important car il révèle que l'enfant a conscience de son agitation, et en souffre. Ses terreurs nocturnes s'accompagnent souvent de pensées morbides et menaçantes, comme par exemple celles d'une agression, de la survenue d'une guerre ou d'attaques d'animaux.

À l'école, l'enfant a des difficultés de concentration et d'apprentissage. Distrait, rêveur, impulsif, espiègle et agité, il perturbe la classe en chahutant. Rester assis pendant des heures en étant obligé de se tenir tranquille représente parfois un véritable supplice. Il a aussi du mal à conserver des relations sereines et stables avec ses amis. Les enseignants sont souvent irrités et désarmés par son attitude.

Les comportements d'opposition, de rébellion et d'autoritarisme apparaissent en général entre six et huit ans. Ils posent de nouveaux problèmes aux parents, aux éducateurs, et aux amis de l'enfant. La prise de risque physique et la désobéissance aux personnes représentant l'autorité sont courantes. Ses difficultés d'apprentissage scolaire conduisent souvent l'enfant à l'échec, ce qui accentue son angoisse, et diminue sa confiance en soi et l'estime qu'il se porte. Ensuite, à l'adolescence, le risque de toxicomanie est élevé. L'adolescent peut devenir dépendant du cannabis, de la cocaïne et/ou de l'alcool.

Bien sûr, les fluctuations de l'humeur existent chez tous les enfants et les adolescents, mais certains troubles risquent d'évoluer plus spécifiquement vers un trouble bipolaire. Il s'agit de la dépression grave, de la manie, de l'hyperactivité avec déficit de l'attention, et des tempéraments cyclothymiques ou irritables.

De la même manière, la réalité de l'existence de la dépression de l'enfant est restée ignorée jusque dans les années 1970. Ce fait est d'autant plus paradoxal que Mélanie Klein avait décrit la « position dépressive » du nourrisson [8], que René Spitz avait étudié les effets de la séparation chez le nouveau-né (1946) [9] et qu'Anna Freud s'était intéressée à la séparation chez l'enfant (1942) [10]. Malgré tout, de nombreux auteurs soutenaient que la dépression ne pouvait pas exister chez l'enfant à cause de son « manque de maturation psychique »... La reconnaissance des symptômes dépressifs de l'enfant a donc été tardive.

Dans 20 à 40 % des cas, la dépression de l'enfant et de l'adolescent risque d'évoluer vers un trouble bipolaire. Il est donc important de savoir la reconnaître pour la traiter, mais seulement 8 % des enfants et adolescents sont reconnus comme étant dépressifs. Environ 2 % des enfants et 10 % des adolescents ont une dépression majeure, plus fréquente avant la puberté chez le garçon, et après chez la fille.

Le jeune reste quelquefois en retrait, peu actif physiquement, avec un visage sérieux et peu expressif. Les contacts avec les autres ne l'intéressent pas. Il peut avoir l'air absent, ne plus jouer ni se distraire, mais aussi être excité, agité, irritable, s'opposant à tout et perpétuellement insatisfait. Sa tristesse n'est pas toujours évidente, et ce qu'il exprime directement (ou les phrases rapportées au médecin par ses parents) permet parfois de discerner son humeur dépressive :

« Je m'en fous », « J'en ai rien à foutre », « J'ai envie de rien », « Je suis nul », « J'y arrive pas », « C'est de ma faute », « Personne ne m'aime », « J'y arrive pas »...

Spécificités des symptômes de dépression les plus fréquents chez l'enfant et l'adolescent
(d'après N. D. Ryan)

— Moins de tristesse de l'humeur que chez l'adulte, voire aucune tristesse.
— Hypersomnie (excès de sommeil).
— Prise de poids.
— Repli social.
— Irritabilité, troubles des conduites, conduites antisociales.
— Anxiété.
— Plaintes somatiques.
— Sentiment de vide et d'ennui.

Le comportement du jeune a autant d'importance que ses paroles. Il existe parfois des troubles de l'alimentation (plutôt manque d'appétit chez l'enfant, et grignotage ou boulimie chez le pré-adolescent ou l'adolescent). Le sommeil peut devenir difficile, avec refus d'aller se coucher, difficultés d'endormissement, cauchemars.

Le plus frappant dans les symptômes dépressifs de l'enfant et de l'adolescent, c'est bien la rareté (ou l'absence) de tristesse évidente. Les larmes, l'aspect dépressif au niveau de l'expression corporelle et du visage sont courants chez l'adulte. Mais un jeune peut être profondément déprimé sans que cela se remarque. Pourtant, dans les troubles bipolaires, les périodes dépressives commencent en général très brutalement. Le jeune s'effondre de façon spectaculaire, et le risque de conduite suicidaire est alors élevé.

La manie chez l'enfant et l'adolescent

Comme la dépression, la manie ou l'hypomanie du jeune ne ressemblent pas totalement à celles de l'adulte, et le diagnostic peut être très délicat à poser. Frédéric Kochman et Jean-Albert Meynard le notent avec pertinence : « Il est de fait extrêmement difficile d'être amené à considérer un enfant jovial, riant aux larmes, plein d'humour, comme un patient souffrant d'un trouble psychique avéré [11]. » On parle d'hypomanie quand les symptômes de l'enfant ou de l'adolescent lui permettent de poursuivre ses activités, dans sa famille et en milieu scolaire. Pourtant les conséquences de l'accès peuvent être graves (indiscipline scolaire, renvoi de l'établissement, rejet par la famille, etc.). Mais quand un jeune est euphorique et plein d'entrain malgré de douloureuses situations affectives ou des événements perturbants, l'hypomanie devient plus évidente à repérer.

En cas de manie, les symptômes sont si intenses qu'ils empêchent la poursuite des activités habituelles. Le jeune devient dangereux pour lui-même (il prend des risques physiques) ou pour les autres, et il faut souvent l'hospitaliser.

Dans tous les cas, le changement de comportement est brutal. Pendant l'accès maniaque, la personnalité de l'enfant ou de l'adolescent se transforme complètement. Des jeunes considérés par tous comme « polis », « calmes », « disciplinés » et « respectueux des adultes » deviennent tout à coup « quelqu'un d'autre ». Ils se montrent grossiers, ont des attitudes d'effervescence sexuelle et de masturbation en public, insultent les enseignants. Ils peuvent aussi parler de manière inhabituelle (avec surtout des propos à caractère sexuel) à leurs amis ou aux adultes qui les entourent. Comme chez l'adulte, il existe une accélération psychique et motrice, une insomnie, une augmentation et une accélération de la parole, une fuite des idées.

De même que la dépression, les accès maniaques ou hypomaniaques surviennent brusquement et leur durée est très variable. La dépression et la manie peuvent se suivre, ou se chevaucher. Dans ce cas (états mixtes), il n'y a pas de véritable retour à une humeur stable.

L'hyperactivité avec déficit de l'attention (ADHD, Attention Deficit with Hyperactivity Disorder*), tempéraments cyclothymiques et irritables*

12 % des enfants atteints d'un syndrome *hyperkinétique* (ou hyperactivité avec déficit de l'attention) risquent de devenir plus tard maniaco-dépressifs. L'hyperactivité touche 3 à 5 % des enfants d'âge scolaire, en majorité des garçons (4 à 9 garçons pour 1 fille). Ces enfants ont en permanence de grandes difficultés à se concentrer et à respecter la discipline. Agités et impulsifs, ils ont souvent des troubles de l'apprentissage (dyslexie, incapacité à apprendre l'orthographe)

Symptômes spécifiques d'accès hypomaniaque ou maniaque chez l'enfant et l'adolescent (d'après B. Geller) [12]

— Accès brutaux de colère, accès de rage irrépressible, « tempêtes affectives ».

— Excès de familiarité, langage grossier ou hypersexualité en net contraste avec la personnalité antérieure du jeune.

— Conduites d'hypersexualisation, activités masturbatoires en public.

— Problèmes de discipline scolaire, excès de familiarité et interruptions répétées des enseignants.

— Troubles de l'attention, hyperactivité, passage d'une activité inachevée à une autre.

— Anxiété.

— Sentiment de toute-puissance, de grandeur pouvant entraîner des conduites dangereuses.

— Conduites antisociales, vols, le jeune s'estimant « au-dessus des lois ».

qui handicapent leur scolarité. Leur comportement en famille cause aussi de nombreuses difficultés. Ce trouble ne s'estompe pas avec le temps, et 30 à 60 % des enfants hyperactifs le restent à l'âge adulte.

Le diagnostic d'un accès maniaque doit être évoqué systématiquement en cas d'hyperactivité, car près de 90 % des enfants maniaques présentent les critères de ce trouble.

Comme le confirme Jean-Michel Azorin [13], l'hyperactivité avec déficit de l'attention semble être un facteur de risque d'évolution vers une pathologie bipolaire.

Biederman a montré que 11 % des enfants bipolaires sont aussi hyperactifs. À l'inverse, le suivi d'enfants hyperactifs révèle l'apparition d'un trouble bipolaire dans 12 % des cas.

D'autres études établissent que des adolescents de tempérament cyclothymique ou irritable peuvent laisser présager une évolution vers un trouble bipolaire.

Paradoxalement, les enfants hyperactifs sont parfois traités par des substances excitantes comme la Ritaline (méthylphénidate) qui en

France est régie par des modalités de prescription spécifiques. La première prescription de ce produit ne peut être faite que dans un hôpital universitaire par un psychiatre, un neurologue ou un pédiatre, la poursuite du traitement pouvant être assurée par un médecin de ville.

5

Monet et la cathédrale de Rouen
ou
les causes de la maladie maniaco-dépressive

« Les hommes naissent fous mais peu le demeurent. »

Samuel BECKETT

Claude Monet a peint une trentaine de versions différentes de *La Cathédrale de Rouen*. Selon l'angle et le moment choisis par l'artiste – le matin ou le soir, par beau ou mauvais temps –, la cathédrale apparaît sous un jour très différent. Ses couleurs, ses lumières et son aspect global varient sans cesse d'un tableau à l'autre, alors qu'il s'agit bel et bien du même monument. Monet aimait beaucoup ce genre d'exercice. Je m'en suis à nouveau aperçu à Chicago, où je participais à un congrès de psychiatrie. Une tornade s'étant abattue sur la ville, j'ai dû patienter pour reprendre l'avion. Cela m'a permis de visiter le Art Institute of Chicago. Entre autres merveilles, j'y ai découvert une série de tableaux de Monet, datant de 1890 et 1891. Ils représentent des meules de foin, au soleil levant ou au couchant, en hiver lorsque la neige recouvre le foin, ou encore en été. Maurice Ferreri remarque que la façon de voir de Monet peut être comparée à notre façon d'aborder la maladie maniaco-dépressive. Selon l'approche, biologique, génétique, psychodynamique, sociologique..., la maniaco-dépression nous apparaît d'une « couleur » différente. Mais en fait il s'agit bel et bien de la même maladie, une maladie complexe que l'on appréhende selon plusieurs « niveaux de lecture » en lui imputant des causes diverses qui s'entremêlent et se répondent. D'innombrables études démontrent les rôles conjugués de l'hérédité, de la biologie, de la personnalité, de la structure psychique et de l'environnement psychosocial. Comme pour la schizophrénie, aucune hypothèse ne peut à elle seule rendre compte de sa complexité. Ses abords sont donc très différents, mais la complémentarité des visions est essentielle. Il est impossible de chercher à comprendre cette affection en se bornant à l'observation d'un seul de ses aspects. Faire abstraction de la richesse personnelle d'un malade maniaco-dépressif ou dépressif, ignorer son histoire, son tempérament, ses relations avec son entourage... équivaudrait à le considérer comme un objet d'étude et non comme un sujet pensant et souffrant.

Pour aider et soulager un maniaco-dépressif, les médecins se doivent en effet de prendre en compte l'individu dans sa globalité en saisissant son essence, en respectant ainsi son individualité au-delà des seules considérations cliniques et thérapeutiques.

Maurice Ferreri s'interroge sur les dissensions stériles biogénèse-psychogenèse entre partisans du « tout-psychologique » et du « tout-biologique », qui tentent chacun de leur côté d'expliquer l'origine des maladies mentales en les inféodant à une seule causalité : « Faut-il vraiment choisir un seul registre de connaissances, être adoubé par un clan ? Cette querelle a-t-elle un sens ? La science s'applique, par sa nature même, à simplifier les phénomènes afin de parvenir à l'établissement de règles générales.

Dans le domaine de la maladie mentale, on ne peut se référer à des règles uniformes valables pour tous. Chaque être humain évolue dans un milieu dont il subit l'influence, [...] il apparaît des relations dialectiques qui s'enrichissent mutuellement, telle la relation entre la clinique des comportements et une population importante de neurones impliquée dans une fonction étudiée par les neurosciences. [...] La relation entre inné génétiquement déterminé, et acquis, lié aux influences environnementales, représente deux aspects en constante interaction avec possible modulation de l'expressivité des gènes [1]. »

Le généticien Axel Kahn parvient au même constat dans un livre au titre évocateur, *Et l'homme dans tout ça ?* [2] Il réaffirme l'unité de l'homme, en soulignant que la science doit s'accompagner d'un « engagement moral ». Les immenses progrès de la génétique, que j'évoquerai dans ce chapitre, imposent en effet de profondes réflexions d'ordre éthique et dans ce registre les psychiatres se doivent d'être aux avant-postes.

Je vous proposerai ici une vision « kaléidoscopique » des différentes causes des dépressions et de la maladie maniaco-dépressive. Chacune de ces causes constitue une pièce d'un puzzle dont on n'a toujours pas réuni tous les éléments. Cette lecture peut se faire comme celle d'un palindrome, un groupe de mots qui peut se lire de gauche à droite ou de droite à gauche, le sens de la phrase restant le même car les éléments qui la constituent sont tous imbriqués les uns dans les autres*.

L'hérédité

Francis Crick, biochimiste britannique, et James Watson, biologiste américain, tous deux prix Nobel de médecine avec Wilkins en 1963, sont des figures scientifiques qui ont marqué notre connaissance de l'homme. Ils ont en effet découvert que notre patrimoine génétique s'articule autour d'une double hélice d'acide désoxyribonucléique (ADN) et ont démontré l'intuition d'Avery selon laquelle l'ADN est bel et bien le support de notre hérédité. Cette découverte fondamentale a marqué l'essor de la biologie moléculaire et de la génétique de la fin du XXe siècle.

Des centaines de généticiens de dix-huit pays, impliqués pendant dix années de travail, ont contribué au décryptage du génome humain. En juin 2000, 90 % des trois milliards de « lettres » de notre code génétique « imprimées » sur la molécule d'ADN étaient répertoriées. Ces travaux fondamentaux ouvrent une autoroute à l'identification des gènes de l'être humain, évalués à 30 000 selon le Génoscope d'Évry, alors que l'on pensait initialement qu'il en existait 75 à 150 000. La médecine du troisième millénaire promet, grâce aux tests de dépistage, aux thérapies géniques et aux médicaments génétiquement programmés, un monde médical que l'on espère meilleur.

Si la génétique nous intéresse au plus haut point, c'est que déjà à la fin du XIXe siècle puis au début du XXe les psychiatres s'intéressant à la maladie maniaco-dépressive (en particulier Emil Kraepelin dès 1922) avaient pressenti qu'elle est souvent héréditaire. Mais ils ne possédaient pas les connaissances scientifiques permettant de confirmer leurs observations. Il leur manquait alors les outils modernes d'étude, d'investigation et de communication. Grâce aux progrès de la biologie et de la génétique et aux études familiales, on sait désormais avec certitude que cette maladie est partiellement héréditaire. Cela ne signifie pas qu'elle se transmet nécessairement de génération en génération, mais les patients qui en sont atteints ont fréquemment des parents du premier degré (le père, la mère, les frères,

* Exemple de palindrome : « Ésope reste ici et se repose. »

les sœurs ou les enfants) également atteints. Toutes les études familiales démontrent que la maladie peut toucher plusieurs personnes d'une même famille. Son mode de transmission conserve ses mystères car les gènes en cause n'ont pas été entièrement identifiés et cette maladie a la spécificité d'être sous-tendue par le déterminisme de plusieurs gènes. Les généticiens espèrent pouvoir bientôt apporter des réponses précises, qui permettraient de mieux comprendre les bases biochimiques de l'affection, d'améliorer les traitements et d'élaborer des tests pour diagnostiquer les personnes à risque.

Les études familiales

Les premières études familiales sont relativement récentes. Elles ont été réalisées en 1957 par Leonhard, puis à partir de 1966 par Angst, Perris et Winokur. Ces auteurs ont interrogé plusieurs centaines de patients, et retrouvé chez eux un nombre élevé d'antécédents familiaux de la maladie. Ces résultats ont d'ailleurs permis à Leonhard de distinguer les troubles unipolaires (dépressions successives) et bipolaires (dépressions alternant avec des manies) que l'on a abordés dans le chapitre « Le spectre de la maniaco-dépression ». Ces deux formes sont très différentes au plan génétique (le risque de transmission familiale est élevé pour les troubles bipolaires, et moindre pour les troubles unipolaires).

50 % des patients bipolaires ont au moins un parent atteint du même type de troubles. Les enfants d'une personne souffrant d'un trouble bipolaire I ont 25 % de risque de développer un trouble de l'humeur. Si les deux parents sont touchés, le risque se situe entre 50 et 75 %.

D'après une étude de Simpson, le trouble bipolaire II présente le pourcentage le plus élevé de transmission génétique : on trouve chez les parents de ces patients un taux de 88 % de dépressions, mais ces constatations sont discutées par d'autres auteurs.

Les études d'adoption

Plusieurs études d'adoption ont confirmé l'existence du facteur génétique des troubles de l'humeur, en comparant les familles biologiques et les familles adoptives des patients. C'est dans les familles biologiques que J. Mendlewicz a décelé le plus grand nombre d'antécédents de troubles bipolaires ou unipolaires. 12 % des parents adoptifs et 28 % des parents biologiques présentaient ce type de troubles. Chez les parents biologiques, les taux de troubles unipolaires et ceux des suicides sont huit fois plus élevés pour les premiers, et quinze fois plus pour les seconds, comparés aux parents adoptifs.

Les études de jumeaux

Les nombreuses études menées chez des jumeaux vont dans le même sens. La comparaison entre des jumeaux monozygotes (« vrais jumeaux » issus d'un seul œuf et possédant un patrimoine génétique identique) et des jumeaux dizygotes (« faux jumeaux » issus de deux œufs différents, n'ayant pas de ce fait le même patrimoine génétique) montre que le taux de concordance de la maniaco-dépression est de 50 % chez les monozygotes, et de 25 % chez les dizygotes.

Le génome humain

De nouvelles techniques d'étude du patrimoine génétique ou génome humain ont été mises en place. Grâce au « génie génétique », les progrès ont été fulgurants depuis les années 1980. Chacune de nos cellules (sauf les globules rouges) contient un noyau qui renferme nos vingt-trois paires de chromosomes. Chaque chromosome est constitué par l'ADN. Il s'agit d'un interminable « ruban » de molécules comportant quatre bases (ou « lettres ») : A (adénine), C (cytosine), G (guanine) et T (thymine), qui forment une suite d'environ 3,2 milliards d'exemplaires. Les généticiens viennent d'assembler 98 % de cette suite de lettres qui composent des « mots » qui sont nos gènes. Notre ADN est donc presque entièrement décrypté.

Les techniques actuelles (en particulier celles des marqueurs génétiques) permettent de localiser certaines anomalies de la structure des chromosomes. Les psychiatres et les généticiens emploient ces nouveaux « outils » pour étudier les dépressions, les troubles bipolaires et d'autres maladies mentales. Il existe deux sortes d'études : les études d'associations qui comparent un groupe de maniaco-dépressifs (non apparentés entre eux) à un groupe témoin, et les analyses de liaison génétique (en anglais *linkage*) qui étudient des familles dont plusieurs membres sont maniaco-dépressifs. Cette méthode est la plus utilisée. Les chercheurs tentent de déterminer si un trait pathologique est lié ou non à des marqueurs génétiques spécifiques.

L'étude réalisée en 1987 par J. Egeland, professeur de psychiatrie à l'université de Miami, et ses collaborateurs auprès des Amish, communauté religieuse de 12 500 personnes vivant en Pennsylvanie, aux États-Unis, a représenté une étape essentielle pour notre connaissance des relations de l'hérédité avec la maniaco-dépression. En psychiatrie, il s'agit de la première observation ayant utilisé la biologie moléculaire. Les Amish sont les descendants d'une cinquantaine d'immigrants venus d'Europe centrale au début du XVIIIe siècle. Depuis deux siècles, ces agriculteurs se marient uniquement entre eux et chaque couple a de nombreux enfants. Les Amish refusent les éléments du confort moderne (électricité, voitures, télévision, radio...). Ils travaillent exactement comme leurs ancêtres, respectent à la lettre les traditions (habillement, nourriture...), prônent la non-violence et vivent en autarcie quasi complète. Chaque personne doit participer à la vie de la communauté et ne reste jamais isolée. L'alcool et les drogues sont interdits. Cette société fermée au monde extérieur représentait un terrain d'étude idéal pour les maladies génétiques.

J. Egeland, qui a suivi pendant vingt-cinq ans une famille de 81 personnes, en consultant les archives conservées par les Amish, a constaté qu'il existait plusieurs maniaco-dépressifs à chaque génération et que la maladie touchait autant d'hommes que de femmes. Tous les membres de cette famille (dont 14 personnes déjà diagnostiquées comme maniaco-dépressives) avaient accepté des prélèvements sanguins destinés à analyser leur ADN. Chez les maniaco-dépressifs, ces analyses ont révélé la présence de certains marqueurs génétiques sur une petite partie (*locus*) du chromosome 11, les autres membres de la famille ne possédant pas ces marqueurs.

J. Egeland et des chercheurs des universités Columbia et Yale ont poursuivi l'enquête auprès des Amish, avec l'aide du Génoscope d'Évry et du Genome Therapeutics Corporation. L'analyse de 551 marqueurs génétiques sur 207 personnes (17 familles apparentées) a démontré que les chromosomes 6, 13 et 15 étaient également en cause.

L'observation de familles homogènes qui, comme les Amish, vivent en « circuit fermé » depuis plus de deux siècles a permis ensuite de déceler d'autres chromosomes impliqués dans les troubles bipolaires : le 18 (deux grandes familles du Costa Rica étudiées par N. Freimer), et le 4 (11 familles écossaises étudiées par D. Blackwood). D'autres études ont mis en cause les chromosomes 3, 5, 9, 18 et 21, et en 1987, J. Mendlewicz a trouvé des marqueurs génétiques sur le chromosome 10.

En 1999, des chercheurs canadiens ont publié les résultats d'une étude concernant des familles installées depuis 1830 dans la région de Saguenay-Lac-Saint-Jean, au Québec. Dans une famille de 120 personnes, ils ont analysé 332 marqueurs génétiques et mis en cause une partie du chromosome 12 dans la vulnérabilité aux troubles bipolaires. Les auteurs estiment que ce chromosome aurait un « effet majeur » dans ce domaine.

Ces études de liaisons génétiques sont passionnantes puisqu'elles démontrent l'existence d'anomalies particulières aux maniaco-dépressifs. Mais tant que les gènes « responsables » de la maladie n'auront pas été tous identifiés, il restera impossible de mettre en œuvre une authentique « thérapie génique ».

Ainsi, comme nous l'avons vu, ce qui fait l'originalité génétique de la maniaco-dépression, c'est la multiplicité de sa localisation sur plusieurs gènes. De plus, chaque gène peut n'être touché que partiellement, ce qui complique davantage encore l'établissement d'une « cartographie génétique » de cette affection. C'est au prix d'un effort soutenu pour identifier tous les gènes concernés que l'on pourra véritablement entrer dans la médecine du troisième millénaire et espérer par la suite mettre au point des tests de dépistage, des thérapies géniques et des médicaments spécifiques. Pour l'instant, ils ne sont pas au point et nous laissent dans une situation de frustration par rapport à une action thérapeutique.

Dépression, manie et dysfonctionnement biologique et organique

Les dépressions et les états maniaques sont incontestablement liés à des perturbations neuro-biologiques parfois induites par des maladies générales ou par la prise de certains médicaments ou de drogues. Mais aucune analyse de sang, d'urine ou de liquide céphalo-rachidien, aucun électroencéphalogramme ou scanner ne peuvent mettre en évidence des anomalies spécifiques qui permettraient d'étayer le diagnostic de manie ou de dépression.

La manie est parfois déclenchée par des maladies neurologiques, qui atteignent le système nerveux central (cerveau, moelle épinière), ou les nerfs : les tumeurs cérébrales, les traumatismes crâniens, les lésions cérébrales liées à un hématome, à un œdème ou à un anévrisme. D'autres affections neurologiques, comme la sclérose en plaques ou la maladie de Parkinson, peuvent également provoquer des états maniaques ou dépressifs.

Des affections endocriniennes jouent également un rôle déterminant. L'hyperthyroïdie peut provoquer des accès d'excitation et de manie alors que l'hypothyroïdie peut induire des états dépressifs. Le dosage de la TSH (*Thyroïd Stimulating Hormon*), qui est une hormone hypophysaire régulant la thyroïde, est un examen systématique devant toute dépression résistante surtout quand elle atteint la femme, car on sait que cette hormone présente plus souvent des perturbations chez la femme que chez l'homme.

Dans 5 à 30 % des cas, le syndrome de Cushing (dysfonctionnements de l'hypophyse et des glandes surrénales) est associé à un trouble de l'humeur. La maladie d'Addison provoque des accès dépressifs.

Chez les personnes vulnérables au plan génétique, la période du post-partum, les traumatismes ou les stress répétés et le manque de sommeil peuvent « favoriser » la survenue de la manie ou d'une dépression. Celles-ci peuvent aussi être induites par la prise de drogues (LSD, cocaïne, cannabis, ecstasy...), l'abus d'alcool, ou une prescription médicamenteuse. Citons à titre d'exemple certains antidépresseurs, certains antihypertenseurs, les corticoïdes, les anticholinergiques et les médicaments à base de phényléphrine, éphédrine, théophylline ou salbutamol et les œstroprogestatifs.

Il arrive que des patients – non maniaco-dépressifs – sous hémodialyse présentent des accès de manie ou d'hypomanie. Des patients venant d'être opérés peuvent traverser aussi des épisodes de manie, qui régressent souvent de façon spontanée.

Certains facteurs de risque infectieux ont été observés. Ce fut le cas pendant l'épidémie de grippe de 1918, où de nombreux accès maniaques ont été décrits. Actuellement, des épisodes de manie sont décrits chez des malades atteints du sida.

L'existence d'épisodes dépressifs ou maniaques survenant lors d'une maladie organique ou après la prise de substances psychoactives prouve que la manie et la dépression sont étroitement associées à des perturbations biologiques. Enfin, l'efficacité des médicaments utilisés pour traiter et prévenir les accès de la maladie (antidépresseurs, neuroleptiques et thymorégulateurs) démontre que ces affections reposent sur des bases biologiques impliquant les neuromédiateurs, nécessaires au passage de l'influx nerveux d'un neurone à l'autre du cerveau.

Les neuromédiateurs

Les transmissions cérébrales sont régulées par les neuromédiateurs, qui permettent la connexion entre deux neurones. Le premier neurone est appelé présynaptique et le second postsynaptique : sur celui-ci, un récepteur fixe l'information transmise par les neuromédiateurs. Nos dix milliards de neurones effectuent un million de milliards de connexions synaptiques. En ce qui concerne la maladie maniaco-dépressive, les chercheurs s'intéressent particulièrement aux récepteurs (c'est-à-dire au point d'impact du neuromédiateur sur le neurone) et étudient les réactions biochimiques qu'ils suscitent dans l'organisme face à tel ou tel neuromédiateur. La noradrénaline et la sérotonine sont les deux neuromédiateurs les plus impliqués dans la maladie. D'autres neuromédiateurs (dopamine, acétylcholine...) joueraient un rôle moindre.

Chez un déprimé, les taux de noradrénaline et surtout de sérotonine sont abaissés. Au seul plan biologique, il semble que la dépression soit provoquée par un déficit en sérotonine mais aussi en noradrénaline et en dopamine. Inversement, la manie serait due à un excès de noradrénaline. Les antidépresseurs agissent sur la concentration de ces neuromédiateurs en inhibant leur recapture ou en diminuant leur dégradation, ce que nous verrons plus en détail dans le chapitre consacré au traitement de la maladie.

Les déprimés avec déficit de sérotonine ont des comportements très agressifs et impulsifs, et présentent des risques majeurs de suicide par des moyens violents. L'autopsie du cerveau des patients s'étant ainsi suicidés a révélé une réduction des récepteurs sérotoninergiques.

La monoamine oxydase (MAO) est une enzyme de dégradation des neuromédiateurs. Son activité (mesurée dans les plaquettes sanguines) est moindre chez les déprimés bipolaires que chez les unipolaires. Une des classes les plus efficaces d'antidépresseurs inhibe précisément la MAO : ces antidépresseurs sont appelés les IMAO (inhibiteur de l'amino-oxydase).

De plus les neuromédiateurs ont une interaction avec les hormones. La noradrénaline et la dopamine stimulent la sécrétion d'une hormone thyroïdienne (TRH), qui est au contraire inhibée par la sérotonine. La sécrétion de l'hormone de croissance (GH), liée au sommeil lent profond, est diminuée chez les déprimés. De nombreux maniaco-dépressifs présentent des dysfonctionnements de la glande thyroïde. L'une des hypothèses actuelles évoque la possibilité d'une maladie auto-immune (c'est-à-dire provoquée par l'organisme contre lui-même) de la thyroïde, et un dysfonctionnement d'une structure neurologique du cerveau appelée l'hypothalamus.

Les troubles du sommeil et le réveil précoce sont extrêmement fréquents chez les maniaco-dépressifs, au point que les altérations du sommeil sont considérées comme un « marqueur biologique » des dépressions et de la maladie maniaco-dépressive. J'ai déjà décrit l'insomnie caractéristique des patients en phase maniaque et les difficultés d'endormissement, ainsi que le réveil matinal des déprimés. Les électroencéphalogrammes réalisés chez des déprimés révèlent un retard à l'endormissement (*sommeil lent*) et une diminution du temps d'apparition du *sommeil paradoxal* (celui des rêves). De nombreux neuromédiateurs et hormones sont impliqués dans les troubles du sommeil. Comme la mélatonine par exemple, qui synchronise nos horloges internes. La sécrétion de mélatonine diminue chez les déprimés. Nous avons vu que les rapports du trouble affectif saisonnier (SAD) avec les troubles bipolaires sont désormais établis. 12 patients (6 bipolaires et 6 unipolaires) souffrant de cette dépression ont été comparés à un groupe témoin. On a noté chez tous ces patients une hypersensibilité de la mélatonine à la lumière en hiver, et une hyposensibilité en été.

La mélatonine, qui n'a pas encore reçu son autorisation de mise sur le marché en France, est largement utilisée dans les troubles du sommeil et les décalages horaires (*jet lag*), et une forme de mélatonine développée par un laboratoire français est à l'essai actuellement dans le traitement de la dépression.

Le stress, les événements de vie et l'environnement psychosocial

Si on évoque actuellement dans la maniaco-dépression une vulnérabilité génétique, associée à des anomalies biologiques concernant les systèmes de neurotransmission cérébrale, il n'existe pas moins des facteurs psychologiques et environnementaux dans le déclenchement ou l'entretien de cette affection. Il est compréhensible qu'en dehors des seuls gènes, le risque accru d'une maladie au sein d'une même famille s'enracine aussi dans les interactions familiales, sociales et professionnelles. A contrario, un enfant ou un adolescent dont un parent maniaco-dépressif est gravement malade – ou s'est suicidé – en subit les conséquences et sera parfois fragilisé psychiquement. Cette fragilisation précoce influencera son développement futur, ainsi que sa réponse aux stress et aux épreuves de l'existence.

Les études menées chez les déprimés et chez les maniaco-dépressifs soulignent, suite aux travaux psychanalytiques, l'importance cruciale des expériences vécues par l'individu dès sa petite enfance. Ces expériences forgent la personnalité et le caractère de chacun, mais chez un déprimé ou un maniaco-dépressif, elles constituent parfois un élément déclenchant dans la mesure où la structure psychique est conditionnée par une vulnérabilité spécifique face à la maladie. L'être humain possède de grandes capacités d'adaptation et d'évolution, mais nous affrontons plus ou moins aisément les difficultés de l'existence. Notre inconscient détermine des pans entiers de notre vie et notre histoire personnelle joue un rôle essentiel en influençant nos activités, nos choix (amoureux, amicaux, professionnels, etc.) et l'ensemble des relations que nous établissons avec les autres. Nos souvenirs (inconscients ou non) nous fragilisent dans certaines situations.

Nous puisons dans nos ressources pour aborder des événements douloureux tels qu'un deuil, une maladie, une souffrance physique, un accident, une séparation ou un échec, mais aussi des événements heureux comme une rencontre amoureuse, un mariage, une naissance, un succès, une promotion professionnelle. Tout événement de vie possède une valeur symbolique qui, par essence, est propre à chacun et qui nous marque de façon indélébile. La valeur que nous attribuons à chaque événement dépend en grande partie de nos expériences antérieures et de notre environnement psychosocial. Le stress n'est pas forcément une donnée négative pour l'être humain. On peut bien le gérer[3], le sublimer, et en faire un moteur. Une jeune actrice prétentieuse confiait à Sarah Bernhardt qu'elle n'avait jamais le trac sur scène et Sarah Bernhardt de lui répondre : « Ne vous inquiétez pas cela viendra avec le talent. »

Hans Selye[4] a démontré qu'il n'existe aucune égalité face aux stress, chaque être humain étant doté d'un seuil de tolérance plus ou moins élevé et d'une capacité à gérer les événements stressants que les Américains ont appelé le *coping*. Depuis les années 1970, plusieurs méthodes étudiant l'impact des événements de vie ont été élaborées.

Ces échelles d'appréciation de l'impact d'un événement de vie ou d'un stress concernent divers domaines comme la santé, la vie affective ou conjugale, le logement, le budget, la profession..., et prennent donc en compte l'environnement psychosocial de la personne questionnée. Ses réponses permettent d'évaluer sa perception des différents événements – contrôlables ou non – et l'effort d'adaptation qu'elle doit fournir. Ces échelles de stress sont précieuses pour déterminer les facteurs ayant déclenché une dépression, ainsi que les moyens utilisés pour s'en protéger et ce en fonction des capacités personnelles du sujet, mais aussi de la bonne qualité de son milieu familial et de la présence d'un réseau amical qui le soutient. Au fil des années, la collecte des données, appliquée à l'ensemble des états dépressifs, a démontré l'importance cruciale du stress dans la survenue d'une dépression ou de la rechute d'une maniaco-dépression.

Chez des personnes génétiquement vulnérables ou déjà malades, certains événements de vie peuvent incontestablement précipiter des épisodes dépressifs ou maniaques.

Comment lire l'échelle qui suit ?

Chaque événement de vie a une « valeur » subjective et arbitraire. Le risque de réaction pathologique est évalué par la somme des événements rencontrés en une année.

Si la somme est inférieure à 150, le risque de maladie est faible ;

Si la somme est comprise entre 150 et 300, il existe un risque réel de maladie ;

Si la somme est au-delà de 300, le risque de développer une maladie est maximal.

Ce risque existe pour tout un chacun. Mais la vulnérabilité des maniaco-dépressifs étant plus importante, celui-ci est encore plus grand chez eux à cause de leur sensibilité particulière à tout ce qui peut évoquer le changement et la séparation.

Échelle d'évaluation du réajustement social
(SRRS) de Holmes et Rahe, 1967
(d'après Rivolier, 1989)

Les deux médecins américains (Holmes et Rahe) qui ont élaboré cette échelle ont procédé en dressant la liste des événements positifs ou négatifs susceptibles d'exiger une adaptation du comportement.

Rang	*Événements*	*Valeur*
1	Mort du conjoint	100
2	Divorce	73
3	Séparation	65
4	Période de prison	63
5	Décès d'un parent proche	63
6	Blessure personnelle ou maladie	53
7	Mariage	50
8	Licenciement	47
9	Réconciliation conjugale	45
10	Mise à la retraite	45
11	Changement de santé d'un membre de la famille	44
12	Grossesse	40
13	Difficultés sexuelles	39
14	Arrivée d'un nouveau membre dans la famille	39
15	Réadaptation professionnelle	39
16	Modification de la situation financière	38
17	Mort d'un ami proche	37
18	Changement de fonction professionnelle	36
19	Modification du nombre de scènes de ménage	35
20	Hypothèque de plus de 50 000 F (environ 7 600 €)	31
21	Saisie d'un bien hypothéqué ou soumis à un emprunt	30
22	Changement de responsabilité dans le travail	29
23	Un fils, une fille quitte le foyer	29
24	Difficultés avec les beaux-parents	29
25	Succès personnel exceptionnel	28
26	Épouse commençant ou cessant de travailler	26
27	Commencer ou terminer ses études	26
28	Changement de conditions de vie	25
29	Changement d'habitudes personnelles	24
30	Difficultés avec le patron	23
31	Changement d'horaires ou de conditions de travail	20
32	Changement de résidence	20
33	Changement d'école	20
34	Changement dans les loisirs	19
35	Changement dans les activités religieuses	19
36	Changement dans les activités sociales	18

Rang	*Événements*	*Valeur*
37	Hypothèque, emprunt et prêt de moins de 50 000 F (environ 7 600 €)	17
38	Changement dans les habitudes de sommeil	16
39	Changement du nombre de réunions de famille	15
40	Changement dans les habitudes alimentaires	15
41	Vacances	13
42	Noël	12
43	Infraction mineure à la loi	11

La théorie de l'« embrasement » *(kindling)*

Le mot anglais kindling signifie « embrasement ». Selon Robert Post[5], des stress répétés provoqueraient une fragilisation progressive des patients maniaco-dépressifs et risqueraient de déclencher des accès maniaques ou dépressifs. Post associe d'une manière très intéressante les aspects environnementaux et biologiques de la maniaco-dépression. Que l'on soit ou non maniaco-dépressif, la répétition du stress suscite une chaîne de réactions dans la neurotransmission cérébrale, jusqu'aux récepteurs post-synaptiques. Leur stimulation réitérée serait responsable d'une sensibilisation accrue aux stress à venir. Au fur et à mesure de l'évolution de leur maladie, les maniaco-dépressifs deviendraient ainsi de plus en plus vulnérables au stress qui va conditionner leurs troubles de l'humeur. Cette vulnérabilité entraînerait également une aggravation de la manifestation des accès, en particulier dépressifs. La théorie du *kindling* vient en quelque sorte confirmer des études très récentes, démontrant que le stress chronique provoque une fragilisation de notre « patrimoine neuronal ». En effet, les chercheurs ont constaté une atrophie d'un certain nombre de neurones d'une partie du cerveau (l'hippocampe) chez les patients subissant des stress répétés. Enfin, l'hypothèse de Post confirme la nécessité de traiter au plus tôt les premiers accès de la maniaco-dépression, car plus on présente de rechutes, plus on est susceptible d'en refaire.

Il faut insister sur le fait que les événements stressants subis peuvent être « positifs ». Ainsi C. Perris a remarqué depuis longtemps qu'une réussite (promotion, succès personnel) suscite parfois une dépression. La réussite entraîne une « saturation émotionnelle » car ici, la valeur symbolique qui lui est accordée dépasse les capacités d'élaboration psychique de la personne. Plusieurs théories expliquent ce paradoxe qui n'est qu'apparent. Krauss emploie le terme de « mélancolie de l'avancement ». Selon lui, la personne traverse une « crise d'identité », car sa structure maniaco-dépressive l'empêche d'accéder à un statut différent, et en reprenant ces hypothèses, on comprend par exemple que la maternité et la paternité ou le gain d'un gros lot puissent provoquer des épisodes dépressifs.

Chez les personnes prédisposées aux troubles bipolaires, toute perte d'une situation, d'un avantage ou d'un être, que les psychanalystes dénomment « perte d'objet », peut susciter une dépression. La mort d'un être cher occupe une place prépondérante. Parmi les autres facteurs de stress susceptibles de déclencher un premier accès dépressif, les conflits conjugaux sont les plus fréquents. Plus de 70 % des patients déprimés ont connu des difficultés au sein de leur couple. Par exemple, l'infidélité du conjoint équivaut à une perte symbolique majeure. Citons de même les difficultés professionnelles et financières, l'éloignement – affectif ou géographique – d'un proche, le départ des enfants, un déménagement, un exil, la vente d'une maison, une maladie, la perte d'une fonction (mutation professionnelle, et surtout mise à la retraite) ou d'un idéal, une blessure d'amour-propre, une rupture imaginaire ou réelle avec une personne aimée. Certains patients se dépriment lors de l'échec d'un proche, sur lequel ils projetaient leurs propres espérances : « Il s'agit, par exemple, de l'échec à un examen d'un enfant provoquant la dépression du père qui regrette amèrement de n'avoir pu s'instruire » (F. Pasche [6]). Aux côtés de la grossesse et du post-partum, les suites d'un avortement provoqué ou d'une fausse couche spontanée représentent également un facteur de risque, de même que l'ablation de l'utérus, du sein ou de la prostate, organes particulièrement investis par la femme et par l'homme.

Par rapport à la population générale, on retrouve trois fois plus d'événements de vie marquants et significatifs au cours des six mois précédant les troubles dépressifs. Après un stress, le risque de dépression est multiplié par six. L'isolement, les mésententes familiales, la violence, l'abus de toxiques ou l'alcoolisme jouent aussi un rôle dans la survenue d'accès dépressifs ou maniaques. Il semble que les jeunes soient davantage exposés à des événements stressants que des personnes plus âgées.

Enfin, la maniaco-dépression en elle-même représente, bien sûr, un stress majeur pour le malade et pour son entourage. Nous verrons que la qualité des relations avec les proches et la manière dont ceux-ci abordent la maladie se révèlent essentielles dans l'amélioration (ou l'aggravation) de la symptomatologie. Les événements de vie sont étroitement liés à l'environnement psychosocial du patient et influencent la nature dépressive ou maniaque des rechutes ultérieures. Une étude menée pendant deux ans par A. Ellicot auprès de 61 personnes maniaco-dépressives a démontré que le risque de rechute est multiplié par 4,5 lorsqu'il existe des stress entre les accès.

Outre la prévention des accès par les médicaments thymorégulateurs, l'analyse de l'environnement du patient, une bonne connaissance de son mode de fonctionnement psychologique et la prise en compte des facteurs de stress permettent d'instaurer des psychothérapies adaptées.

Le malade parvient alors à mieux affronter et réguler les stress déclenchants. Cette approche permet surtout d'éviter le phénomène d'« embrasement » et améliore la vie du patient.

Ainsi la réaction dépressive ou maniaque partielle peut être considérée comme une réponse non adaptée à un événement stressant ou à un traumatisme psychoaffectif. Cette décompensation traduit la difficulté ou le manque d'adaptation à une situation qui déborde les moyens de défense psychologique du sujet.

Si les événements de vie et les stress sont des facteurs précipitants ou aggravants de la maladie, ils ne suffisent toutefois pas à déclencher une maladie maniaco-dépressive chez les sujets ne présentant pas de terrain propice.

Déjà en 1798 Philippe Pinel avait remarqué l'importance des événements de vie sur l'homme : « Les informations les plus précises fournies par des parents des insensés de l'hospice de Bicêtre, ou bien par des personnes qui conservaient avec eux quelque liaison, m'ont convaincu que les sources les plus ordinaires de la manie tiennent à quelque chagrin violent contracté par des revers de fortune ou la perte de quelque objet chéri, non moins qu'à des terreurs religieuses, à un amour contrarié et malheureux, à des événements de la Révolution, soit par des regrets profonds de l'Ancien Régime, soit par l'exaltation extrême d'un ardent patriotisme [...]. Il est aisé de conclure que les délires non fébriles, loin de tenir à des vices d'organisation du cerveau, dépendent presque toujours de quelque passion forte et véhémente, autant par la nature de l'objet de cette passion, que par la sensibilité très vive de celui qui l'éprouve[7]… »

L'histoire de Ghislain illustre de façon dramatique l'impact d'un événement stressant mal géré et ses conséquences sur l'équilibre psychologique d'un sujet jusque-là brillant et hyperactif.

Ghislain était très brillant, hyperactif et ambitieux. Après avoir obtenu son bac S à dix-sept ans avec mention très bien, il a suivi une formation de manager dans l'une des plus grandes écoles de commerce et est devenu cadre supérieur à vingt-quatre ans. Durant vingt ans, il a travaillé successivement dans quatre entreprises. Son tempérament « hyperthymique » faisait de lui un homme toujours sur la brèche, incapable de tenir en place et ne s'accordant ni repos ni vacances. Très anxieux et nerveux, Ghislain possédait une capacité de travail considérable. Il investissait toute son énergie dans sa profession, gravissait les échelons sans difficulté et s'intégrait parfaitement aux équipes qu'il côtoyait. Mais son instabilité le menait à explorer sans cesse d'autres secteurs. Cette instabilité dominait aussi sa vie sentimentale, émaillée d'aventures sans lendemain. Il refusait de s'engager et ne souhaitait pas avoir d'enfants.

À quarante-quatre ans, Ghislain est nommé P-DG d'une chaîne de grands magasins « discount » appartenant à un consortium international. Enthousiasmé par cette promotion, il décide de modifier radicalement le mode de fonctionnement de cette entreprise et le système de travail préexistant. Mais au lieu de procéder par étapes afin de ménager les cadres et les employés, Ghislain va se comporter selon ses propres habitudes. Il lui faut faire vite et agir immédiatement. À ses yeux, les changements brutaux qu'il impose à ses équipes ne doivent poser aucun problème. Il est persuadé que l'ensemble du personnel comprend ses exigences. Selon lui, son goût pour la compétition et la réussite – au détriment d'une bonne qualité de vie affective et familiale – est une nécessité. Malgré les remarques plus ou moins explicites du directeur des ressources humaines, il ne tient pas compte des capacités d'évolution, d'adaptation et du degré de souplesse des cadres et des employés de son entreprise. Certains d'entre eux doivent faire face à ce qui équivaut pour eux à un tremblement de terre, mais d'autres se rebellent. Ils demandent un arbitrage sous la forme d'un « audit » au décours duquel la société mute d'office une trentaine de salariés. Les syndicats décrètent une grève illimitée pour dénoncer cette situation. Quelques jours plus tard, en arrivant un matin à son travail, la secrétaire de Ghislain le découvre pendu dans son bureau.

Ghislain a laissé une courte lettre. Il y explique qu'il considérait ses collaborateurs « comme ses enfants » et s'est senti « trahi » par leur attitude. Il n'a pas compris leur comportement, estimant avoir beaucoup fait pour eux. Ce sentiment de trahison – et donc de perte douloureuse – a suscité chez Ghislain une grave réaction dépressive et une blessure narcissique le conduisant au suicide.

Bien sûr, ce drame a bouleversé et profondément choqué tous les employés. Plusieurs réunions ont été organisées afin de les soutenir psychologiquement. Certaines personnes particulièrement traumatisées ont dû être prises en charge par des psychothérapeutes.

On voit que la « perte » que j'ai évoquée dans ce chapitre concerne chaque domaine de l'existence. Dans le cas de Ghislain, une blessure d'amour-propre que son ego démesuré n'a pas acceptée.

C'est dans cet esprit que Jean-Marc Alby définit la réaction dépressive comme une difficulté d'adaptation à une situation qui est un événement douloureux ou stressant, traumatique au sens large…

La gestion d'un stress n'est pas la même en fonction de la personnalité de tout un chacun. Certains y font face, d'autres prennent la fuite (le fameux *fight or fly* de Canon). Cette capacité de « faire face » (*coping*) est différente pour chacun de nous. Épictète n'a-t-il pas dit que « ce ne sont pas les événements qui perturbent les hommes mais l'idée qu'ils s'en font » ?

Théorie psychanalytique de la dépression et de la maniaco-dépression

Pour décrire la maladie maniaco-dépressive et les mécanismes inconscients qui la sous-tendent, il est indispensable de se référer aux travaux psychanalytiques de trois auteurs : Sigmund Freud, Karl Abraham et Mélanie Klein. Leurs écrits restent déterminants pour la compréhension de cette maladie.

Deuil et mélancolie

Dès 1895, Freud évoque dans ses écrits la mélancolie cyclique et décrit l'état affectif qui s'y rattache, celui du deuil. Il note que cet état douloureux correspond à un vécu de perte et au regret amer de ce que l'on a perdu. La perte peut correspondre à une personne, une valeur, une cause ou un idéal collectif. Cette notion de perte est centrale pour comprendre la douleur et le retrait observés chez un sujet déprimé.

Chacun d'entre nous éprouve envers ses parents, ses proches ou son environnement social des sentiments de sympathie, d'amour ou de désir de l'autre. Le « prototype » de ces sentiments est bien sûr la relation de l'enfant à sa mère. Mais Freud souligne que la plus haute phase de développement que peut atteindre ce sentiment est « l'état de passion amoureuse qui nous apparaît comme un dessaisissement de la personnalité propre, au profit de l'investissement de l'autre ».

Parallèlement à cet amour d'autrui, il existe un amour de soi, qui fait référence au mythe de Narcisse. Cet état est surtout présent au cours de la petite enfance. Il se doit d'évoluer afin qu'à l'âge adulte un certain équilibre s'établisse entre, pourrait-on dire, l'amour de soi et l'amour des autres. Bien entendu, l'estime de soi est nécessaire au développement individuel pour entreprendre et réussir dans l'existence, mais certains êtres se révéleront fragiles et vulnérables en raison d'un intérêt excessif porté à tout ce qui concerne leur personne. Ils seront de ce fait plus facilement atteints et blessés par les critiques, la dévalorisation, les situations d'échec et les frustrations et le rejet.

À partir de là, Freud définit l'idéal que se fait tout individu de lui-même comme une instance psychique désignant les valeurs inculquées dans l'enfance. Il s'agit des modèles parentaux, de la conscience morale, des références culturelles et sociales. Toute personne ayant intégré peu à peu ces valeurs au cours de son développement désire, à l'âge adulte, être en accord avec une certaine image de soi et tentera donc d'atteindre cet idéal. Dans certains cas, elle pourra aussi en subir la pression (voire la « tyrannie »), si elle s'impose sans cesse des buts inaccessibles, mais qu'elle juge conformes à cet idéal.

Freud reprend et développe ces notions dans « Deuil et mélancolie [8] », un article fondamental paru en 1915. Ce texte de référence permet de comprendre les processus inconscients qui sont à l'œuvre dans la mélancolie. Freud précise que sa théorie ne rend pas compte de tous les tableaux cliniques rencontrés, mais traite essentiellement des formes de mélancolie survenues en réaction à un événement. Le déroulement de ces mélancolies, nous dit-il, est comparable à celui du deuil. Il ajoute que « les causes déclenchantes de la mélancolie débordent en général le cas bien clair de la perte due à la mort et englobent toutes les situations où l'on subit un préjudice, une humiliation, une déception », comme dans l'histoire de Ghislain par exemple.

Dans le cas du deuil comme dans celui de la mélancolie, il s'agit d'une réaction à la perte d'une personne aimée, ou d'une abstraction telle que la patrie, la liberté, un idéal ou la fortune. Cette réaction se caractérise par une douleur profonde, une perte d'intérêt pour le monde extérieur, une impossibilité à investir de nouveaux centres d'intérêt, l'absence de toute activité qui n'aurait pas pour centre principal la perte qu'on a subie et ce qui lui est lié. La personne en deuil a besoin de conserver l'illusion que ce qu'elle a aimé n'a pas disparu. Dans un deuil normal, cet état est transitoire car la réalité vient sans cesse confirmer l'absence et aide à prendre conscience de la perte définitive. L'énergie du sujet se libère progressivement et se déplacera sur de nouveaux centres d'intérêt. Ainsi une personne endeuillée ou abandonnée pourra, une fois passée la période douloureuse associée à la perte, recréer de nouveaux liens affectifs. C'est ce que l'on appelle le « travail » du deuil.

Inversement, dans la mélancolie, cette énergie libérée ne s'investit pas sur de nouvelles personnes mais se retire et se « barricade » à l'intérieur du sujet. Ce dernier « s'identifie » à ce qu'il a perdu en prenant sa place en quelque sorte. C'est un peu comme si ce qui a été perdu restait à l'intérieur de soi. Cela fait dire à Freud que « la perte de l'être aimé s'est transformée en perte de soi ». L'épisode mélancolique s'apparente en quelque sorte à un travail de deuil « raté » et inabouti.

Freud explique ce processus avant tout par le caractère inconscient de la perte : « La perte qui occasionne la mélancolie est connue du malade, celui-ci sachant sans doute *qui* il a perdu mais non *ce* qu'il a perdu dans cette personne […]. La perte de l'objet est soustraite à la conscience, à la différence du deuil dans lequel rien de ce qui concerne la personne n'est inconscient[9]. » En raison du caractère inconscient de ce qu'il a perdu, le mélancolique a beaucoup de mal à se résigner à cette perte, d'autant qu'elle ne lui est jamais confirmée dans la réalité puisqu'elle n'est pas représentable.

L'autre caractéristique de l'état mélancolique (inexistante dans le deuil normal) est la diminution du sentiment d'estime de soi. Le malade se décrit comme inutile, sans valeur, incapable, condamnable, et plaint son entourage d'avoir à le supporter. En fait, nous dit Freud, ces reproches sont adressés à l'être qu'il a perdu. Mais celui-ci étant confondu avec le moi du sujet, les reproches deviennent des autoreproches. Ce mécanisme explique l'apparition des sentiments de dévalorisation, d'autoaccusation, voire d'un délire. La culpabilité exprimée par le mélancolique naît de l'écart ressenti entre une personne dévalorisée, haïe, et un idéal qui demeure très élevé. Les plaintes sont telles qu'elles peuvent conduire à un retournement des pulsions agressives contre soi-même, allant jusqu'au suicide.

En se basant sur ces différents processus psychiques, Freud élabore deux hypothèses susceptibles, selon lui, d'expliquer la survenue d'un épisode mélancolique lors d'une « perte » :

— L'existence chez le sujet d'une « fixation » importante à la période narcissique de la petite enfance, qui l'amène à choisir des amours en relation avec sa propre personne. Ce trait de personnalité expliquerait sa tendance à *se confondre avec l'image d'autrui*, et à se déprimer gravement sur le mode mélancolique lors de la perte de son amour ;

— Une forte *ambivalence*, c'est-à-dire un combat entre haine et amour à l'égard des personnes aimées. On peut dire que de tout temps, chez le sujet mélancolique, les objets d'amour ont suscité des sentiments contradictoires, à la fois positifs et négatifs. Ce sont les sentiments de haine, demeurés inconscients, qui se projettent sur l'image de soi au cours de l'accès dépressif.

En ce qui concerne l'état maniaque, Freud décrit essentiellement la transformation d'un sentiment en son contraire : « La particularité la plus singulière de la mélancolie [...] c'est sa tendance à se renverser dans l'état dont les symptômes sont l'opposé, la manie [10]. » Cet état maniaque est en fait une défense contre la dépression, c'est-à-dire un moyen utilisé par le malade pour lutter contre la perte de ce qu'il a aimé.

En reprenant les termes très imagés de Freud, nous assistons au cours de l'accès dépressif à une « hémorragie interne », tandis que l'accès maniaque se traduit par une « excitation débordante » conduisant le sujet à se sentir libéré sans aucune limite, et nanti de tous les pouvoirs. Cette libération est néanmoins illusoire car il s'agit d'un mécanisme de défense visant à nier la réalité. *La manie est en quelque sorte le négatif de la mélancolie.* Le patient récupère sa toute-puissance narcissique infantile et se libère des exigences sociales. Le malade éprouve alors un sentiment de plénitude et de libération totales, parfaitement décrit par Freud sous le vocable de « triomphe maniaque ».

Karl Abraham – Les états maniaco-dépressifs (1924)

Élève et disciple de Freud, Karl Abraham a fortement contribué à développer la connaissance clinique des états maniaco-dépressifs et la théorie psychanalytique qui s'y rattache. Une longue correspondance entre les deux hommes permet d'en suivre les avancées. Leurs considérations sur le processus du deuil sont en tout point comparables, mais Abraham approfondit la théorie de Freud en décrivant d'autres caractéristiques de la vie mentale du malade maniaco-dépressif.

Abraham va plus loin que Freud puisqu'il relie le désir et la libido de l'enfant à une étape plus ancienne (on dit plus archaïque) de son développement. Cette énergie est fixée de façon privilégiée à l'étape orale du développement*, où tout le plaisir passe par la sphère buccale. Cette fixation expliquerait le processus conduisant le malade à mettre l'objet perdu à l'intérieur de soi, à l'assimiler, voire à le « dévorer ».

Abraham développe aussi la notion de déception amoureuse de l'enfant à l'égard sa mère. Celle-ci, en choisissant le père, ferait vivre à l'enfant une situation d'abandon et de perte qui sera caractérisée par la répétition de cette déception au cours de la vie ultérieure du sujet.

Mélanie Klein – Contribution à l'étude de la psychogenèse des états maniaco-dépressifs (1934) [11]

Mélanie Klein souligne également les trois éléments qui caractérisent les sujets maniaco-dépressifs : oralité, narcissisme et ambivalence. Elle développera largement le concept de l'*ambivalence*. Selon elle, il existe chez le nourrisson, dès les premiers mois de la vie, une organisation immature exposée à l'angoisse et coexistant avec des scénarios inconscients, qui se révèlent destructeurs ou réparateurs. Ces deux types d'activité mentale précoce dépendent des expériences vécues par le bébé.

Les expériences heureuses de satisfaction des besoins et d'apaisement des tensions renforcent les vécus rassurants. Au contraire, les

* La théorie psychogénétique du développement décrit chronologiquement chez l'enfant la phase orale, la phase anale, la phase phallique, la triangulation œdipienne puis la phase de latence.

expériences de frustration renforcent les fantasmes d'agression. Le nourrisson se sent menacé ou détruit par l'extérieur, qui devient le lieu de la projection de sa propre agressivité.

Peu à peu, vers le milieu de sa première année, l'enfant a consolidé son organisation et maîtrise mieux cette ambivalence fondamentale, surtout s'il vit des expériences heureuses et gratifiantes. Il affaiblit ses mécanismes de projection et accepte que ce qui est mauvais puisse se trouver en lui. Il admet ainsi être la source des pensées agressives à l'égard de l'extérieur (sa mère par exemple). Mais dans le même temps, l'enfant redoute que sa propre agressivité ne puisse anéantir ce et ceux qu'il aime. Il va donc s'employer à restaurer ces mécanismes afin de devenir « bon » de manière prédominante à l'intérieur de lui-même.

Cette construction théorique est complexe, mais rend compte d'une étape primordiale : celle de l'évolution de l'ambivalence dans le développement de l'être. Les avatars ou l'échec de cette évolution entraîneront une vulnérabilité dépressive qui, selon Mélanie Klein, est susceptible de favoriser l'apparition de la maladie dépressive.

6

Maladie maniaco-dépressive : folie ou génie ?

> « Les Hommes m'ont appelé fou, mais la science ne nous a pas appris si la folie est ou n'est pas le sublime de l'intelligence, si tout ce qui est profondeur ne vient pas d'une maladie de la pensée... Ceux qui rêvent éveillés ont connaissance de mille choses, qui échappent à ceux qui ne rêvent qu'endormis. »
>
> Edgar Allan POE, *Eleonora*

De la mélancolie au génie

Dans l'avant-propos de l'édition française de *Saturne et la Mélancolie*, R. Klibansky se demande : « Est-il beaucoup de termes, dans l'histoire de la pensée, dont l'ambivalence égale celle du simple mot "mélancolie" ? Dès ses antécédents grecs, ce terme a effectivement exprimé à la fois un état anormal ou maladif, un tempérament, et le tempérament des hommes marqués par la grandeur [1]. »

Et Montaigne de confier dans les *Essais* : « C'est une humeur mélancolique et une humeur par conséquent très ennemie de ma complexion naturelle produite par le chagrin de la solitude dans laquelle je m'étais jeté qui m'a mis premièrement en tête cette rêverie de me mêler d'écrire. »

Les causes et les conséquences de la mélancolie et de la manie ont toujours passionné les philosophes, les médecins et les psychiatres. Aristote s'interrogeait déjà sur les relations entre le génie (la créativité), la manie (la « folie ») et la mélancolie. Il notait : « Pour quelle raison tous ceux qui ont été des hommes d'exception, en ce qui regarde la philosophie, la science de l'État, la poésie ou les arts, sont-ils manifestement mélancoliques, et certains au point même d'être saisis par des maux dont la bile noire est l'origine, comme ce que racontent, parmi les récits concernant les héros, ceux qui sont consacrés à Héraclès ? En effet ce dernier paraît bien avoir relevé de ce naturel [...] Et bien d'autres héros ont, de toute évidence, souffert des mêmes affections que ceux-là. Parmi les personnages plus récents, Empédocle, Platon et Socrate, et beaucoup d'autres parmi les gens illustres. Il faut ajouter la plupart de ceux qui se sont consacrés à la poésie [2]. »

Les successeurs d'Aristote ont eux aussi remarqué que les mélancoliques étaient parfois extrêmement créatifs. Ces observations ont été confirmées au fil des siècles par le fait que de nombreux mélancoliques étaient (et sont...) inventifs et talentueux une fois passé l'accès de dépression et parfois pendant l'état dépressif.

Le psychiatre Esquirol écrivait en 1820 : « Les *malades mélancoliques* associent les idées les plus disparates, les plus bizarres... [...] Ils sont très propres à la culture des arts et des sciences ; ils ont peu de mémoire, mais leurs idées sont fortes, leurs conceptions vastes ; ils sont capables de profondes méditations [...] Ces individus sont essentiellement disposés à la lypémanie : ce qui a fait dire à Aristote que les hommes de génie, les grands législateurs sont ordinairement mélancoliques [3]. »

Rétrospectivement, il est difficile, voire impossible, de ne pas commettre d'erreurs sur les pathologies dont ont souffert certaines personnes citées par Esquirol. On pense actuellement que le mathématicien Blaise Pascal (1623-1662) aurait souffert de phobies, le philosophe Jean-Jacques Rousseau (1712-1778) de paranoïa, et le dramaturge Vittorio Alfieri (1749-1803) d'hallucinations visuelles et auditives. Le poète Thomas Chatterton (1752-1770) s'est suicidé... Cela signifie-t-il que tous les hommes d'exception, pour reprendre la formule d'Aristote, auraient un tempérament mélancolique ou seraient maniaco-dépressifs ou atteints de maladies mentales ou de souffrance psychique ? Évidemment non. K. R. Jamison remarque cependant : « Différentes études ont montré que les patients maniaco-dépressifs et leurs proches sont plus créatifs que la moyenne et réussissent mieux dans leurs études. Une vingtaine de travaux, au bas mot, ont également montré que les individus très créatifs sont plus susceptibles que la moyenne de la population de souffrir de dépression ou de trouble maniaco-dépressif. Soyons clairs : il n'est pas indispensable d'être atteint de troubles de l'humeur pour accomplir une œuvre de génie, et la plupart des maniaco-dépressifs ne sont pas particulièrement au-dessus du lot. Mais le fait est que les individus doués de créativité sont plus souvent atteints par ce type d'affections que la moyenne[4]. »

Il est vrai que beaucoup de créateurs, d'artistes, de savants ou d'hommes politiques étaient – ou sont – atteints de troubles de l'humeur plus ou moins graves. Mais le talent peut heureusement se manifester sans souffrance. Le génie n'est pas forcément lié à une pathologie mentale ou à la maniaco-dépression, qui est susceptible d'apparaître chez tous les individus, brillants ou non.

Cette maladie peut pourtant favoriser l'expression d'un don, à condition que le maniaco-dépressif le possède déjà : « Lorsqu'il [le don] se rencontre chez un individu d'un tel dynamisme, il peut s'exprimer de façon extraordinaire[5] », souligne Ronald Fieve.

Jean Cocteau a évoqué de façon pertinente la motivation de l'artiste et du créateur : « L'Homme est un infirme, prisonnier de ses dimensions. [...] Notre prison n'a que trois murs et c'est contre le quatrième mur que le prisonnier s'acharne, sur ce quatrième mur invisible qu'il écrit ses amours et ses rêves. Tout est prison dans cette affaire et l'artiste est lui-même incapable d'en sortir sauf par des œuvres qui prétendent échapper au bagne que nous sommes. Soit dans la malchance, soit dans la chance, un Van Gogh, un Picasso s'acharnent contre leur prison et contre eux-mêmes, écrivent avec un clou et leur propre sang, tordent les barreaux du soupirail par lequel ils s'imaginent entrevoir une liberté factice qui n'est qu'un songe, puisque les murs qui les enferment se succèdent à l'infini[6]. »

L'islam a contribué à diffuser les héritages scientifiques et philosophiques de la Grèce, de Rome et de Byzance. Ces connaissances se sont enrichies de l'apport hindou, syriaque, persan et même chinois, puisque le message du Coran s'est répandu sur un vaste territoire allant de la Chine à l'océan Atlantique. Le Coran fait référence maintes fois au malade mental, il s'agit du *Majnoun* (le « fou »). La notion de folie est associée à celle de magie, de poésie, voire de transcendance, et prend par conséquent une connotation esthétique, voire positive, qui aurait flatté les conceptions antipsychiatriques des années 1960. Ainsi la folie était-elle parfois abordée sous l'angle du comportement du sujet qui a osé être innocent, original, et créatif.

Au Moyen Âge, la mélancolie était considérée comme un péché d'acédie, c'est-à-dire d'éloignement de Dieu. Mais la Renaissance a totalement modifié cette approche en voyant dans la mélancolie (appelée « peste de l'âme ») le signe du génie créateur.

L'époque du romantisme a accentué cette perception, comme le soulignait Esquirol. Faut-il nécessairement souffrir psychiquement pour parvenir à créer ? Existe-t-il de mystérieuses passerelles entre la folie (au sens large) et le génie ? Pour certains, il s'agit d'un mythe. Pour d'autres, les liens sont évidents. En effet, devant le nombre important de créateurs (contemporains ou non) atteints de différents troubles de l'humeur, on ne peut plus douter de la réalité de certaines relations entre la souffrance psychologique, la maladie mentale et la production artistique ou scientifique.

Mais ce passage menant de la souffrance à la créativité reste à explorer. Il contient l'histoire personnelle et la richesse intérieure de l'individu, ses ressources, ses faiblesses et ses forces. La « folie » comme le génie nous confrontent à l'étrangeté et à la complexité de l'être humain.

La créativité et les troubles bipolaires

Les relations entre la créativité et les périodes d'hypomanie (manie modérée) sont connues depuis longtemps. Au XIXe siècle, le psychiatre J. Moreau de Tours remarquait :

« L'excitation maniaque prédispose éminemment les facultés de l'esprit à une association d'idées imprévue et à un rapprochement singulier qui frappent l'attention, éveillent fortement les passions [7]. » Mais la créativité ne correspond pas toujours, loin de là, à une pathologie liée à la maniaco-dépression. Une majorité d'artistes, d'écrivains et de scientifiques (non maniaco-dépressifs) décrivent des périodes de création intense durant lesquelles ils travaillent beaucoup et dorment peu sans éprouver de fatigue. Leurs idées sont fluides, rapides et cohérentes, ils résolvent facilement les problèmes, trouvent les phrases ou les formules adéquates... L'inspiration leur procure des sensations de bien-être, d'harmonie, d'euphorie et d'expansivité leur permettant de s'investir totalement dans la création. Cet état émotionnel si particulier de créativité débridée ressemble donc à l'hypomanie sans s'intégrer dans le cadre d'une maniaco-dépression.

Le peintre Matisse n'était pas maniaco-dépressif et s'étonnait de ces moments « où il ne s'appartenait plus à lui-même, complètement différent de sa personnalité au quotidien ».

Georges Simenon, considéré comme l'écrivain le plus fécond depuis Balzac (avec plusieurs dizaines d'ouvrages parus sous 17 pseudonymes différents et 220 romans), pouvait écrire un roman en une semaine : « Je suis passé peu à peu de 12 jours à 11, à 10, à 9. Or voilà que pour la première fois j'en arrivais au chiffre 7, qui va devenir comme le moule définitif dans lequel seront désormais coulés mes romans. »

Les similitudes avec l'hypomanie s'arrêtent là, puisque les maniaco-dépressifs traversant des phases d'hypomanie risquent souvent de connaître ensuite des accès de manie ou de mélancolie. Dans ces cas, la cohérence des idées, l'énergie vitale et intellectuelle sont momentanément abolies. La manie grave empêche l'acte créateur authentique et abouti, tandis que la mélancolie annihile la pensée en la figeant et épuise les ressources physiques. Il est donc essentiel de différencier l'hypomanie autorisant et favorisant la création, et la manie menant à la désorganisation psychique. La première est productive, la seconde stérile.

Il n'existe aucun doute sur les accès de dépression du poète Chrétien de Troyes, de Montaigne, de Molière, de Voltaire et de Chopin, ce qui ne signifie pas qu'ils aient été nécessairement maniaco-dépressifs. De même que nous savons avec certitude que les poètes George Byron et Gérard de Nerval, les compositeurs Georg Haendel, Gioacchino Rossini et Robert Schumann, les écrivains Honoré de Balzac, Virginia Woolf, Graham Greene et Ernest Hemingway souffraient de maladie maniaco-dépressive. Ernest Hemingway s'est suicidé, ainsi que sa petite-fille Margaux, accréditant pour une part la théorie d'une incidence familiale de la dépression.

C'était également le cas des présidents américains Abraham Lincoln, Theodore Roosevelt, et de Winston Churchill. Le pianiste Sergueï Rachmaninov, les écrivains Cesare Pavese et Eugene O'Neill ont probablement souffert de troubles de l'humeur. Haendel a composé son oratorio *Le Messie* en six semaines, Rossini a créé *Le Barbier de Séville* en treize jours, et Balzac a écrit *La Cousine Bette* en moins de six semaines. Cela confirme qu'un certain nombre de maniaco-dépressifs sont plus créatifs que la moyenne. Une étude menée par Nancy Andreasen chez trente écrivains américains plus ou moins connus comparés à un groupe témoin de même niveau social a montré que, parmi les écrivains, le pourcentage de troubles bipolaires était très élevé (80 %). La plupart du temps, ces troubles restaient modérés mais imposaient pourtant un traitement médicamenteux. 13 % des auteurs souffraient de troubles sévères. D'autre part, chez les écrivains bipolaires, les parents du premier degré présentaient souvent des troubles de l'humeur identiques. Fait remarquable, ces parents étaient également plus créatifs que la moyenne, quel que soit leur domaine de prédilection.

Karin et Hagop Akiskal ont mené une étude sur vingt écrivains, poètes, peintres et sculpteurs européens [8]. Deux tiers d'entre eux étaient cyclothymiques ou traversaient des phases d'hypomanie, et la moitié avaient eu au moins une dépression grave. Le tempérament hyperthymique, c'est-à-dire un état d'expansivité permanente de l'humeur, semble, d'après une autre étude de ces deux auteurs, souvent lié à la créativité, surtout chez les musiciens de jazz et de blues.

Dans un autre travail, K. R. Jamison [9] a observé quarante-sept artistes anglais célèbres (dramaturges, poètes, romanciers, biographes, peintres et sculpteurs), pendant trente-six mois. La plupart d'entre eux souffraient de troubles de l'humeur et avaient des antécédents familiaux de tels troubles. 38 % d'entre eux (en particulier les dramaturges et les poètes) avaient déjà été soignés, principalement pour des dépressions graves. Un tiers de ces personnes reconnaissaient l'existence de fortes oscillations de leur humeur, et un quart – surtout les poètes et les écrivains – décrivaient des phases d'exaltation.

Globalement, la majorité de ces artistes devenaient beaucoup plus créatifs au cours de périodes d'hyperactivité intellectuelle et physique. Cette effervescence durait quelques jours ou quelques semaines.

Les modifications de leur humeur et de leur comportement étaient très proches de l'hypomanie. Parmi les artistes atteints de troubles bipolaires, il s'agissait d'hypomanie vraie. Pour les autres, cela correspondait à une hypomanie ponctuelle. Les saisons jouaient aussi un rôle, car les capacités de création augmentaient à la fin du printemps et au début de l'automne.

Enfin, il faut souligner que la créativité ne concerne pas seulement le domaine artistique, mais peut aussi s'exercer dans d'autres domaines professionnels. De nombreux maniaco-dépressifs qui ne possèdent pas de dons artistiques particuliers deviennent aussi, en phase d'hypomanie, très brillants et débordants d'idées.

Célébrités et folie

Les suicides sont plus fréquents chez les personnes créatives que dans la population générale : « La plupart du temps, la dépression et le trouble maniaco-dépressif, ou encore l'alcoolisme associé à un trouble de l'humeur, sont en cause. [...] Le suicide fait beaucoup de victimes chez les artistes, écrivains, scientifiques, mathématiciens et autres personnalités prestigieuses. Une série d'études menées aux États-Unis, en Grande-Bretagne, en Europe et en Asie a porté sur le nombre de suicides dans ces groupes sociaux particuliers. Les chercheurs ont constaté que le taux de suicides chez les scientifiques de premier plan, les compositeurs et les hommes d'affaires les plus éminents était cinq fois plus important que dans l'ensemble de la population ; le taux de suicides chez les écrivains, en particulier les poètes, était encore nettement plus élevé », écrit K. R. Jamison dans *La tentation du néant*[10]. Comme le remarquait déjà Aristote, les poètes sont souvent mélancoliques. Parmi cinquante poètes suivis pendant vingt-cinq ans, 26 % souffraient de dépression grave ou de troubles bipolaires. Le nombre de suicides était six fois plus élevé que dans la population générale.

Il serait impossible de citer tous les hommes et femmes de talent qui se sont suicidés. Ce fut le cas du peintre Vincent Van Gogh, des écrivains Jack London, Stephan Zweig, Ernest Hemingway, Henry de Montherlant, et de Bruno Bettelheim. De nombreux artistes et écrivains ont fait des tentatives de suicide : Edgar Allan Poe, Charles Baudelaire, Paul Gauguin, Guy de Maupassant, Joseph Conrad, Maxime Gorki, F. Scott Fitzgerald, Hermann Hesse, Graham Greene, Charly Parker...

Le peintre norvégien Edvard Munch disait à propos de son célèbre tableau *Le Cri*, (1894), qui représente un homme hurlant, les mains plaquées contre les oreilles : « Un soir, je marchais suivant un chemin. J'étais fatigué, malade. Le soleil se couchait. Les nuages étaient teintés de rouge comme du sang. J'ai peint ce tableau, peint les nuages comme du véritable sang. Les couleurs hurlaient. » Puis il ajoute : « La maladie, la folie et la mort sont des anges noirs qui ont veillé sur mon berceau à ma naissance. » Munch a perdu sa mère à l'âge de cinq ans, puis sa sœur à l'âge de quatorze ans. Il est devenu peintre à dix-sept ans. Cet homme profondément mélancolique perçoit l'existence et la condition humaine comme tragiques. Ses nombreux tableaux (dont 400 autoportraits) reflètent tous sa vision pessimiste de l'être humain et du monde.

Beaucoup de créateurs ont eu des vies mouvementées, reflets des impulsions irrépressibles provoquées par la maniaco-dépression, ou la souffrance psychique. Leur enfance a parfois été difficile ou marquée par de dures épreuves (perte précoce d'un parent, maltraitance psychologique, etc.) Beaucoup ont eu des proches parents maniaco-dépressifs, psychotiques, ou qui se sont suicidés. Certains consommaient des drogues (opium, haschich), ou de l'alcool. Leurs œuvres sont souvent le miroir de leurs humeurs. En lisant leurs biographies, on comprend mieux comment certains événements les ont poussés à créer telle ou telle œuvre. Craintes, obsessions et souffrance y transparaissent, tout comme l'euphorie et l'enthousiasme. Le pessimisme et l'angoisse se confrontent sans cesse à l'autre facette de leur âme, beaucoup plus joyeuse, forte et confiante. La plupart ont combattu les valeurs ou les orientations politiques de leur époque. L'originalité de leur pensée et de leur mode d'existence était généralement mal acceptée, par leur famille ou par la société. En Angleterre, on surnommait « poètes maudits » les Romantiques dont l'attitude rebelle déplaisait aux conservateurs : George Byron, Percy B. Shelley, John Keats, Mary Shelley... Tous les poètes ont longuement décrit les fluctuations de leur humeur. Chacun à leur manière, les écrivains, peintres, compositeurs, etc., ont fait la même chose. Mais cette transposition d'une souffrance intime n'explique pas les causes de leur génie...

Entre autres ouvrages, Mary Shelley a écrit *Frankenstein ou le Prométhée moderne*, Herman Melville *Moby Dick*, et Robert Louis Stevenson *L'Étrange Cas du Dr Jekyll et de Mr Hyde*. Est-ce un hasard si ces livres illustrent la lutte entre le bien et le mal ?

La vie de ces créateurs se lit comme un roman. La créativité, la souffrance, l'instabilité, les voyages, les passions... sont souvent des dénominateurs communs à leur existence mouvementée. La souffrance par laquelle certains d'entre eux sont passés confirme ce qu'en a écrit Antonin Artaud : « Nul n'a jamais écrit ou peint, sculpté, modelé, construit, inventé, que pour sortir de l'enfer. »

Essayons de nous pencher sur certains d'entre eux [11].

Honoré de Balzac (Tours, 1799 – Paris, 1850).

Inventeur du roman moderne, Balzac a écrit environ 120 en vingt ans et publié 2 ou 3 romans par an, ce qui fait de lui l'un des auteurs les plus prolifiques. *La Comédie humaine*, superbe fresque sociologique, regroupe à elle seule 91 titres et compte plus de 2 000 personnages. Son père, Bernard François Balssa, fonctionnaire, épouse à cinquante et un ans une jeune fille de dix-neuf ans. Leur union malheureuse inspirera plus tard à Balzac les thèmes de nombreux livres racontant les souffrances de femmes mal mariées et les difficultés de la vie conjugale (*La Physiologie du mariage*, *Scènes de la vie privée*, *La Femme de trente ans*...).

Sa mère est dépressive et solitaire. Elle déteste son fils, le met en nourrice puis l'envoie en pension au collège de Vendôme de huit à quatorze ans. Balzac et ses deux sœurs cadettes (Laure, née en 1800, et Laurence, née en 1802) gardent peu de souvenirs heureux de leur enfance. Le père a un enfant adultérin et la famille quitte la Touraine pour Paris en 1815. Après cinq ans de droit, Balzac refuse de devenir notaire et décide d'écrire, ce qui équivaut à rompre avec sa famille et la bourgeoisie. Il s'installe à vingt ans dans une chambre misérable de la rue Lesdiguières. *Cromwell* (une tragédie) est un échec, et pour gagner sa vie Balzac rédige de brefs romans satiriques et anti-romantiques signés d'un pseudonyme « noble » : Horace de Saint-Aubin, lord R'Hoone... (clin d'œil ironique à lord Byron ?) Il devient l'amant de Laure de Berny, qui a vingt-deux ans de plus que lui et qui le soutiendra moralement et financièrement jusqu'à ce qu'elle décède, en 1836. Elle lui sert de modèle pour *Le Lys dans la vallée* (1836) et *Illusions perdues* (1837-1843) où des femmes mûres, blessées par la vie, sont les maîtresses et initiatrices de jeunes gens encore naïfs. En 1825, Balzac a l'immense chagrin de perdre sa sœur Laurence, quittée par son mari après quelques années d'une vie de couple désastreuse. Il signe alors *Scènes de la vie privée* sous son pseudonyme définitif, largement emprunté au nom de son père.

Avide de pouvoir et d'argent, Balzac fait d'abord faillite en 1828 dans l'imprimerie, puis dans la fonderie. Toujours criblé de dettes car il dépense sans compter, il ne cessera de se lancer dans des projets insensés... et ruineux, comme la culture d'ananas en région parisienne, ou la réouverture en Sardaigne de mines d'argent abandonnées depuis l'Antiquité. Une fois la gloire venue, à partir de 1830, il continuera à mener une existence épuisante, combinant le journalisme (il invente le roman-feuilleton mais crée sans succès plusieurs journaux), son métier d'écrivain et ses velléités de « trouvailles » industrielles. Balzac court sans arrêt après le temps, l'argent et la reconnaissance. Il ignore le repos. Durant des semaines, il travaille dix-huit heures par jour en buvant plusieurs litres de café noir, alterne le trop-plein de travail et le trop-plein de plaisir, passe de l'ascétisme de l'écriture (ses journées ont alors des horaires stricts) à la fréquentation du Tout-Paris et de l'aristocratie. Il aime le luxe, l'extravagance, et s'habille comme un dandy. Il mange à peine lorsqu'il écrit mais dévore une fois son livre terminé, perdant puis regagnant dix kilos en quelques jours. Victime d'un premier accès maniaque en juin 1832, il en fera un livre, *Louis Lambert*, dans lequel un intellectuel exalté meurt fou. Balzac rédige toujours très vite et met au point avec *Le Père Goriot* (1834-1835) ce qu'il appelle une idée « géniale » en faisant réapparaître les mêmes personnages dans plusieurs romans. Cette idée novatrice représente la trame de *La Comédie humaine*. Commencée en 1841 et demeurée inachevée, elle devait compter au départ 137 romans.

Balzac entame en 1832 une liaison passionnée avec la comtesse polonaise Ève Hanska (une femme mariée vivant en Ukraine), qu'il rejoint à Genève en 1834 puis à Vienne en 1835. Un an plus tard il a une attaque après la rédaction du *Lys dans la vallée*, et apprend avec tristesse la mort de Laure de Berny. Le mari d'Ève Hanska meurt en 1841. Menacé de saisie par ses créanciers, Balzac part la retrouver à Saint-Pétersbourg en 1843. De retour à Paris, il reprend son rythme de vie effréné. Ève Hanska et Balzac voyagent beaucoup à travers l'Europe. En 1846, Ève Hanska (alors âgée de quarante-cinq ans) accouche d'un enfant mort-né, Victor-Honoré. Balzac est inconsolable et sombre dans la dépression. Il achète ensuite à Paris un hôtel particulier situé… rue Fortunée (actuelle rue Balzac), se ruine à l'installer et à le décorer puis passe les deux dernières années de sa vie entre la France et l'Ukraine, où il épouse Ève Hanska le 14 mars 1850. Balzac est épuisé par ses accès de manie et incapable d'écrire. Il rentre fin juin à Paris avec sa femme et y meurt le 18 août.

Balzac est un idéaliste lucide et un visionnaire. Il sait par expérience que la douleur influence la conscience : par exemple *La Recherche de l'absolu* (1834) raconte la quête d'un fou génial confronté à la dureté du monde. Entre 1837 et sa mort, il écrit plus de 23 livres (dont *La Cousine Bette*, 1846). Les sombres romans de la fin de son existence reflètent le versant mélancolique de sa personnalité : *Les Mémoires de deux jeunes mariés*, *César Birotteau*, *Splendeurs et misères des courtisanes*, *Une ténébreuse affaire*, *Le Cousin Pons*...

C'est Victor Hugo qui prononce l'éloge funèbre de Balzac au Père-Lachaise. Dans *Choses vues*, Hugo raconte l'échange qu'il eut à cette occasion avec le ministre de l'Intérieur : « Il me dit : "C'était un homme distingué." Je lui dis : "C'était un génie." »

Gérard de Nerval (Paris, 1808 – id., 1855)

Fils de médecin, Nerval perd sa mère à deux ans, est élevé par son grand-oncle à Mortefontaine (Valois) et devient externe à Paris au lycée Charlemagne où il se lie avec Théophile Gautier. Nerval aime la littérature allemande et traduit le *Faust* de Goethe à vingt ans. Il hérite en 1834 d'une forte somme d'argent, abandonne ses études de médecine, part en Italie puis fréquente la bohème littéraire parisienne jusqu'en 1838.

L'actrice Jenny Colon, rencontrée en 1836, le quitte deux ans plus tard. Nerval avait dilapidé son héritage en créant pour elle *Le Monde dramatique*, une revue destinée à louer ses talents de comédienne. La fin brutale de cette passion le fait beaucoup souffrir. Pour essayer d'oublier sa douleur, il voyage jusqu'en 1840 en Allemagne, en Belgique et en Autriche, où il fait la connaissance de Franz Liszt.

Nerval boit trop d'absinthe (la célèbre « fée verte », qui provoquait une altération des sens et une aliénation mentale). Il présente un premier accès de délire en 1841 et est hospitalisé dans la clinique du docteur Blanche dont une rue du 16e arrondissement de Paris porte aujourd'hui le nom.

Il vagabonde ensuite pendant un an à travers l'Angleterre, l'Europe centrale, l'Égypte et l'Orient, où il apprend la mort de Jenny Colon. Cette nouvelle le terrasse et ses crises sont de plus en plus intenses. Nerval est interné plusieurs fois entre 1849 et 1852. Il fait de son amour perdu l'héroïne absolue, la femme parfaite et une déesse mythique dont l'image hante ses poèmes et ses livres : *Chimères*, *Les Illuminés*, *Sylvie*, *Les Filles du feu*, *Voyage en Orient*... Nerval s'intéresse aux doctrines secrètes, au mysticisme et à l'histoire des religions. Son obsession pour Jenny Colon transparaît aussi dans *Aurélia ou le Rêve et la Vie* (1855), rédigé pendant son dernier internement. Il y décrit ses crises et retrouve en rêve Jenny Colon. Le livre commence par « Le rêve est une seconde vie ».

Pour Nerval, dans le rêve, « le moi, sous une autre forme, y continue l'œuvre de l'existence » et « établit une communication avec le monde des esprits ». En 1854, il part en Allemagne puis vit à Paris dans la solitude et la misère. Il se pend au cours d'une nuit d'hiver à une grille de la rue de la Vieille-Lanterne, près du Châtelet.

Nerval composa dans la maison du docteur Blanche certaines de ses plus belles œuvres. La mort du poète fut un des plus grands échecs du docteur Blanche chez lequel se sont succédé, outre Nerval, Maupassant et Gounod [12].

Charles Baudelaire (Paris, 1821 – id., 1867)

Ce chrétien torturé était conscient d'être « double ». Idéaliste et créatif, il était également attiré par le satanisme et la destruction morbide. Ces deux versants de sa personnalité ne pouvaient coexister que dans la souffrance et la passion. Son père, un prêtre sécularisé à la Révolution, a soixante-deux ans à la naissance de Baudelaire et meurt quand l'enfant a six ans. Baudelaire est traumatisé par le remariage de sa mère, un an après son veuvage, avec le futur général Aupick. Il ne le lui pardonnera jamais. Son enfance et son adolescence sont malheureuses. S'entendant mal avec son beau-père qui ne le comprend pas, brouillé avec sa mère, Baudelaire refuse de faire son droit et choisit à vingt ans la vie de bohème du Quartier latin. Il part pendant dix mois à l'île Maurice puis à la Réunion, hérite de son père à sa majorité, vit en dandy et dépense sans compter une partie de son héritage. En 1843, sa liaison avec l'Antillaise Jeanne Duval, à laquelle il restera très attaché, le rend syphilitique. Son mode d'existence déplaît à sa famille, qui le fait placer sous tutelle en 1844. Privé de son héritage, Baudelaire souffre énormément de devenir mineur à vie au plan légal. Les relations familiales s'enveniment davantage. Ces conflits douloureux, ajoutés à ses difficultés matérielles et à ses problèmes de santé, le font sombrer dans la dépression : il tente de se suicider en 1845. Il participe en amateur à la révolution de février 1848. Baudelaire se replie sur lui-même, boit beaucoup et consomme du haschich. Il traduit Edgar Poe qu'il admire. En 1857, la parution du recueil de poèmes *Les Fleurs du mal* se solde par un procès le condamnant pour immoralité. La plupart de ses poèmes sont censurés. Le général Aupick meurt la même année. Baudelaire essaie en vain de renouer avec sa mère, alternant les déclarations d'amour désespérées et les insultes. Il écrit *Les Paradis artificiels* (1860), s'installe en Belgique en 1864 et publie *Le Spleen de Paris*. Devenu hémiplégique à la suite d'une chute, il meurt de paralysie générale* à quarante-six ans après avoir demandé les derniers sacrements.

Vincent Van Gogh (Groot-Zundert, Hollande, 1853 – Auvers-sur-Oise, 1890)

« Je vois clairement luire une lumière dans le lointain, et si, de temps en temps, cette lumière disparaît, c'est le plus souvent de ma faute [...]. Je n'ai jamais confondu mes faits et gestes désespérés, mes peines et mes tourments avec moi-même [...]. Avec la maladie mentale que j'ai, je me dis que cela n'est pas un empêchement pour exercer l'art de la peinture comme si de rien n'était [...]. Je laboure comme un vrai possédé, j'ai une fureur sourde de travail plus que jamais. Et je crois que ça contribuera à me guérir [13]. »

Vincent Van Gogh

Van Gogh a réalisé en l'espace de dix ans une œuvre colossale (commencée à vingt-six ans), avec plus de 800 tableaux, dessins et croquis. Il est pourtant resté totalement méconnu (pour ne pas dire dédaigné) de son vivant et n'a jamais vendu un tableau plus de 100 francs. Son frère Théo, de quatre ans son cadet, lui versait une petite rente. Tous deux ont correspondu régulièrement jusqu'à la mort de Vincent, et Théo a soutenu son frère avec une remarquable fidélité. Beaucoup de gens voient en Van Gogh l'archétype du génie « fou » et maudit, mais cette opinion est actuellement remise en question [14]. En effet, en dehors de son abus de l'absinthe (qui faisait des ravages chez bon nombre de ses contemporains), Van Gogh était atteint d'une épilepsie temporale pouvant expliquer en partie ses crises d'angoisse et de comportements extravagants – dont il ne gardait aucun souvenir. Il souffrait également de porphyrie (maladie sanguine héréditaire provoquant des crises nerveuses), et du vertige de Ménière. Il est né surtout dans une famille de mélancoliques et cette hérédité a probablement influencé son tempérament. Ce grand mélancolique a lutté pendant toute son existence contre ses dépressions. Les diagnostics psychiatriques de l'époque restaient très flous et certains ont pu évoquer rétrospectivement une maniaco-dépression ou une schizophrénie dysthymique (troubles schizo-affectifs). Van Gogh n'a jamais représenté une menace pour les autres. C'est contre lui-même qu'il

* La paralysie générale est la forme terminale de la syphilis.

retournait son agressivité et ses tourments, comme le démontre le célèbre épisode de l'oreille qu'il se coupa après une dispute avec son ami Gauguin. Ses médecins ne l'ont jamais considéré comme dangereux et ils le « soignaient » avec les moyens restreints dont ils disposaient. Il faut ajouter que Van Gogh a toujours craint la folie et qu'il a, d'une certaine manière, *accepté* d'endosser le rôle de « fou ». Tous ses écrits (d'une lucidité remarquable), les paroles rapportées par ses amis intimes et surtout la teneur de ses tableaux démontrent qu'il souffrait énormément. « J'ai choisi de vivre comme un chien, je serai pauvre, je continuerai à peindre et je demeurerai un être humain », écrivait-il.

Ses premières œuvres, en clair-obscur, ont pour thème principal la vie paysanne. Mais il faut évoquer *Sorrow, Sien*, une superbe lithographie datée d'avril 1882. Elle représente Christien Hoornik (surnommée Sien par Van Gogh), une prostituée de trente-deux ans enceinte et alcoolique. *Sorrow* signifie chagrin, douleur ou tristesse. Sien est nue, repliée sur elle-même, la tête reposant sur ses bras, et l'on sait maintenant qu'elle se suicida. Van Gogh écrit à son sujet qu'il a « rencontré cet hiver une femme enceinte, délaissée par l'homme dont elle portait l'enfant dans son corps ». Il s'occupe d'elle avec dévouement, perdant plusieurs amis scandalisés par ce comportement : « Je n'ai pas pu lui payer le plein salaire d'un modèle, mais cela n'empêche pas que je lui ai payé ses heures de pose ; et que j'ai pu la sauver, grâce à Dieu, elle et son enfant, de la faim et du froid, en partageant mon pain avec elle. » Il ajoute sous ce portrait une phrase de Michelet : « Comment se fait-il qu'il y ait sur la terre une femme seule et délaissée ? »

À trente-deux ans, pendant l'hiver 1885, Van Gogh peint une cinquantaine de portraits de paysans. Il termine *Les Mangeurs de pommes de terre* en avril, un mois après la mort de son père. Le pasteur du village impose aux paroissiens de cesser de poser pour lui, et Van Gogh part pour Anvers puis en mars 1886 pour Paris où il restera deux ans. Il s'installe rue Lepic avec son frère, fréquente les lieux de plaisir de la butte Montmartre mais travaille aussi avec acharnement en créant 220 tableaux et dessins. Influencé par l'impressionnisme, il modifie en quelques mois sa manière de peindre et intègre la couleur à ses toiles. Gravement surmené, Van Gogh décide en février 1888 de partir à Arles où il espère trouver un climat agréable et se reposer. Le choc est rude. L'hiver est glacial, et la majorité des habitants acceptent mal cet « étranger » si original. Van Gogh vit dans des chambres misérables (*La Chambre de Vincent à Arles* représente l'une d'elles), puis loue en septembre quatre chambres de « La Maison jaune ». Il peint des vues de la ville (dont *La Maison jaune*), des passants, de nombreux paysages et des portraits, dont celui du zouave Milliet. Il exécute en neuf mois six portraits de son ami le facteur Joseph Roulin, et d'autres représentant sa femme et leur bébé (*La Berceuse*).

Van Gogh désire créer un « atelier du Midi », c'est-à-dire une communauté de peintres semblable à celle de Pont-Aven, où travaille Gauguin. Il lui envoie son portrait dédicacé, *Autoportrait en bonze*. Gauguin lui retourne *Les Misérables*, autoportrait où il se représente avec un visage tourmenté, puis le rejoint le 23 octobre. Les deux hommes s'aperçoivent vite que leur cohabitation sera délicate. Ils n'ont pas les mêmes goûts et Gauguin supporte assez mal le tempérament de son ami. Dès son arrivée, il cherche à modifier l'organisation des journées. Les peintres travaillent parfois ensemble mais se disputent souvent. Le 23 décembre, après une violente querelle, Van Gogh se tranche l'oreille gauche avec un rasoir puis la donne à une prostituée. Gauguin n'est pas là au moment des faits, il est pourtant arrêté. On le libère immédiatement et il demande à Théo de venir à Arles. Van Gogh est hospitalisé. Gauguin et Théo rentrent à Paris le 26 décembre. Van Gogh se rétablit très rapidement et de retour chez lui peint son *Autoportrait à l'oreille coupée* (janvier 1889), qu'il souhaite offrir à Gauguin. De son côté, Gauguin réalise *Portrait de Vincent peignant les tournesols...*

Mais Van Gogh va de plus en plus mal et décide en février 1889 d'entrer à l'asile Saint-Paul-de-Mausole, près de Saint-Rémy. Le directeur installe pour lui une pièce en guise d'atelier. Van Gogh travaille près d'une fenêtre, ou dans le jardin de l'hôpital. Quelquefois un garde-malade l'accompagne au-dehors, où il peint des oliviers et des cyprès noirs aux formes torturées. « Je m'étonne que personne ne les ait encore faits comme je les vois », écrit-il au sujet de ces arbres. Son état empire entre la mi-juillet 1889 et l'hiver 1890. Lorsqu'il va mieux, il s'installe fin mai 1890 à Auvers-sur-Oise. Le docteur Gachet le soigne. Amateur d'art et collectionneur, ce médecin semble avoir un peu négligé Van Gogh, qui fera deux portraits de lui, dont *Le Docteur Paul Gachet*, en juin 1890. On a pu parler de « négligence » dans la mesure où le docteur Gachet (lui-même d'un tempérament mélancolique) paraissait « résigné » à la mélancolie de son patient.

Désespéré et solitaire, Van Gogh peint surtout des paysages de campagne, et *L'Église d'Auvers*. Cette toile reflète une certaine sérénité, mais une forte angoisse transparaît dans *Les Champs de blé aux corbeaux*, tableau à la fois coloré et noir, avec des corbeaux (symbole de mort) tournoyant au-dessus des blés. C'est dans ce même champ que Van Gogh se tire une balle dans la poitrine, le 27 juillet. Il meurt deux jours plus tard. Théo disparaît à son tour six mois après.

En dépit de sa souffrance, de sa maladie et de sa solitude, Van Gogh n'a jamais douté de son talent. Il avait conscience de la profonde valeur de ses œuvres. Le fait d'être resté méconnu et d'avoir vécu dans la misère a très certainement accentué sa souffrance intérieure et aggravé ses accès de mélancolie. Van Gogh a écrit à son frère : « Celui qui veut réellement produire quelque chose de bon ou d'utile ne doit pas compter sur l'approbation ou sur l'appréciation générale, même pas la désirer ; mais au contraire ne rien attendre en fait d'aide et de sympathie que de très rares cœurs, et encore peut-être. »

Il faut reconnaître que de nos jours, le « fou » ou l'« original » artiste et créateur, devenu célèbre, est accepté par la société malgré ses excès… ou grâce à eux. Il sort des normes, dérange l'ordre établi et bouscule les esprits, mais son génie le sauve. L'artiste connu (dont l'image et les propos sont largement médiatisés) a droit à l'originalité, à l'excentricité, à l'exubérance, à la provocation outrancière ou à la colère. Il peut se permettre des débordements tapageurs, son grain de folie plaît ou irrite mais intéresse toujours le public. En fait, il joue un rôle d'exutoire social. Face à un humoriste, un écrivain, un musicien, un chanteur, un acteur, un homme politique, un savant, originaux ou atypiques, les gens dits « normaux » retrouvent des comportements dont ils pressentent en eux l'existence. Ils se projettent dans la personne, et cette admiration reflète leurs propres interrogations. Il faut s'appeler (« ou être »…) Bukowski, Gainsbourg, Coluche ou Higelin pour être admis malgré les excès.

Inversement, le malade mental sans génie est montré du doigt et catalogué. Dans une récente émission radiophonique la question se posait de savoir si un homme qui avait assassiné devait être orienté vers un hôpital psychiatrique ou vers la prison. Et le commentateur d'ajouter : « Le problème est de savoir s'il faut le considérer comme un homme ou comme un fou ». Apparemment il y avait une contradiction entre les deux…

7

Dépression, maniaco-dépression, suicide et affections concomitantes

« Tout suicide doit être compris comme une question et toute question demande une réponse. »

J.-P. SICHEL, R. EBTINGER

Dépression et suicide

La dépression est la cause la plus fréquente des comportements suicidaires et 15 % des personnes dépressives « réussissent » leur suicide : l'attirance pour la mort est omniprésente dans le vécu dépressif. Par rapport à la population générale, le risque suicidaire est démultiplié chez les personnes atteintes de dépression majeure, augmentant ainsi leur taux annuel de mortalité qui est le plus fort parmi les patients atteints de troubles mentaux. Il est enfin important de noter que l'écrasante majorité des personnes s'étant suicidées avaient directement ou indirectement prévenu leurs proches de leur désir de mort.

Environ 3 millions de Français sont concernés chaque année par la dépression, mais 50 à 70 % d'entre eux ne sont pas soignés. La moitié des malades traités suivent mal leur traitement, qui doit durer quatre à six mois (en ce qui concerne les médicaments antidépresseurs), et rechutent dans les deux ans. Seul un traitement prolongé et soigneusement adapté permet une guérison de l'épisode dépressif.

Les trois quarts des patients répondent bien aux médicaments, ainsi peut-on s'étonner que plus de la moitié des dépressifs ne soient pas soignés. En France la consommation élevée d'antidépresseurs tendrait à prouver le contraire. En réalité, une majorité de patients sous antidépresseurs n'en ont pas besoin, tandis que d'autres souffrent et ne sont pas, ou sont insuffisamment, traités : « Non seulement on ne traite pas assez la dépression mais, à l'inverse, on tend à psychiatriser une multitude de moments humains comme la tristesse des deuils, des séparations. On demande aux médicaments de tout gommer, empêchant ainsi l'individu d'intégrer ses difficultés dans son histoire », note François Bing [1].

Édouard Zarifian indique dans un rapport pertinent, rédigé en 1996 à l'instigation du ministère de la Santé, que la France détient le record mondial de la consommation d'antidépresseurs [2]. Entre 1991 et 1997, leur vente a progressé de 42,5 % et représente la moitié du marché des psychotropes (tranquillisants, antidépresseurs, somnifères et neuroleptiques). Faudrait-il désormais parler de surconsommation ou de « mal consommation » en France ? L'enquête DEPRES (*Depression Patient Research in European Society*) est une vaste étude menée en 1995 dans six pays européens : France, Allemagne, Belgique, Espagne, Grande-Bretagne et Hollande. Sur 100 patients souffrant d'un état dépressif majeur, seulement 75 consultaient un professionnel de santé. 51 de ces patients recevaient un traitement médicamenteux dont 18 seulement un antidépresseur. Ces chiffres montrent clairement le sous-diagnostic des épisodes dépressifs et l'insuffisance de leur traitement médicamenteux par un antidépresseur.

Comme le notent Henri Loo et Jean-Pierre Olié : « De manière récurrente, presque stéréotypée car sans argument nouveau, quelques-uns, parfois au sein même de la profession, font mine de s'inquiéter ou de s'émouvoir et condamnent les prescriptions, culpabilisent prescripteur et malade. Ils accusent les médecins généralistes d'incompétence, les psychiatres qui substitueraient le médicament au dialogue, l'industrie pharmaceutique dont l'unique motivation serait le profit, et même les usagers qui se vautreraient dans le confort pharmaceutique [3]. »

Tout épisode dépressif nécessite une évaluation approfondie, afin de le distinguer d'une banale « déprime » passagère ou d'un simple surmenage : dans ces deux derniers cas, les antidépresseurs sont inutiles.

Une authentique dépression peut prendre des formes très diverses et se révéler plus ou moins grave. Les antidépresseurs doivent donc être judicieusement prescrits par un médecin compétent, et accompagnés d'une psychothérapie. Il importe qu'une personne notant des modifications de son comportement (troubles du sommeil, de l'appétit, lassitude et douleur morale, inhibition, angoisse, asthénie, irritabilité, etc.) consulte soit un généraliste, soit un psychiatre.

Comment peut-on ignorer que l'on est dépressif ? La dépression fait peur au malade et reste encore une source de honte : « Le propre de la dépression est de perdre l'espoir, ce qui entraîne des difficultés à consulter et des diagnostics tardifs », remarque Guy Darcourt[4]. Soit le patient ne consulte pas, soit sa dépression n'est pas identifiée. Un dépressif consulte le plus souvent un médecin généraliste, en se plaignant de douleurs variées, d'insomnies (surtout de réveils précoces), de fatigabilité et d'anxiété. Si le médecin généraliste n'est pas correctement formé au diagnostic de la dépression, il ne la détectera pas. Une relation de confiance et une écoute attentive du patient permettent d'éliminer une maladie physique ou des problèmes existentiels mineurs, et de repérer les signaux psychiques et physiologiques de la dépression. Quand elle est grave, le médecin et l'entourage du patient la reconnaissent beaucoup plus vite. L'urgence que représente la mélancolie est en général détectée à temps.

L'exemple de l'île suédoise de Gotland démontre l'importance d'une bonne formation des médecins généralistes. Le nombre de suicides était très élevé à Gotland dans les années 1970. Les médecins ont demandé eux-mêmes une formation à la prévention et au traitement de la dépression. Le taux de suicides a diminué de 60 % en deux ans, le nombre de patients adressés pour dépression à des psychiatres a baissé de 50 %, et d'environ 85 % pour les dépressions mélancoliques.

Les antidépresseurs agissent au bout de quinze jours, voire plus. Il faut parfois prescrire des tranquillisants ou des somnifères pour aider le patient à passer ce cap difficile, où rien ne semble s'améliorer. Son entourage doit également être bien informé afin de l'encourager à poursuivre son traitement. Le médecin demande au malade de lui parler de sa souffrance. Cette première étape est très importante. Une souffrance exprimée est déjà partiellement allégée puisque le médecin l'écoute, la reconnaît et la partage. Une psychothérapie doit toujours accompagner le traitement médicamenteux. Dans certains cas, on ne retrouve pas de cause apparente à une dépression. Mais l'abord de la complexité psychologique du patient permettra d'éclairer des zones d'ombre, et l'aidera à mieux comprendre le sens de sa dépression et à mener à bien sa guérison.

Thierry

J'ai du mal à parler de lui au passé. Cela fera bientôt six mois que Thierry s'est suicidé. Choc immense pour nous, ses si nombreux amis. Il vivait seul, avait un bon travail, séduisait les femmes. Nous ne savions rien de ses véritables souffrances. Nous étions stupides ou aveugles, ou les deux en même temps, je ne sais pas. Pourquoi ? Parce que c'était l'homme le plus drôle que nous connaissions. Vraiment le plus drôle. On se l'arrachait quand un dîner ou une soirée se préparaient : il fallait que Thierry vienne, sinon ce serait moins mouvementé, moins amusant, il n'y aurait pas de fous rires... seulement les rires habituels, beaucoup plus sages... Quelquefois il m'appelait en pleine nuit : « Je ne te réveille pas ? Je pensais à toi, là... attends, je regarde ma montre : il est 3 heures 4 minutes et 20 secondes. C'est ma montre thaïlandaise de contrebande, mais je t'assure, elle marche très bien avec ses petites aiguilles en faux or. Tu as la voix rauque, je trouve ! Prends tes pastilles, tu couves sûrement une angine ! Je t'appelais pour te demander une chose : est-ce que ça te dirait qu'on aille au pub irlandais ? Tu dormais, tu n'as pas envie de te lever, tu commences tôt demain ? Ah bon... Tu dormais, tu n'aimerais plus les bières, toi ? Je te crois pas. Je te connais trop bien. Et moi, est-ce que tu m'aimes encore ? Je suis toujours ton meilleur ami ? Oui ? Alors viens, arrache-toi du lit. Tu me déçois, mais enfin ce n'est pas si grave puisque tu m'aimes toujours. Moi j'y vais, au pub. Je te rapporterai une bière, promis. Je boirai la mienne en pensant à toi, ma chère dulcinée que je n'ai jamais touchée. Pourquoi tu t'es mariée avec Sylvain ? Il ne t'arrive pas à la cheville, alors que j'ai de si beaux mollets. Ce sont des mollets de compétition, avec au-dessus un homme de compétition qui en plus a une montre thaïlandaise. Les jambes de Sylvain, à côté des miennes, ça ressemble à deux crayons, une vraie misère. Je n'aurais jamais dû te présenter Sylvain. Je me le reprocherai toujours. J'aurais dû me méfier. Enfin je vois que tu as l'air heureuse avec lui, alors ne lui fais aucun commentaire. Il ne s'en relèverait pas. À demain soir, je t'apporterai ta bière. Je t'embrasse, rendors-toi puisque tu préfères ça. Tu seras dans mes rêves. » Je raccrochais le combiné du téléphone en rouspétant et en riant. Le lendemain Thierry venait. Avec la bière. En short. « Pour te rappeler qui je suis et te montrer mes mollets », disait-il.

Il faisait rire mes enfants, mon mari, tout le monde sans exception adorait cet homme. Nous sentions son côté un peu « décalé », original et tumultueux, mais justement c'était cela qui nous plaisait chez lui. Il se fichait complètement de ce qu'il appelait la fausse politesse, les faux-semblants et les artifices. Il avait un cœur d'or, saluait toujours les SDF, s'essayait à les faire rire. Il pouvait aussi s'approcher d'une contractuelle en train de remplir une contravention (il garait sa voiture n'importe où), puis il retournait la situation à son avantage. Avec une mauvaise foi si ahurissante, avec tant d'humour et de séduction que la plupart du temps il n'avait pas de PV. Tout était comme ça.

Thierry ne se plaignait jamais. Maintenant j'ai compris qu'il cachait sa souffrance. Quelquefois il disparaissait pendant plusieurs jours car son travail lui laissait beaucoup de liberté. Dans ces moments-là, personne ne savait où il était. Puis il revenait sans donner aucune explication, sauf parfois : « Ça va mieux. J'avais besoin de prendre trois bons bols d'air. » Nous lui demandions s'il avait le cafard. Il évitait de répondre, en souriant. Il avait trente-huit ans.

Caroline (quarante-deux ans, architecte)

Le risque suicidaire chez les maniaco-dépressifs

Tous les maniaco-dépressifs ne tentent pas de se suicider. Mais le risque suicidaire est trente fois supérieur à celui de la population générale. Les idées suicidaires et les tentatives de suicide semblent plus importantes au début de la maladie. Les périodes où le passage à l'acte est le plus fréquent se situent lors d'un premier épisode dépressif, les six mois suivant une hospitalisation et les dix premières années de la maladie. 30 % des tentatives et des actes suicidaires ont lieu pendant les phases de rémission de la maladie. Dès le diagnostic de maniaco-dépression, il est donc essentiel d'instaurer des mesures de prévention du suicide. À côté des hospitalisations, des traitements médicamenteux curatifs et préventifs, la mise en place d'une psychothérapie et la mobilisation de l'entourage du patient sont indispensables.

Les dépressions récurrentes comportent aussi un facteur de risque important. Les patients qui ont tenté de se suicider étaient souvent divorcés ou séparés. Sévèrement déprimés, ralentis et irritables, ils s'autodépréciaient et souffraient d'anorexie ou d'alcoolisme.

Les dépressions récurrentes brèves (qui durent deux ou trois jours et surviennent parfois toutes les trois semaines) sont également des périodes à haut risque suicidaire. Enfin, les maniaco-dépressifs présentant des cycles rapides (au moins quatre cycles complets par an) n'ont pas davantage de comportements suicidaires que les autres.

L'influence des saisons

Les saisons semblent influencer l'apparition d'accès dépressifs ou maniaques, et donc augmenter le risque suicidaire. Selon 20 études concernant 16 pays, on observe un pic très élevé de suicides au mois de mai, et un autre – moins prononcé – en octobre. Dans son livre *La Tentation du néant*[5], K. R. Jamison remarque que les hospitalisations pour des accès maniaques sont plus fréquentes à la fin du printemps et en été. La courbe des hospitalisations pour dépression varie davantage durant l'année, bien qu'il existe deux pics, un au printemps et un en automne. La majorité des dépressifs acceptent de se faire hospitaliser quand leurs troubles sont le plus aigus, mais leur dépression commence généralement en hiver, puis s'aggrave. D'autre part, de nombreux patients deviennent dépressifs après un accès maniaque. Cela pourrait expliquer le pic de suicides en automne. Les états mixtes surviennent plus souvent au printemps et en automne. Les suicides par des méthodes violentes sont plus nombreux à la fin du printemps et pendant l'été.

Chez les maniaco-dépressifs, les fluctuations de l'humeur, la dépression mélancolique, l'irritabilité ou la violence exprimées au cours de la manie et des états mixtes paraissent donc pour une part liées à des facteurs saisonniers. Les connaissances actuelles sur ces données, qui confirment d'ailleurs les observations des Anciens, devraient permettre de mieux prévenir le risque suicidaire.

La prévention du suicide

Il est inacceptable que le taux de suicides (douze mille suicides par an, cent cinquante mille tentatives de suicide) soit toujours aussi élevé en France. Les médecins doivent évaluer au mieux le risque suicidaire des patients dépressifs et maniaco-dépressifs. À l'exception des accès aigus de mélancolie et des états mixtes, qui comportent toujours un risque très important de passage à l'acte, il est parfois difficile de pressentir si le patient présente ou non des idées suicidaires. Aucune prévention efficace n'est possible si le médecin ne questionne pas son patient longuement et de façon précise en lui accordant du temps et une qualité d'écoute. En effet, certains suicidants (maniaco-dépressifs ou non) parlent de leurs intentions suicidaires à leur entourage ou à leur médecin, mais d'autres les dissimulent totalement. Ils se comportent comme si tout allait bien, alors qu'ils sont en réalité très déterminés à passer à l'acte. Certains mélancoliques qui ne le paraissent pas ont été qualifiés de « mélancoliques souriants ». Des signes parfois ténus peuvent faire évoquer la potentialité suicidaire chez des patients qui rédigent tout d'un coup un testament, offrent à leurs proches des objets auxquels ils tiennent, classent ou jettent des documents personnels, écrivent des lettres ou des poèmes dans lesquels ils évoquent indirectement ou directement leurs idées de mort.

Devant ce genre de comportement, les proches doivent donc dialoguer avec le patient et, bien entendu, avertir son médecin. Ces préparatifs « silencieux » peuvent pourtant passer complètement inaperçus, de la part de l'entourage comme du médecin. Dans ces cas-là, c'est en général après la tentative de suicide (ou après le suicide « réussi ») que l'on découvre que le patient avait programmé son geste avec soin. On peut même dire qu'une personne ayant décidé de se supprimer parvient parfois à mieux donner le change en parlant ainsi de projets d'avenir, de changement de travail, de voyages, de vacances... Enfin, l'isolement affectif et social augmente de façon importante le risque de passage à l'acte. Quand nul n'est présent pour remarquer un changement de comportement (même minime), le patient reste entièrement livré à sa solitude et court des risques encore plus graves, d'où l'importance d'une mise en place en France d'une infrastructure de soutien aux personnes âgées, défavorisées par la psychiatrie dans notre pays.

Certains patients font une tentative de suicide au début de leur dépression, ou lorsque celle-ci s'estompe. A contrario et comme on l'a vu, une des phases les plus dangereuses est la fin de l'état dépressif, appelée la « queue de la mélancolie ». Ces suicides survenant après une guérison apparente sont d'autant plus dramatiques que, bien souvent, le patient a su donner le change aux médecins et à ses proches. Parfois la gravité de la dépression est sous-évaluée, et le traitement inadéquat. Des études ont démontré que parmi des dépressifs s'étant suicidés, seulement une minorité d'entre eux étaient correctement traités. Le patient a dissimulé son angoisse de la rechute, ses appréhensions pour l'avenir, sa culpabilité d'être dépressif, voire ses problèmes personnels (familiaux, conjugaux ou professionnels). Les médecins doivent donc savoir détecter ce « désespoir latent », en instaurant une relation de confiance avec leur patient. Ce soutien moral lui permettra d'oser exprimer sa souffrance. La prise en compte des antécédents familiaux et personnels de tentatives de suicide, des événements traumatisants et de l'environnement du patient est indispensable. Pour éviter ces suicides « post-dépressifs » (ou après une hospitalisation), le traitement prescrit à des doses adéquates doit être maintenu aussi longtemps que nécessaire, et associé à une psychothérapie car la stabilisation de l'humeur nécessite beaucoup de temps.

L'hospitalisation pour une dépression grave est souvent mal perçue et mal vécue. K. R. Jamison remarque que : « Les patients comme leurs médecins considèrent trop souvent l'hospitalisation comme une défaite symbolique ou un traitement de dernier recours, au lieu d'y voir la solution temporaire à un problème sérieux. Cette idée préconçue, qui n'existe pas quand il s'agit d'hospitaliser quelqu'un pour une maladie physique, est très répandue, dangereuse et fait obstacle au bon suivi clinique[6]. » Il est important de ne pas laisser le patient quitter l'hôpital trop tôt, même s'il semble aller parfaitement bien. Actuellement la durée d'hospitalisation tend à se raccourcir et dans certains services d'hospitalisation de patients dits « aigus », la durée moyenne d'hospitalisation ne doit pas dépasser une moyenne de quinze à dix-huit jours. De plus la convalescence suivant une dépression est longue, et, comme nous venons de le voir, représente parfois une période à risque : « Les patients quittent la sécurité relative de l'hôpital alors qu'ils sont encore souvent très malades pour retourner au chaos de leurs humeurs et de leur existence. [...] Les médicaments mettent malheureusement beaucoup de temps avant de faire leur effet, et la phase de guérison est en dents de scie, sujette à bien des découragements, jamais sereine. Une rechute à la suite d'une rémission peut être dévastatrice, quand elle n'est pas fatale. Les frustrations et les difficultés de cette période sont prévisibles et le praticien qui en avertit son patient lui évite bien des problèmes[7]. »

Après une période pendant laquelle on a accusé les psychiatres d'« internement abusif » est survenue une période où certains d'entre nous ont dénoncé et à juste titre l'« externement abusif ». Les maniaco-dépressifs hospitalisés pour une mélancolie doivent être étroitement surveillés, à l'hôpital puis pendant leur convalescence. Cette vigilance impose la mobilisation permanente du personnel soignant, et des entretiens psychothérapiques réguliers. L'entourage tiendra également un rôle essentiel en soutenant moralement le patient à sa sortie de l'hôpital.

La dépression, les comportements suicidaires, la maniaco-dépression et les autres troubles psychiques restent particulièrement chargés de honte. Lorsqu'un malade a pu guérir de ses troubles ou se trouve en période de stabilisation, il est exceptionnel qu'il ose parler ouvertement de ses difficultés ponctuelles ou chroniques. On observe une tendance inverse dans les pays anglo-saxons, où beaucoup de patients (y compris des personnages publics) racontent leurs difficultés psychologiques, leurs dépressions, leur dépendance à la drogue. Une des premières dames des États-Unis avait beaucoup fait pour les patients dépendants à l'alcool en parlant publiquement de sa propre expérience.

Grâce aux traitements préventifs actuels, le nombre de suicides a considérablement diminué chez les déprimés et chez les maniaco-dépressifs, cependant il reste beaucoup à faire. Le risque persiste chez bon nombre d'entre eux, mais on peut espérer le traiter à temps et donc mieux le prévenir.

La prévention du suicide chez l'adolescent

Le souci thérapeutique majeur doit se focaliser sur l'abord préventif du suicide chez l'adolescent. Si la description d'un « syndrome présuicidaire » concerne dans la littérature psychiatrique surtout la psychiatrie de l'adulte, il n'en demeure pas moins que la phase présuicidaire existe chez l'adolescent et demande à être repérée. Les composantes dépressives franches sont relativement fréquentes lors de la période précédant le passage à l'acte. Ailleurs, c'est un brusque changement de caractère avec baisse du rendement scolaire, accompagné ou non d'une anxiété et d'une agitation excessives, d'une fugue ou de perturbations du sommeil, voire d'une symptomatologie plus franchement psychotique. Chacun de ces symptômes mérite à lui tout seul une attention particulière ainsi qu'une évaluation psychologique globale de l'adolescent, autant que de son milieu familial.

L'abord thérapeutique préventif, tout comme le traitement du patient après son passage à l'acte, doit associer un traitement médicamenteux, une psychothérapie et une action au niveau de la famille et du milieu socioscolaire. Le traitement médicamenteux n'est pas toujours indispensable et ne doit jamais constituer à lui tout seul l'essentiel de la prise en charge. S'il s'agit de traiter parfois rapidement un syndrome tel que l'anxiété, l'insomnie ou la dépression, il est capital de replacer ce symptôme dans un contexte psychothérapique qui tienne compte de la personnalité de l'adolescent dans sa globalité et dans la relation avec sa famille et son milieu socioscolaire.

L'abord psychothérapique se propose de rétablir un dialogue avec l'adolescent. Pierre Mâle insistait pour que soit proposée une « nouvelle image distincte des images formelles de la famille ou des professeurs investis d'autorité [...] nous devons adopter une attitude sécurisante bienveillante qui est pour l'adolescent source d'identification dont il est avide, en lui proposant de plain-pied une compréhension et une aide en maintenant une neutralité relative [8] ».

Les prises en charge psychothérapiques de l'adolescent se différencient de l'attitude thérapeutique de la cure type, en ce sens qu'elles sont plus insérées dans le réel et moins frustrantes tout en se maintenant sur le versant d'une certaine neutralité.

L'image du thérapeute doit fournir une « prise » que l'adolescent n'a pas pu ou su trouver chez les personnages parentaux ou leurs substituts. « Bien que la tentation soit parfois grande, le thérapeute n'émet aucune appréciation moralisatrice ou de jugement de valeur ; son souci réside dans la déculpabilisation, l'ouverture de problèmes instinctifs figés, la revalorisation du corps et de l'intelligence souvent compromise, la démystification lente des problèmes familiaux vis-à-vis desquels une distance doit être prise et, enfin, l'abord des problèmes de l'enfance qui laissent souvent derrière eux une angoisse redoutable [9]. »

La nécessité du contact avec la famille – quand elle existe – s'avère toujours indispensable. Non seulement la famille est déjà désorganisée, mais le passage à l'acte de l'adolescent la traumatise profondément et contribue à la désorganiser encore plus. S'il est un besoin urgent de dédramatisation et de déculpabilisation, le travail en profondeur ne peut se faire qu'au long cours et de préférence avec un thérapeute différent afin que l'adolescent bénéficie de possibilités d'identification distinctes et ne risque pas de vivre son propre thérapeute comme étant de connivence avec ses parents.

Mais tout adolescent peut refuser un traitement quel qu'il soit, et la famille peut elle aussi se cantonner dans une position de défense et de rejet autant du suicidant que du thérapeute. La position de l'adulte face au suicide de l'adolescent reste très difficile à assumer et ce type de passage à l'acte « détient le triste privilège de provoquer l'intolérance au degré le plus extrême, il semble qu'il n'y ait pas de sujet qui puisse déclencher autant de défenses [10] ».

Toutes ces mesures doivent concourir à organiser un lieu privilégié d'accompagnement et de soutien psychothérapique, qui permettra à l'adolescent d'éclairer des zones d'ombre de son enfance auxquelles il est resté douloureusement rivé.

Observations de Philippe Pinel, Gazette de santé *(1786)*

Dès l'Antiquité les médecins avaient remarqué le danger du suicide et tenté de le prévenir par les moyens dont ils disposaient : les prémices de la psychothérapie, le dialogue entre le médecin et le malade, le repos, le changement du mode de vie, l'activité physique, la musique, l'utilisation de diverses substances et de plantes, les bains froids, parfois la contention… On essayait différents systèmes pour guérir le malade mélancolique et, bien entendu, cela ne suffisait pas. Pinel semble avoir développé sa pratique psychiatrique vers 1786 ; comme il l'explique dans le texte qui suit, il a perdu l'un de ses amis proches qui s'est suicidé en 1783.

« Un jeune homme, âgé de vingt-quatre ans, et doué d'une imagination ardente, vient à Paris pour suivre le cours de ses études, et se croit destiné par la nature à jouer dans la suite le rôle le plus brillant dans le barreau. Application continuelle, vie passée dans la retraite, sobriété extrême pour donner plus d'essor à ses facultés morales, régime pythagorique, adopté dans toute la rigueur du terme. Quelques mois après, migraines violentes, saignements fréquents du nez, resserrements spasmodiques de la poitrine, douleurs vagues des intestins, flatuosités incommodes, sensibilité très exaltée. Quelquefois il m'aborde avec un air rayonnant de joie, et il ne peut exprimer la félicité suprême qu'il dit éprouver en lui-même ; d'autres fois je le trouve plongé dans les horreurs de la consternation et du désespoir, et il me fait les instances les plus vives de mettre fin à ses souffrances ; les caractères de l'hypocondrie la plus profonde étaient aisés à reconnaître ; je lui en retrace les dangers pour la suite, et je le conjure souvent de changer sa manière de vivre ; mais il poursuit toujours son plan avec l'obstination la plus inflexible : augmentation des symptômes nerveux de la tête, du bas-ventre, de la poitrine ; alternatives plus fréquentes d'un abattement extrême et d'une joie convulsive, terreurs pusillanimes surtout dans les ombres de la nuit, angoisses inexprimables. Il venait quelquefois me trouver, fondant en larmes, et me conjurant de l'arracher des bras de la mort ; je l'entraînais alors dans la campagne, et quelques tours de promenades, avec des propos consolants, semblaient lui rendre une nouvelle vie ; mais à son retour dans sa chambre, nouvelles perplexités, terreurs pusillanimes renaissantes ; il trouve un surcroît de désolation et de désespoir dans la confusion croissante de ses idées, l'impossibilité de se livrer désormais à l'étude, et la conviction accablante de voir s'évanouir pour l'avenir la perspective de célébrité et de gloire dont son imagination avait été bercée ; l'aliénation la plus complète suit de près. Un jour qu'il se rend au spectacle pour se distraire, on joue la pièce du Philosophe sans le savoir et dès lors le voilà assailli de soupçons les plus noirs et les plus ombrageux ; il est profondément persuadé qu'on a joué ses ridicules : il m'accuse d'avoir fourni moi-même les matériaux de la pièce, et dès le lendemain matin, il vient me faire des reproches les plus sérieux et les plus amers, d'avoir trahi les droits de l'amitié, et de l'avoir exposé à la dérision publique. Son délire n'a plus de bornes ; il croit voir dans les promenades publiques des comédiens travestis en moines et en prêtres, pour étudier tous ses gestes, et surprendre le secret de ses pensées. Dans l'ombre de la nuit, il se croit assailli, tantôt par des espions, tantôt par des voleurs et des assassins ; et une fois il répand l'alarme dans le quartier, en ouvrant brusquement les croisées, et en criant de toutes ses forces qu'on en voulait à sa vie. Un de ses parents se détermine à lui faire subir le traitement de la manie* à l'Hôtel-Dieu, et il le fait partir vingt jours après avec un compagnon de voyage pour se rendre dans une petite ville voisine des Pyrénées. Également affaibli au moral et au physique, toujours dans les alternatives de quelques écarts du délire le plus extravagant et des accès de sa noire et profonde mélancolie, il se condamne à un isolement profond dans sa maison paternelle ; ennui, dégoût insurmontable de la vie, refus de toute nourriture, brusqueries contre tout ce qui l'avoisine ; il trompe enfin la surveillance de sa garde, fuit en chemise dans un bois voisin, s'égare, expire de faiblesse et d'inanition, et deux jours après on le trouve mort, tenant dans sa main le fameux livre de Platon sur l'immortalité de l'âme. »

Cette épreuve a beaucoup marqué Pinel qui notera ensuite dans son traité, au sujet de cet ami « conduit à la manie par un excès d'enthousiasme pour la gloire, et l'insuffisance de tous les remèdes par le sentiment profond qu'il conservait de son indépendance et par l'impossibilité de la maîtriser, augmentèrent mon admiration pour les préceptes judicieux des Anciens, et mes regrets de n'avoir pu alors les suivre ». La dépression de ce jeune homme permet de penser qu'il était maniaco-dépressif. Ce suicide que Pinel n'a pas été en mesure d'éviter fut déterminant dans ses réflexions concernant surtout le « traitement moral » préventif ancêtre de notre psychothérapie.

* Rappelons qu'à la date où Pinel écrivit ce texte, « manie » signifiait « folie ».

Les troubles schizo-affectifs

On peut considérer que les troubles schizo-affectifs se situent aux frontières de la schizophrénie et de la maladie maniaco-dépressive. Leurs manifestations (fluctuations de l'humeur, manie, dépression) ressemblent à celles de la maniaco-dépression, mais des symptômes psychotiques (hallucinations ou délires) accompagnent les épisodes dépressifs et maniaques. Ces symptômes psychotiques peuvent parfois se manifester aussi *en dehors* d'un accès maniaque ou dépressif.

Ces troubles ont été dénommés ainsi parce qu'ils possèdent les caractéristiques de la schizophrénie et des troubles de l'humeur. Ils évoluent de manière cyclique, avec des périodes de rémission, mais dans quelques cas deviennent persistants et chroniques après plusieurs années d'évolution de la maladie. Dans les années 1970, il a été établi que les troubles schizo-affectifs ne sont pas une maladie schizophrénique, mais un trouble de l'humeur. En effet, le traitement par lithium s'est révélé efficace à la fois pour les troubles bipolaires et schizo-affectifs. Aussi le nombre de schizophrénies diagnostiquées aux États-Unis et en Grande-Bretagne a-t-il diminué car il existait un « excès » de diagnostics de schizophrénie chez ces patients par rapport à la France où ce diagnostic est plus restrictif.

Ces troubles toucheraient entre 0,5 et 0,8 % de la population. Ils sont plus graves que la maniaco-dépression, mais restent relativement de bon pronostic (par rapport à la schizophrénie) et peuvent être plus accessibles au traitement. Les patients répondent bien aux régulateurs de l'humeur et leur état psychique n'évolue pas – ou rarement – vers une « détérioration » grave comme dans la schizophrénie classique qui demeure une des maladies les plus invalidantes en psychiatrie.

Le diagnostic de schizo-affectif est établi quand un patient subit simultanément une manie ou une dépression, et des symptômes de schizophrénie, et qu'il a présenté des hallucinations ou des idées délirantes pendant au moins deux semaines d'affilée. D'autre part, il faut être sûr que le patient n'a pas abusé de substances toxiques (drogues, médicaments), car celles-ci peuvent donner un tableau similaire mais qui dans ce cas a été induit par ces drogues et n'est donc pas « spontané » comme chez les schizo-affectifs.

Il existe deux sortes de troubles schizo-affectifs :

1) Les troubles schizo-affectifs *bipolaires*, associant une excitation maniaque ou un état mixte ou une dépression majeure à des symptômes psychotiques. Ils s'apparentent à la maladie maniaco-dépressive de type bipolaire I et leur pronostic à long terme rejoint celui de cette affection ;

2) Les troubles schizo-affectifs *unipolaires dépressifs* sont plus complexes. Les évolutions chroniques de type schizophrénique sont fréquentes. C'est pourquoi on les apparente davantage à la schizophrénie qu'à la maniaco-dépression. Mais certains patients connaîtront des périodes de rémission, ou bien leurs troubles se transformeront en troubles schizo-affectifs bipolaires.

Le groupe bipolaire serait plus fréquent chez les jeunes que chez les personnes âgées, et l'on observe l'inverse pour le « groupe dépressif ».

Petite histoire des troubles schizo-affectifs

Les troubles schizo-affectifs débutent brutalement (souvent à l'adolescence) et touchent davantage les femmes que les hommes.

Ils sont connus depuis le début du XXe siècle. George H. Kirby, en 1913, et August Hoch, en 1921, ont décrit des patients présentant des symptômes associés de schizophrénie et de troubles de l'humeur. Comme leurs patients n'évoluaient pas vers la schizophrénie, ils ont classé ces troubles dans le groupe des psychoses maniaco-dépressives décrites par Emil Kraepelin.

Jacob Kasanin a introduit en 1933 le terme de trouble schizo-affectif. Il décrivait la survenue de ce trouble avec un début brutal à l'adolescence, chez des patients ayant auparavant un bon équilibre psychique apparent, et soulignait qu'un stress éprouvant précédait souvent les symptômes. On retrouvait fréquemment des antécédents familiaux de troubles de l'humeur. Selon Kasanin, ces patients étaient porteurs d'un type particulier de schizophrénie.

Jusqu'aux années 1970, ces patients ont été décrits comme ayant un *trouble schizo-affectif*, une *schizophrénie atypique*, une *schizophrénie de bon pronostic*, une *schizophrénie avec rémission*, ou encore une *psychose cycloïde*... Tous ces termes soulignaient une relation avec la schizophrénie, jusqu'à ce qu'il soit démontré qu'il s'agit d'un trouble de l'humeur avec des caractéristiques de la schizophrénie.

Le trouble schizo-affectif, une maladie complexe

Les causes de la maladie ne sont pas encore connues. Quatre hypothèses ont été émises. Ce trouble pourrait être une forme spécifique de schizophrénie, une forme spécifique de trouble de l'humeur, un troisième genre de maladie indépendant de ces dernières, ou un état issu de leur association. L'hypothèse actuelle la plus vraisemblable est qu'il s'agit d'un *groupe de troubles* comportant les trois premières possibilités. Les chercheurs se sont fondés sur l'étude des antécédents familiaux, des marqueurs biologiques, des réponses aux traitements et de l'évolution à long terme. D'après certains résultats d'études familiales, la schizophrénie et les troubles de l'humeur pourraient être liés génétiquement. Cependant les études fiables manquent.

On considère aujourd'hui que les patients atteints de troubles schizo-affectifs forment un groupe varié, avec plusieurs manifestations différentes de la maladie.

Leur pronostic englobe à la fois l'évolution du trouble et l'insertion socioprofessionnelle. La majorité des patients ont un pronostic se situant à mi-chemin entre celui des patients bipolaires et celui des patients schizophrènes. Le pronostic est moins bon que celui des patients atteints de troubles bipolaires ou dépressifs, mais meilleur que celui des schizophrènes.

Indépendamment des particularités des deux sous-groupes (bipolaires ou dépressifs), le pronostic semble être moins bon quand des difficultés psychologiques ont surgi avant l'apparition des symptômes, quand le début a été insidieux et précoce.

De même l'absence de facteur déclenchant, la prédominance de symptômes « négatifs » ou « déficitaires » (c'est-à-dire de retrait du malade par rapport à ses intérêts socioprofessionnels), l'évolution sans périodes de rémission et les antécédents familiaux de schizophrénie sont de mauvais pronostic.

Comme la maladie maniaco-dépressive, les troubles schizo-affectifs nécessitent un traitement au long cours et une surveillance attentive afin de prévenir le risque suicidaire, évalué à 10 %.

Pour traiter efficacement la maladie, on a recours à l'hospitalisation, aux médicaments, aux psychothérapies, voire à l'aide sociale quand c'est nécessaire. Le patient a évidemment besoin d'être aidé à tous les niveaux pour affronter son trouble.

Les médicaments employés sont les mêmes que pour les troubles bipolaires (se reporter au chapitre IX) : antidépresseurs, thymorégulateurs, neuroleptiques et un soutien psychothérapique et social.

Laetitia

Laetitia est une jeune étudiante américaine qui vit à Paris. Cette jeune fille extrêmement intelligente et sensible est célibataire et travaille dans une boutique de décoration tout en poursuivant ses études.

Les parents de Laetitia ont divorcé lorsqu'elle avait quatre ans, et son frère six ans. Les enfants ont été confiés à leur mère, d'origine française, qui s'est installée à Paris il y a quinze ans. Laetitia voit rarement son père, qui vit à Boston, mais elle reste très proche de sa mère et de son frère. Elle consomme du cannabis et du LSD depuis l'âge de 19 ans. Elle avait très mal supporté son déracinement et le fait d'être éloignée de son père. Elle a poursuivi ses études de décoration avec difficulté. À vingt-six ans, Laetitia est hospitalisée pour une grave mélancolie délirante. Elle s'est amputée d'un orteil quelques heures avant son hospitalisation. L'automutilation reste rare pendant un épisode délirant, qu'il soit mélancolique ou maniaque.

En arrivant dans le service de psychiatrie, Laetitia est hostile et agitée, refuse les soins et nie ses troubles. Elle se dit persécutée, entend des voix qui commentent ses faits et gestes et se sent très anxieuse. « Le diable est entré dans mon corps par mon orteil », voici comment elle explique la raison de sa mutilation. Les analyses sanguines et urinaires ne révèlent aucune trace de toxiques. L'Haldol n'atténuant pas son agitation, il lui est prescrit en complément des sédatifs à fortes doses (Nozinan). Grâce à ce traitement, associé quelques jours plus tard à des antidépresseurs, l'état de Laetitia s'améliore relativement et son délire et sa dépression s'atténuent au bout d'un mois.

À vingt-huit ans, Laetitia est réhospitalisée pour une manie délirante. Son frère a signalé que depuis quatre jours, elle dort seulement deux heures par nuit et est de plus en plus agitée, violente et irritable. Elle injurie sa famille et ses amis. Elle boit beaucoup d'alcool et depuis six mois, elle refuse de voir son médecin et a arrêté son traitement.

Lors de notre premier entretien, le discours de Laetitia est très confus. Elle s'exprime avec froideur, comme si elle récitait des histoires. Son délire a plusieurs thèmes différents. Elle dit être juive (en réalité elle est protestante, mais sa grand-mère paternelle était juive) et croit être l'objet d'un complot en raison de son « appartenance à la religion juive ». Elle raconte être en réalité la fille d'Hitler et de Leni Riefenstahl, la réalisatrice allemande des *Dieux du stade*. Elle dit aussi avoir été

« opérée et manipulée » dans des camps nazis pour devenir un homme. Elle pense être à la fois homme et femme, et craint d'être stérile. Dans l'esprit de Laetitia, le temps n'existe plus. Elle explique cela par les sévices subis dans les camps, où on a fait d'elle un « robot ». Mais elle dit aussi que les nazis l'ont « programmée » pour annoncer que la troisième guerre mondiale va éclater. Elle doit contacter tout de suite les médias français et avertir en personne le président des États-Unis. Elle est surtout obsédée par la mort, et veut tuer son père puis se suicider, la mort représentant à ses yeux la « seule solution ».

Il faudra plusieurs semaines d'un traitement associant neuroleptiques et entretiens psychothérapeutiques pour qu'elle sorte de son délire. Mais elle garde un souvenir très vague de certains thèmes. Elle a ainsi totalement oublié avoir souhaité tuer son père, dont elle me parle maintenant avec tendresse en regrettant qu'il vienne trop rarement en France. En revanche, elle n'a pas oublié qu'elle a voulu se suicider et accepte la psychothérapie que je lui propose.

Comme la majorité des patients maniaco-dépressifs ou schizophrènes, la jeune fille a de grandes difficultés à admettre la réalité de sa maladie et la nécessité d'observer les traitements préventifs. Au début de sa psychothérapie, elle dit de ses séjours hospitaliers qu'il s'agit de « moments entre parenthèses, les pires périodes de ma vie ». Elle prend lentement conscience que ses hospitalisations ont été motivées par la gravité de ses troubles, et ne lui ont pas été imposées comme une punition. Elle reproche cependant à sa mère d'avoir signé les demandes successives d'hospitalisation par contrainte. Là encore, elle comprend progressivement que sa mère a agi pour son bien. Laetitia a la chance d'être bien entourée, par sa famille et ses amis. Elle a renoncé à la drogue et à l'alcool car elle sait désormais que cela la ferait rechuter. Elle n'a plus d'idées suicidaires. Elle compose avec sa maladie et reconnaît avoir besoin de son traitement. Elle estime parfois que ses proches la « surveillent trop », tout en comprenant leur inquiétude : « Après tout, s'ils n'avaient pas été là, je serais peut-être morte... »

Alcoolisme et toxicomanie, dépression et maniaco-dépression

L'alcoolisme et la toxicomanie sont souvent associés à la dépression, à la maniaco-dépression, aux psychoses et aux troubles anxieux. Ils accompagnent la maladie tout en l'aggravant et ils augmentent le risque suicidaire de 10 à 15 %. Chez des personnes génétiquement vulnérables à une maladie mentale ou déjà malades, la prise de drogues (haschich, LSD, ecstasy, phencyclidine – PCP ou « poudre d'ange » –, opium, héroïne, cocaïne, crack, etc.) ou de médicaments détournés de leur usage médical (codéine, certains anesthésiques, barbituriques, somnifères ou tranquillisants) provoque fréquemment des accès maniaques, dépressifs ou délirants. Mélangées à de l'alcool, ces substances sont encore plus toxiques. On note une forte augmentation de ces abus de substances, en particulier aux États-Unis et au Liban. En France, de nombreux adolescents boivent trop d'alcool et se droguent. 30 % d'entre eux ont pris ou prennent du haschich, considéré à tort comme une drogue « douce ». Le haschich peut « déréaliser » et empêcher d'agir. À forte dose ou consommé chaque jour, il peut provoquer un état maniaque accompagné parfois d'une dissociation des idées, d'une modification de la perception du temps et de l'espace, des illusions ou des hallucinations, voire des états psychotiques, et de véritables entrées dans la schizophrénie.

Les parents et les enseignants ont un rôle de prévention en ce qui concerne l'état psychologique et physiologique de l'adolescent. Pour cela, il faut savoir reconnaître les signes physiologiques et psychiques d'une toxicomanie, qui varient selon les drogues absorbées : dilatation des pupilles, amaigrissement rapide, sueurs, insomnie ou hypersomnie, tremblements, anxiété, agressivité, nervosité, euphorie, troubles alimentaires… et repérer parfois les changements minimes du comportement de l'adolescent : instabilité, modification du caractère, mauvais résultats scolaires…

L'alcool et les drogues (y compris celles réputées « excitantes ») peuvent déprimer les fonctions cérébrales. Le patient peut croire un instant se sentir mieux après en avoir consommé. En réalité, il se retrouvera plus tard dans un état d'abattement, d'hébétude et de malaise intense, voire d'angoisse exacerbée.

La plupart des substances psycho-actives (qui agissent sur le système nerveux central) peuvent avoir des conséquences très graves. On estime que plus de 60 % des maniaco-dépressifs ne sont pas traités, ou le sont de manière inadéquate, pas toujours diagnostiqués comme dans les formes mineures de la maladie ou dans la forme BP II (voir chapitre IV). Il en va de même pour les patients diagnostiqués qui ne suivent pas régulièrement leur traitement. Dans ce cas, ils ont un risque très élevé d'abus et de dépendance envers des substances toxiques.

Troubles bipolaires, alcoolisme et toxicomanie

La dépression, les psychoses et surtout les troubles bipolaires sont très souvent associés à une consommation élevée d'alcool et de drogues. Environ 60 % des patients bipolaires sont dépendants de l'alcool ou d'autres drogues. C'est aussi le cas de 32 % des patients dépressifs.

Ces dépendances provoquent davantage d'épisodes mixtes et de cycles rapides, et augmentent le risque suicidaire de 10 à 15 %. Le pronostic de l'évolution de la maladie est donc moins bon, et les addictions entravent les réponses aux traitements médicamenteux.

Les patients bipolaires boivent de l'alcool ou se droguent (en particulier avec de la cocaïne) surtout pendant des épisodes d'hypomanie ou de manie, parfois pendant des états mixtes. Certains prennent des toxiques de façon ponctuelle, et d'autres de façon chronique. Mais on ignore encore beaucoup de choses sur les causes de ces dépendances aux toxiques et les hypothèses sont nombreuses. Pour l'ensemble des troubles psychiatriques, il pourrait s'agir de la *coexistence* de deux troubles (comme la dépression et l'alcoolisme), ou d'une dépendance *consécutive* au trouble psychique. Dans ce dernier cas, le patient tenterait une sorte d'« automédication » pour apaiser son angoisse et ses difficultés. Il pourrait aussi s'agir de troubles psychiques provoqués par la dépendance au produit (effet direct), ou liés aux conséquences psychosociales néfastes d'une consommation excessive ou chronique de ce produit (effet indirect). On évoque également la possibilité d'une vulnérabilité biologique, en particulier génétique.

Les maniaco-dépressifs qui ne sont pas traités, ou qui le sont de manière inadaptée, encourent un risque encore plus élevé d'abus et de dépendance envers des toxiques. L'absence de traitement et de prise en charge psychosociale, l'angoisse, la dépression et la solitude qui s'ensuivent conduisent le patient à se réfugier dans la prise de toxiques pour trouver un apaisement (illusoire) à ses difficultés.

Les addictions compliquent souvent l'établissement du diagnostic de trouble bipolaire. Les symptômes dus à l'alcool ou aux drogues peuvent en effet masquer les troubles de l'humeur. Quand un double diagnostic (troubles bipolaires et addiction) a été posé, il est essentiel de rechercher l'ordre d'apparition des troubles car les stratégies de soins différeront selon les cas. Cette recherche est souvent difficile car les patients ont tendance à insister sur leurs difficultés psychiques plutôt que sur leur dépendance à un toxique. Ils savent que leur alcoolisme ou leur toxicomanie sont socialement très mal perçus.

Plusieurs études ont montré qu'un tiers des patients hospitalisés pour manie aiguë ont une histoire de dépendance ou d'abus aux toxiques. Ce sont le plus souvent des hommes, fréquemment séparés, divorcés ou veufs. Ils ont des difficultés à suivre correctement leur traitement médicamenteux, qu'ils prennent irrégulièrement ou qu'ils arrêtent. Ils ont des idées suicidaires pendant des épisodes de manie. La dépendance ou l'abus de toxiques sont nettement plus fréquents chez les patients souffrant d'états mixtes que chez ceux qui souffrent de manie pure.

L'alcool est le toxique le plus couramment employé par les patients bipolaires, suivi de la cocaïne, de la marijuana, des hallucinogènes, des amphétamines ou des tranquillisants, et enfin des opiacés. Il est à noter que certains patients prennent plusieurs substances en même temps ou successivement.

L'alcool et la dépression

Dans toutes les sociétés, les êtres humains ont toujours recherché des substances leur permettant de s'échapper du réel et d'apaiser leurs difficultés. Les drogues sont aussi vieilles que l'humanité.

L'alcool est probablement l'une des drogues les plus anciennes, et le premier tranquillisant utilisé par l'homme. Généralement, le mot drogue fait penser tout de suite à d'autres substances telles que l'héroïne, l'opium. L'usage de l'alcool est si répandu et « banalisé » en Occident que l'on tend à oublier ses méfaits. Mais l'alcool est bel et bien une drogue, puisqu'il entraîne un risque de dépendance psychologique et physique. Ses effets sur le psychisme et l'organisme sont connus depuis très longtemps. Les peuples primitifs l'auraient découvert par hasard, en s'apercevant que le jus de baies sauvages, placé dans des récipients conservés dans des endroits sombres, se transformait en un breuvage à action puissante. Ses « vertus » ont été vantées depuis l'Antiquité et dans la Bible : « Qu'il boive et oublie sa pauvreté et ne se souvienne plus de sa misère », ou par le poète latin Horace : « Le vin est capable de tous les miracles ! Il soulage l'esprit angoissé de son fardeau. » Le poète anglais Milton écrivait au XVIIe siècle : « Le vin inondera les âmes abattues d'un bonheur plus intense que la béatitude du rêve. » De Rome à l'Inde en passant par la Perse puis l'Occident, d'innombrables œuvres littéraires ont décrit son action sur l'homme.

Actuellement, l'alcool reste encore la drogue la plus répandue dans le monde occidental. Il semble apaisant, euphorisant ou désinhibant mais il exerce en réalité un effet dépresseur au niveau cérébral. Ceux qui boivent car ils sont déprimés ignorent souvent ce fait. Le sujet peut croire un instant se sentir moins dépressif ou moins anxieux après en avoir consommé. Or, il se retrouvera ensuite dans un état d'abattement, d'hébétude et de malaise intense, voire d'angoisse extrême. Beaucoup de déprimés ont recours à l'alcool. L'alcool aggrave la dépression ou l'angoisse, et peut aussi les provoquer. Il augmente les problèmes, et n'est jamais une solution pour les régler. Beaucoup de praticiens qualifient l'alcoolisme de « tentative désastreuse d'autotraitement ».

L'association entre alcoolisme et dépression est connue depuis longtemps. Dès 1921, Emil Kraepelin remarquait que parmi les patients hommes bipolaires, près de 25 % avaient des problèmes d'alcoolisme, surtout après un accès maniaque, alors que l'abus d'alcool dans une population générale est de 13,3 %. Pour l'ensemble des troubles bipolaires, l'association manie/alcoolisme est donc plus fréquente que celle entre dépression et alcoolisme. Pendant un accès maniaque, 40 % des patients augmentent leur consommation d'alcool. Les consommations excessives d'alcool se produisent surtout en phase hypomaniaque ou maniaque, et parfois pendant les états mixtes.

Après la dépression, l'alcoolisme chronique est la deuxième cause principale des conduites suicidaires (15 %). En général, le suicide survient tardivement après une longue période d'intoxication. Mais le risque augmente beaucoup si le patient est gravement déprimé. Les patients bipolaires dépendants de l'alcool font deux fois plus de tentatives de suicide que les autres. Ils sont également plus anxieux et ont une mauvaise adaptation socioprofessionnelle, avec davantage d'arrêts de travail.

Les autres drogues

Comme l'alcool, elles ont été découvertes et utilisées dès l'aube de l'humanité. Par exemple, dès l'an 5000 avant J.-C., les Sumériens cultivaient le pavot, dont sont extraits l'opium, la codéine, l'héroïne et la morphine. Les médecins européens du XVIe siècle utilisaient l'opium pour traiter de nombreuses maladies. Le voyageur peut admirer des fresques de pavot, d'opium à l'entrée du temple romain de Bacchus à Baalbek au Liban. Toutes les drogues représentent parfois une tentative d'autotraitement, une fuite désespérée pour « oublier » des problèmes psychologiques et les difficultés de l'existence.

La cocaïne est extraite d'un petit arbre, la coca, cultivé dans les Andes péruviennes depuis l'an 1000. Son principe actif, la cocaïne, a été isolé en 1844. Les Incas employaient déjà la coca pendant des rites religieux, pour augmenter l'énergie, aiguiser les sens et résister à la fatigue. La consommation de coca s'est répandue en Europe après la conquête de l'Empire inca par les Espagnols. Elle a d'abord été employée comme anesthésique local. En 1884, Freud et l'ophtalmologiste Carl Koller observèrent sur eux-mêmes ses effets sur le psychisme, et Freud l'a conseillée dans le traitement de la dépendance à la morphine. Excitante et stimulante, la cocaïne fit de nombreux adeptes chez les intellectuels, les écrivains... et les médecins. Jusqu'au début du XXe siècle, en Europe et aux États-Unis, on ajoutait souvent de la cocaïne aux spécialités pharmaceutiques, aux boissons non alcoolisées et aux toniques.

Le haschisch est lui aussi connu depuis longtemps. En 2732 avant J.-C., un livre de médecine chinoise le recommande pour traiter les rhumatismes, la goutte, la malaria, le béri-béri, les malaises féminins, la constipation... et les pertes de mémoire ! Les hindous du IVe siècle avant J.-C. l'employaient pour des rites religieux. Son usage s'est répandu dans le monde arabe, puis en Europe et en Afrique. Il a été « importé » en Amérique à l'époque de la traite des Noirs.

Il est intéressant de faire le lien entre haschich et l'étymologie d'« assassin » que nous empruntons à Henriette Walter : « Le mot assassin a une longue histoire qui commence au début du XIe siècle avec la secte musulmane dite des Assassins, les *Haschischiyoun.* [...] Le calme avec lequel agissaient ces candidats au suicide a pu faire penser qu'ils étaient drogués avec du haschich, d'où leur surnom *haschischiyoun* ou *haschaschin.* Le mot a été transmis au français par l'intermédiaire de l'italien *assassino*, et l'étymologie par le haschich a longtemps prévalu [11]... »

Antoine Boustany quant à lui note dans son *Histoire des paradis artificiels* que « les ismaélites, chiites hérétiques doublement schismatiques, se seraient vus stigmatisés par leurs adversaires de mangeurs d'herbes ou d'haschischins. Pourquoi cette confusion avec les usagers de la drogue ? Parce que la drogue, dénommée haschisch, est tout d'abord une herbe. Son véritable nom est "l'herbe de la joie" ou *haschichat-el-keif*. Avec le temps, on se contentera de la désigner par "l'herbe" ou *el haschichat* ; l'article de notoriété précédant le nom sous-entend que son effet hédonique est connu par l'interlocuteur [12] ».

Les amphétamines sont des drogues de synthèse très puissantes, dont il existe actuellement plus de 70 sortes (LSD, ecstasy, etc.). Neurostimulantes, elles atténuent la sensation de fatigue et permettent de « tenir ». Certains étudiants, sportifs et d'autres catégories socio-professionnelles les emploient dans ce but. Les effets des amphétamines sont brefs. Une fois l'excitation passée, le sujet épuisé risque de connaître un effondrement physique et de sombrer dans la dépression. L'accoutumance est rapide et il faut augmenter les doses pour obtenir un effet similaire à celui de la première prise.

Bipolaires et consommation de drogues

Les patients bipolaires consomment davantage de drogues que les patients unipolaires. On trouve chez les premiers un taux de 41 % (13 % d'abus et 28 % de dépendance), et chez les seconds un taux de 18 % (7 % d'abus et 11 % de dépendance). Dans la population générale, ce taux s'élève à 5,9 %.

Parmi les personnes consommant de la cocaïne, on estime qu'il y aurait sept fois plus de bipolaires que dans la population générale. Cette consommation a lieu surtout pendant les périodes de manie ou d'hypomanie : 58 % des personnes en phase maniaque abusent de cocaïne, contre 30 % des déprimés.

La consommation d'opiacés serait plus élevée chez les patients bipolaires que dans la population générale (entre 5 % et 25 % selon les études). Parmi 534 toxicomanes aux opiacés, 5,4 % de patients bipolaires ont été identifiés [13].

Chez les patients bipolaires, la consommation de haschich se produit plus souvent en phase maniaque (66 %) qu'en phase dépressive (50 %).

L'intoxication due à des doses trop fortes produit une agitation et une grande irritabilité, accompagnées de sensations de vertiges, de délires, d'hallucinations, de terreurs phobiques, de tendances suicidaires, voire d'homicides. L'abus d'amphétamines produit un état appelé « psychose des amphétamines ». Le patient devient paranoïaque, a des hallucinations auditives et visuelles. Il est hyperactif et n'éprouve pas le besoin de dormir. La privation d'amphétamines entraîne un état d'abattement et une grave dépression, menant à des conduites suicidaires.

8

La famille, les amis, les collègues… et moi et moi et moi !

> « Toutes les familles heureuses le sont de la même manière, les familles malheureuses le sont chacune à sa façon. »
>
> Léon TOLSTOÏ, *Anna Karénine*

Le diagnostic de maniaco-dépression et ses conséquences

Être diagnostiqué maniaco-dépressif représente une épreuve et un choc moral intense. Après plusieurs épisodes aigus, le patient apprend qu'il a une affection au long cours, et doit donc affronter sa maladie en acceptant d'être soigné longtemps. En dehors des accès de manie franche, le diagnostic est parfois long et délicat à établir. Il peut être posé après plusieurs années d'erreurs concernant des dépressions répétées, entrecoupées de périodes d'hypomanie. Autant dire que dans la plupart des cas seul un psychiatre expérimenté est capable de ne pas « passer à côté » du diagnostic. La rapidité avec laquelle celui-ci est établi permet au patient de bénéficier au plus vite des traitements adéquats, lui évite une souffrance inutile et surtout les rechutes, l'errance de médecin en médecin et la recherche désespérée de la cause de sa souffrance.

L'acceptation du diagnostic se fait par étapes, lentement, voire jamais car certains patients le refusent. C'est bien pour cela que la qualité du dialogue et de l'alliance thérapeutique médecin/patient a tant d'importance. Un maniaco-dépressif ayant une mauvaise relation avec son médecin risque de se mettre en danger en ne prenant pas (ou irrégulièrement) ses médicaments, en commençant ou en continuant à boire de l'alcool, trop de café, ou à se droguer. Mais comme on le verra, les médicaments ne constituent qu'une partie (certes essentielle mais non exclusive) de la lutte qui s'instaure contre la maniaco-dépression.

Les réactions et le comportement de l'entourage du

maniaco-dépressif sont également déterminants pour l'avenir. Qu'il s'agisse d'un enfant, d'un adolescent ou d'un adulte, le patient sera moins angoissé et moins triste si ses proches le soutiennent sans pour autant l'étouffer. À première vue, ce soutien moral et affectif semble une évidence. Or c'est loin d'être le cas. J'ai déjà évoqué les attitudes de défense, de rejet et de déni face à la maladie mentale, dues à la peur de la folie, à l'ignorance et à la culpabilité des proches. Elles sont si fréquentes et surtout si dévastatrices pour les patients qu'il me paraît indispensable d'insister sur ce triste état de fait. On ne répétera jamais assez que presque tout le monde peut un jour ou l'autre développer un trouble psychique. La dépression, la maniaco-dépression ou une bouffée délirante menacent beaucoup d'entre nous, bien que certains soient davantage exposés en raison de leur hérédité, de leur histoire et de leur mode de vie. Comme toutes les personnes atteintes de troubles mentaux, les maniaco-dépressifs se heurtent donc à de nouveaux univers : le leur, qui change totalement une fois le diagnostic posé, celui des médecins de l'hôpital, du personnel soignant… et celui de leur entourage. Les proches souffrent eux aussi, mais peu osent l'avouer. Les actes s'associent parfois à un silence semblable à une *omerta*. Une famille auparavant soudée peut ainsi littéralement « exploser » quand l'un de ses membres est diagnostiqué maniaco-dépressif. La maladie mentale est entrée en trombe dans un groupe qui se contentait jusque-là d'un équilibre et d'une entente plus ou moins solides. La routine se brise. Le coup de tonnerre résonne pour le patient comme pour la famille, en n'épargnant personne. Il existe heureusement des moyens de lutter ensemble contre la maladie. Mais le principal acteur reste le maniaco-dépressif lui-même.

Un comportement étrange

Tout a commencé il y a quatre ans. Quand ma fille Ariane, dix-neuf ans à l'époque, est rentrée de cours, je l'ai trouvée bizarre. Habituellement peu bavarde, elle parlait sans arrêt et me racontait qu'elle avait des projets particuliers pour son avenir, en refusant de m'en dire davantage. Elle m'a affirmé que son professeur d'espagnol avait porté une tenue spéciale, un tailleur noir destiné à lui « faire comprendre quelque chose ». Ariane parcourait les pièces de l'appartement en riant. Comme je lui demandais pourquoi elle était si agitée, elle m'a insultée, est allée dans sa chambre, m'a claqué la porte au nez et a mis de la musique à pleine puissance. Je voyais bien qu'Ariane n'était pas dans un état normal mais j'ignorais de quoi il s'agissait. J'ai poussé timidement la porte de sa chambre pour lui demander de baisser le volume de la musique. Ariane dansait en criant devant la fenêtre grande ouverte. Des voisins la regardaient. Cela a duré une heure.

J'ai appelé mon mari et lui ai raconté ce qui se passait. Il m'a répondu de ne pas m'inquiéter. J'ai rétorqué : « Il y a quelque chose. » En voyant Ariane, mon mari a essayé de la calmer. Sans succès. Elle est restée dans sa chambre et a refusé de dîner.

Mon mari et moi avons violemment discuté. Il persistait à nier qu'il puisse y avoir un problème, évoquait seulement l'adolescence et une crise de nervosité passagère. Je lui ai dit que j'allais appeler notre médecin généraliste et il m'a jeté un regard ironique. J'ai quand même décrit l'état d'Ariane à notre médecin. Il s'est déplacé et sa réponse a été très ferme : nous devions la conduire immédiatement dans un service de psychiatrie pour une évaluation.

Ariane a refusé en hurlant qu'elle se sentait en pleine forme et que nous étions complètement fous. Nous avons fini par lui dire : « Il est presque minuit, tu n'arrives pas à dormir, il faut consulter à l'hôpital. » Le psychiatre de garde l'a fait hospitaliser. Elle avait un accès de manie. J'entendais ce terme (au sens médical) pour la première fois.

Nous n'avons pas pu la voir pendant une semaine. Son psychiatre nous a expliqué que cette coupure était nécessaire. Ariane avait des difficultés à parler clairement à cause du traitement. C'est terrible de voir son enfant en psychiatrie. On a l'impression de basculer soi-même. On s'en veut d'avoir peur. On s'en veut d'aller mal alors que son enfant souffre. On craint les ombres et on envisage le pire. Ariane est restée à l'hôpital pendant un mois et demi. Au début elle a essayé de s'enfuir à plusieurs reprises. Elle me téléphonait souvent et m'a dit un jour en pleurant : « Si tu m'aimes, viens me chercher, je n'en peux plus. » Je lui ai répondu qu'elle devait encore être soignée. Elle ne comprenait pas et me reprochait de l'abandonner.

La famille a réagi de mille façons différentes. Il y a eu de la tristesse, de l'étonnement et surtout une peur presque palpable. Certains donnaient leur avis sur les psychiatres en affirmant qu'Ariane était désormais entre leurs mains et y resterait. D'autres tentaient de comprendre. D'autres nous accusaient d'irresponsabilité ou critiquaient notre manière d'éduquer notre fille. Il y a eu des questions, des commentaires et des comportements ahurissants. De vieux conflits ont resurgi.

La plupart des gens de la famille sont allés voir Ariane à l'hôpital. Ceux qui ne l'ont pas fait évoquaient le manque de temps. D'autres, plus honnêtes, disaient ne pas en être capables. Je tâche de ne pas trop en vouloir à ceux que j'appelle secrètement les « fuyards ». Ses amis l'ont toujours soutenue. Je ne peux pas en dire autant des nôtres.

Ariane est rentrée à la maison. Tout semblait aller mieux mais un an plus tard elle a été réhospitalisée pour une dépression grave. Le diagnostic a été établi et le chef de clinique a parlé de « psychose affective », qui est apparentée à la maniaco-dépression. C'est Ariane qui a posé directement la question à son psychiatre. Il ne lui a pas répondu franchement, il lui a dit qu'il était trop tôt pour mettre une « étiquette » sur sa maladie mais qu'elle nécessitait des soins longs et réguliers.

Ces dernières années ont été très difficiles. Chaque fois qu'Ariane est triste ou nerveuse, nous redoutons que cela ne dégénère. Il est impossible (en tout cas cela nécessite une sérénité que je ne possède pas) de se sentir « tranquille » avec un enfant maniaco-dépressif. Malgré soi on craint la rechute et si elle se produit on se sent de nouveau totalement désarmé.

Ariane a eu un autre accès de manie il y a deux ans mais son état est maintenant stabilisé. Elle a repris ses études. Elle est intelligente et courageuse. Elle admet sa maladie mais refuse les étiquettes. Elle méprise un peu ceux qui ont eu peur de sa « folie » passagère. Elle s'entend merveilleusement bien avec son psychiatre. J'ai foi en l'avenir, malgré des périodes de doute. Quand une chose comme cela arrive, je pense qu'il faut l'accepter et surtout ne pas se voiler la face.

Ma fille est maniaco-dépressive. C'est ainsi, on m'a dit que des millions de gens le sont. Je me dis pour me rassurer qu'elle est soignée et m'évertue peut-être naïvement à penser qu'elle peut quand même mener une vie quasi normale.

Élisabeth (quarante-deux ans, assistante de direction)

Les réactions et les comportements dans la famille

Avec la maniaco-dépression, on peut parler de réactions en chaîne et de ricochets inconscients. Tout se télescope avec brutalité, dans l'angoisse et quelquefois dans la violence. Comment sortir de ce cercle infernal ? Grâce au respect, à la confiance et à un soutien sans faille, qui permettront au malade de mieux se prendre en main. J'ajouterai que sans amour et sans amitié, les meilleurs médicaments et la meilleure psychothérapie ne suffiront pas à ce qu'un maniaco-dépressif combatte sa maladie efficacement. Cela vaut d'ailleurs pour tous les troubles psychiques. Mais l'amour ne doit pas verser dans un excès : critiquer ou infantiliser une personne malade équivaut à la figer dans sa maladie, à étouffer sa personnalité et à l'empêcher de prendre des initiatives. Elle ne saura plus comment se comporter et ne progressera pas.

Il arrive très souvent qu'avant le diagnostic de maniaco-dépression, la famille (ou l'un de ses membres) refuse de voir la réalité en face. Ainsi le père d'Ariane s'est d'abord réfugié dans l'aveuglement. Sa peur l'empêchait d'ouvrir les yeux et il est devenu hostile quand sa femme a voulu réagir. Il a fallu l'intervention du médecin pour que cet homme sorte de son état de déni. Ces comportements s'observent aussi en ce qui concerne l'alcoolisme, la prise de drogues ou les troubles du comportement alimentaire. Si un accès maniaque a rendu le patient agressif ou incapable d'assumer ses responsabilités, il arrive que la famille se sente très en colère contre lui. Il en va de même si elle le perçoit comme un « malade imaginaire » ou un individu manipulateur. On peut donc dire que la méconnaissance des symptômes de la maniaco-dépression entraîne des réactions négatives et lourdes de conséquences. Par exemple, les enfants ou adolescents maniaco-dépressifs provoquent chez leurs parents de nombreuses interrogations. Ils ignorent souvent la nature particulière des symptômes dépressifs de l'enfant, qui devient irritable, pique de violentes colères sans raison, se plaint de maux de tête ou de ventre. Un enfant peut également avoir un accès maniaque, marqué comme chez l'adulte par une agressivité et une nervosité extrêmes, des crises de violence, une accélération de ses actes et de ses paroles. La maniaco-dépression, on l'a vu, est assez rare chez l'enfant, puisqu'elle commence en général à l'adolescence, mais dans tous les cas, un changement brutal et manifeste du caractère et du comportement nécessite une évaluation. Mieux vaut conduire le jeune chez un spécialiste, plutôt que d'attendre que la dépression ou l'accès maniaque « guérissent tout seuls ». Non seulement ils ne guériront pas sans médicaments et psychothérapie, mais la maladie non traitée à temps représente l'un des dangers majeurs pour l'avenir.

Après le diagnostic, l'une des réactions les plus fréquentes est encore le déni. On refuse d'y croire ou l'on doute de la qualification du médecin. La culpabilité, la honte, l'angoisse, l'accablement et la colère sont d'autres réactions classiques. Le sentiment de culpabilité est souvent écrasant car la famille se reproche de s'être montrée agressive avec le malade, ou d'avoir eu des sentiments de haine envers lui. Elle s'imagine parfois même avoir causé la maladie, précisément en raison de ces attitudes inadaptées, et cherchera par tous les moyens à réparer ces erreurs. Cela concerne surtout les parents d'un enfant ou d'un adolescent imprégnés d'une certaine littérature « psy » qui répand l'idée (fausse) que les parents sont responsables de la survenue d'une maladie mentale chez leurs enfants. Trop longtemps la famille, et plus particulièrement la mère, a été tenue pour responsable de la maladie mentale de l'enfant. Il existe certainement une dialectique entre la maladie mentale et la structure familiale, mais on ne saurait établir de causalité directe et exclusive entre l'une et l'autre. Les thérapies familiales s'attachent à éclairer les liens qui se tissent entre la famille et le malade, mais surtout à soutenir et à déculpabiliser les parents, frères et sœurs, etc., qui se retrouvent seuls face à la maladie et à la souffrance. D'autres parents encore accusent les médecins de ne pas savoir guérir la maniaco-dépression et la maladie mentale « une bonne fois pour toutes ». Cette colère peut aussi s'exprimer envers le malade, les autres membres de la famille, ou Dieu… La famille a besoin de temps pour s'adapter. Ce temps varie selon la capacité de chacun à affronter une nouvelle réorganisation. Certains réagissent avec courage. D'autres s'effondrent, continuent à fuir la réalité, ou entrent eux-mêmes dans un cycle alternant entre colère et culpabilité. Il ne s'agit pas de juger ces attitudes, qui révèlent la personnalité profonde de chacun, mais de savoir qu'elles sont parfaitement humaines… y compris celle de la fuite. Il est pourtant indéniable que certains préfèrent prendre et garder des distances car leur peur est trop forte. Il arrive qu'un couple divorce lorsqu'un conjoint – ou l'un des enfants – est diagnostiqué maniaco-dépressif.

Dans les cas de maniaco-dépression grave, la prise de conscience que la personne ne sera plus telle qu'on la connaissait avant sa maladie est très douloureuse. Les rêves et les espérances devenus irréalisables provoquent un grand chagrin. Quand il s'agit d'un jeune, la famille est consternée face à ces années gâchées par la maladie. Cette perte symbolique de l'être qu'on aime équivaut à une sorte de deuil partiel. Les proches passent de la résignation à l'acceptation, entrecoupées de griefs renouvelés. Ceux-ci peuvent être suscités par la réussite d'un autre membre de la famille, ou par une réunion familiale durant laquelle la personne a eu une attitude indélicate ou provocatrice. Le groupe est parfois gêné par les sautes d'humeur ou le comportement incongru du malade. Fréquemment, les amis ne savent pas quoi dire à la famille, ni comment l'aider. La plupart du temps ils ne disent rien et, peu à peu, participent avec elle à une conspiration du silence. Il devient alors plus « simple » de s'éviter mutuellement. L'isolement social et amical du groupe familial est une conséquence tristement habituelle de la maniaco-dépression. Mais se replier sur soi-même dans le chagrin, la honte et l'angoisse n'est une solution satisfaisante pour personne, et surtout pas pour le malade.

Un combat incessant

Pascale est « entrée » dans une maladie maniaco-dépressive à vingt-huit ans. Cela a commencé quelques mois après la naissance de notre fils Hadrien. Pascale restait très fatiguée, était irritable et pleurait souvent. Son médecin généraliste a diagnostiqué une dépression. Je m'occupais de ma femme comme je le pouvais. Tout le monde ou presque sait ce qu'est une dépression. La personne est si mal qu'il est difficile de l'approcher et de lui parler. Il y a même des périodes où on lui en veut, alors que l'on sait qu'elle souffre beaucoup. Il y a des moments où on est lassé de faire des efforts vains. Et puis la tristesse noire est communicative. J'en avais assez et il m'est arrivé d'avoir envie de tout laisser tomber.

Cette dépression a guéri au bout de huit mois. J'ai retrouvé la femme équilibrée que j'aimais, et Hadrien a « récupéré » une mère heureuse et souriante. Pascale a recommencé à travailler, puis cela a rebasculé deux ans après. Là, c'était l'inverse de la dépression. Et ça, je ne connaissais pas. Du jour au lendemain ma femme s'est transformée, s'habillait en Lolita et dépensait des sommes incroyables. J'étais stupéfait. Elle me répétait avec agressivité qu'elle était devenue une autre femme et que je devais l'accepter. Elle me traitait de rabat-joie incapable de la comprendre. Elle passait des nuits entières au-dehors et revenait parfois complètement ivre.

Impossible de raisonner Pascale, qui m'insultait puis me cajolait. Je me retrouvais face à une étrangère. C'est comme si celui que l'on croyait connaître avait disparu et portait un masque affolant.

Pascale ne voulait pas entendre parler de maniaco-dépression. Il a fallu plusieurs mois pour qu'elle accepte de prendre correctement son traitement de lithium. Le psychiatre a su la convaincre. Elle suit une psychothérapie qui l'aide beaucoup.

Cela dure depuis six ans et nous savons que cela ne cessera jamais. Cette maladie est vraiment particulière.

J'aime Pascale mais j'avoue qu'au début j'ai parfois pensé à divorcer. Je ne l'ai pas fait car je déteste la lâcheté. Je ne fuis pas devant la maladie. Pascale vit plus ou moins bien selon son état, et moi aussi. J'ai décidé que c'était un combat que nous mènerions à deux.

Manuel (trente-huit ans, informaticien)

Comment réduire le stress du malade et de ses proches ?

Toute la famille (parents, frères et sœurs, partenaire, grands-parents, etc.) a besoin d'aide pour parvenir à soutenir le malade. Il est essentiel que le groupe réévalue avec soin ses objectifs pour le patient (sans les choisir à sa place), et ce qu'il peut attendre de lui selon son état. Parler avec les médecins est une première étape : leur rôle consiste également à répondre aux questions des proches sur la maladie, les traitements et leurs effets secondaires, les comportements à adopter... Si le malade est en phase maniaque ou dépressive et se met en danger, il faut assurer sa sauvegarde : l'empêcher de conduire (et si possible de boire de l'alcool ou de se droguer), lui prendre sa carte bancaire et son chéquier, dissimuler les objets et substances dangereux (médicaments, armes à feu...), etc. Un malade en phase maniaque aiguë, agressif ou délirant, résistera par tous les moyens face à ce qu'il considère comme des contraintes insupportables et un abus de pouvoir. Si l'on ne parvient pas à juguler son agressivité, il ne faut pas hésiter à appeler le médecin, les pompiers ou même la police. Cette dernière solution paraîtra exagérée à certains, et divise d'ailleurs les médecins eux-mêmes. Mais la violence physique d'un adolescent ou d'un adulte risque de susciter des drames, ou une crainte permanente chez ses proches. Il importe donc d'éviter que les choses ne tournent très mal. Demander des secours et montrer ainsi au malade qu'il doit respecter la loi n'a rien de honteux, bien au contraire cela a pour effet bénéfique de le cadrer.

Les médecins orientent souvent les personnes qui le demandent vers un psychothérapeute, ou leur proposent une thérapie familiale (ou conjugale) en plus de sa thérapie individuelle. Quand un patient est maniaco-dépressif (ou atteint de troubles schizo-affectifs*), la thérapie familiale est particulièrement utile. Elle permet au groupe de décoder le réseau de la souffrance. Les frères et sœurs, toujours bouleversés par la maladie, modifient et adaptent leur comportement. Bien malgré eux, ils sont souvent inconsciemment jaloux de l'intérêt extrême porté au malade. Il en résulte des attitudes rejetantes, agressives ou dépressives. Si l'un des parents est malade, son conjoint et leurs enfants sont également en difficulté. Le conjoint doit remplacer par moments le père (ou la mère), tandis que les enfants – souvent l'aîné – cherchent à secourir leurs deux parents, au détriment de leur propre existence. Dans tous les cas, le parent et les enfants subissent trop de choses pour pouvoir les assumer seuls et sans aide extérieure.

Le stress causé par la maladie est quasiment inévitable, mais il est possible de l'atténuer. Cela représente même une priorité absolue, afin que le malade et ses proches ne se noient pas dans les difficultés. On l'a vu, pour le malade le stress est parfois l'un des éléments déclenchants de la dépression ou de la manie. Il est donc important de ne pas lui demander des choses impossibles. Mais le mode de vie familiale ne doit pas pour autant être entièrement dominé par l'état du malade. Chaque famille doit trouver la méthode qui lui convient pour négocier avec le patient et éviter des conflits inutiles. On peut très bien exiger du malade qu'il respecte les horaires des repas, se couche et se lève à des heures raisonnables, et participe aux tâches ménagères. Cela l'aidera à reprendre confiance en lui et à retrouver un bon équilibre psychologique. Le message implicite revient à lui dire que ses proches tiennent absolument à l'inclure dans la vie quotidienne, et donc à ne pas le mettre à l'écart. Il en va de même pour les sorties, les loisirs, les week-ends et les vacances.

Une bonne communication (faute d'avoir la meilleure communication possible il faut au moins opter pour la moins mauvaise…) est indispensable au sein du groupe. Les conflits font partie de toute vie familiale, mais avec un maniaco-dépressif il existe un

* Rappelons que les troubles schizo-affectifs ou « psychose affective » regroupent des symptômes de variation de l'humeur qui appartiennent à la maladie maniaco-dépressive comme des symptômes de schizophrénie.

savoir-faire qu'il faut acquérir au fur et à mesure de l'évolution de la maladie.

Le monde du travail

La plupart des maniaco-dépressifs correctement traités peuvent et doivent travailler. Mais ils se sentiront beaucoup plus à l'aise si leur employeur et leurs collègues comprennent et tolèrent leurs difficultés (qui finissent toujours par se dévoiler). On se doute que selon les entreprises, cette compréhension est plus ou moins de mise. La crainte et le rejet face à la maladie mentale n'épargnent pas le monde du travail où chacun sait que la rentabilité et l'efficacité constantes sont exigées. Or, malgré un traitement adapté, un maniaco-dépressif se trouve en général dans l'incapacité de contrôler constamment son comportement. Il pourra être par moments trop irritable, susceptible, déprimé ou fatigué pour assumer ses tâches. Cela fait partie de la maladie, et n'est pas toujours facilement accepté par les autres qui connaissent personnellement ce genre de difficultés, mais n'ont aucune idée des proportions qu'elles peuvent prendre chez un maniaco-dépressif. La qualité des relations que celui-ci établira avec ses collègues (et réciproquement) est donc déterminante. Il ne s'agit pas de se réfugier derrière la maladie pour justifier certains comportements, mais d'expliquer le plus clairement possible pourquoi tel jour a été marqué par de l'agressivité, ou au contraire par une euphorie un peu trop « voyante ». Des interlocuteurs tolérants sont les meilleurs garants d'une bonne adaptation professionnelle et du maintien d'un équilibre psychologique satisfaisant. Un employeur compréhensif permettra au patient d'adapter son rythme de travail à ses capacités. Conserver son emploi est une nécessité pour tout employé, mais un maniaco-dépressif doit déployer beaucoup plus d'efforts que les autres pour y parvenir. Il est donc essentiel que l'ensemble de l'équipe puisse (et veuille) l'aider.

Le harcèlement moral, désormais reconnu comme un fait de société, est très répandu dans le monde du travail. Il suscite souvent des dépressions et beaucoup (un peu trop ?) n'hésitent plus à le dénoncer. Les conséquences de ce harcèlement se révèlent catastrophiques pour un maniaco-dépressif. Sa fragilité émotionnelle le rend beaucoup plus vulnérable qu'un autre. Il doit donc tout faire pour ne pas se laisser happer par cette torture psychologique. Parler à ses collègues, à son médecin et à son psychothérapeute l'aidera à se protéger.

Le self-management ou autogestion de la maniaco-dépression

En 1993, le *Manic Depression Fellowship* [1] a lancé en Grande-Bretagne une série de réunions sur le thème de la prise en charge du maniaco-dépressif par lui-même intitulée l'« autogestion » ou le « self-management » du maniaco-dépressif. En 1995 il a publié un guide intitulé *Inside Out* (Dedans-Dehors) faisant état de cette expérience qui a eu beaucoup de succès. Il s'agit de sensibiliser les patients atteints de maladie maniaco-dépressive à cette affection afin qu'ils puissent acquérir une attitude « combative » à son égard. Cela consiste à s'impliquer de plus en plus dans l'autogestion de cette affection, en ce qui concerne le repérage des signes d'alarme, des épisodes de rechutes maniaques ou dépressives et l'acquisition d'une autonomie relative par rapport à son médecin généraliste, à son psychiatre, et au réseau des intervenants médicaux, familiaux, amicaux et professionnels. Le but est d'acquérir une plus grande confiance en soi pour gérer cette maladie et mener à bien son évolution. Il a été effectivement noté que les rechutes dépressives ou maniaques sont très souvent annoncées par les mêmes symptômes d'alarme chez chaque malade. C'est par l'intervention du patient à ce stade qu'il lui est demandé d'agir. Après l'installation de la rechute, il est souvent trop tard pour faire « avorter » la crise. Je compare ce phénomène à une crise de migraine. C'est au moment de l'installation des premiers symptômes (signes « précurseurs » ou « avant-coureurs ») annonciateurs de la migraine qu'il faut agir en instituant la médication appropriée. Au-delà d'une certaine limite il est trop tard et si la crise s'installe elle est plus difficile, voire impossible, à déraciner malgré le traitement entrepris.

De plus il est capital de prévenir les rechutes car, comme on l'a vu, il est prouvé actuellement que plus on a de rechutes, plus on en aura, avec le risque de voir évoluer la maladie évoluer vers sa forme grave que l'on dénomme la forme à « cycles rapides ».

Le self-management[1]

Le « self-management » incite les patients à prendre une responsabilité croissante dans la gestion de leur santé. Cette méthode devrait permettre de :

1) Réduire le nombre d'hospitalisations.

2) Favoriser de meilleures relations avec autrui.

3) Augmenter les capacités des patients à maintenir une activité professionnelle régulière.

Comment ?

— Tenez un journal, en y rédigeant au moins une phrase par jour.

— Renseignez-vous sur la maladie dont vous êtes atteint, et sur les médications proposées.

— Demandez à votre médecin la possibilité d'« ajuster » vous-même votre médication en fonction de la fluctuation de votre humeur. Cette « automédication » doit varier selon une « fourchette » à définir avec et sous le contrôle du médecin.

— Apprenez à reconnaître vos fluctuations d'humeur et leurs signes avant-coureurs (symptômes d'alarme).

Pratiquement, que faut-il faire ?

1) Dans les états dépressifs :

— Pratiquez une activité physique, marche ou autre sport.

— Maintenez un contact avec les autres, parlez de vos états d'âme avec des personnes privilégiées.

— Recourez à une thérapie cognitive qui peut participer à une modification de votre humeur par une modification de vos idées.

— Exprimez en privé votre dépression comme une colère (autrement dit, essayez de l'extérioriser).

2) Dans les états maniaques :

— Arrêtez la consommation de thé, de café, et de tous les produits excitants.

— Respectez votre durée de sommeil.

— Protégez-vous contre vous-même : ne prenez pas de décisions importantes, ne dépensez pas trop d'argent.

— Essayez de vous contrôler activement, en vous battant contre les idées expansives et de grandeur.

Il est impératif de se connaître pour contrôler sa maladie. Entretenez votre santé physique et les relations sociales qui vous soutiennent.

Tous ces conseils peuvent sembler plus faciles à énoncer qu'à suivre. Leur efficacité suppose un minimum de lucidité et de prise de conscience du malade. Il serait vain d'espérer qu'ils puissent être suivis dans des cas de dépression grave ou de manie aiguë. Mais force est de reconnaître que dans les phases de rémission ou de rechute légère, ils sont utiles et opérants.

Voici d'autres éléments importants pour la meilleure autogestion possible :

— La maniaco-dépression est une maladie chronique qui dure la vie entière. Elle ne peut être guérie mais, dans quasiment tous les cas, elle peut être gérée jusqu'à un certain point.

— Prendre en charge son propre bien-être est essentiel. Même si le malade bénéficie de la meilleure équipe médicale, il doit accepter la durée de sa maladie et prendre la responsabilité de la gérer. C'est bien sûr difficile, voire impossible, en phase dépressive grave ou maniaque. Dans ce cas, le malade laissera temporairement un tiers prendre les décisions à sa place. D'autre part, chacun répond de façon inégale aux médicaments et aux thérapies. Mais le malade reste le « chef », celui qui décide des ressources à utiliser. Il doit se souvenir qu'il existe des moyens thérapeutiques différents. C'est à lui de les chercher, et de choisir les engagements qu'il prend pour sa santé.

— Travailler avec son médecin, et non contre lui. Le patient doit insister pour que le médecin travaille en collaboration étroite avec lui. Il est vital que le médecin et le malade s'écoutent et se respectent mutuellement.

— Développer une mentalité de survie. D'abord et avant tout, cela signifie que le malade doit décider que la vie doit continuer après le diagnostic. Il tâchera de se rappeler que des millions de gens vivent avec ce trouble, qu'il n'est donc pas le seul dans ce cas et qu'il existe une multitude d'aides possibles. Après le début du traitement, certains maniaco-dépressifs n'auront plus jamais de crises. D'autres ne répondront à aucune tentative de traitement. La plupart du temps, les patients se situent entre ces deux éventualités. Ils contrôlent bien leur maladie, mais connaissent encore des hauts et des bas, et des moments plus ou moins difficiles. Dans ces derniers cas, le malade pourra décider lui-même de consulter pour un contrôle.

— Deux objectifs principaux :

• « Survivre » et prendre soin de soi. S'associer autant que possible à la vie des autres (partenaire, famille, amis, collègues, etc.). Mais si le premier objectif n'est pas réalisé, le second reste totalement inutile.

• Devenir conscient de ses états d'humeur. Beaucoup de maniaco-dépressifs tiennent à jour un graphique de leurs humeurs, sur un agenda ou un calendrier. Cela les aide à mieux comprendre leurs cycles, et peut aussi fournir des indices sur d'éventuels facteurs déclenchants extérieurs, provoquant ou augmentant les cycles. Par exemple, si le patient se sent de meilleure humeur un ou deux jours après un exercice physique intense, il en fera chaque jour. Inversement, s'il se sent particulièrement déprimé après une activité quelconque, ou après avoir absorbé telle nourriture ou telle boisson, il limitera (ou supprimera) ce type de consommation.

— Créer un réseau de soutien. De nombreux maniaco-dépressifs passent un contrat moral avec des membres de leur famille ou des amis de confiance : ceux-ci les préviendront, d'une manière amicale et non menaçante, s'ils détectent chez eux un début de dépression, de manie ou d'hypomanie.

— Structurer son existence. Beaucoup de maniaco-dépressifs s'aperçoivent que le suivi d'un rythme régulier possible concernant les horaires de repas et le sommeil les aide à stabiliser leur humeur. Il est d'ailleurs scientifiquement prouvé qu'une privation de sommeil risque de provoquer une phase maniaque ou hypomaniaque.

— Éviter les stimulants et dépresseurs artificiels. Si quelques maniaco-dépressifs supportent de faibles doses de caféine (stimulant) et d'alcool (dépresseur), ces deux substances – surtout l'alcool – interagissent négativement avec les médicaments. Certaines personnes préfèrent donc éviter complètement le café et l'alcool. Si un malade en boit, il devrait avertir son médecin... et être certain qu'il n'y aura pas d'effets secondaires très désagréables. La modération est de mise, et l'abstinence peut représenter le meilleur choix.

— Demander le soutien de la famille et des amis. Bénéficier d'une bonne structure de soutien est important. Malheureusement, il arrive que les proches ne puissent pas supporter que celui qu'ils aiment ait une « maladie mentale ». Cela est généralement dû à l'ignorance et à la peur. Mais ces personnes peuvent être « éduquées ». Si vous connaissez des gens en qui vous pouvez avoir confiance, mettez-les au courant de votre maladie et informez-les.

Comment aider un proche ?

Que faire (et ne pas faire) si vous estimez qu'un proche a besoin d'aide, mais refuse d'en demander

Pour les proches, l'un des aspects les plus inquiétants et frustrants de la maniaco-dépression réside dans le fait que beaucoup de personnes se refusent à demander de l'aide :

- Quand le patient est déprimé, il est persuadé que toute aide est impossible.
- En phase hypomaniaque ou maniaque, il risque d'être irrité, offensé ou bridé si on lui apporte de l'aide. En cas de manie le patient *ne veut pas* d'aide... Au début, son état lui paraît fantastique, bien que ce soit l'enfer pour son entourage.

Certains maniaco-dépressifs refuseront de l'aide tout au long de leur vie. D'autres commenceront par résister, puis finiront par admettre qu'ils ne peuvent pas contrôler seuls leur maladie. Le refus du traitement est dû à de nombreuses causes, comme la peur, le manque de confiance, le déni, et les effets secondaires des médicaments.

Si quelqu'un refuse le traitement, il n'y a que peu de circonstances où l'on peut l'y contraindre. À moins que le maniaco-dépressif ne représente un danger imminent pour lui-même ou pour les autres, *il ne peut pas être forcé à se soigner* sauf dans des conditions de contraintes médico-légales. Il est très douloureux de voir un proche apparemment en pleine autodestruction, mais il est indéniable que vous ne pouvez pas vivre sa vie à sa place, quel qu'en soit votre désir. En cas de danger pour le patient ou pour autrui, il existe toutefois des moyens de contrainte de soins (voir chapitre IX).

Que faire si un proche recherche une forme d'aide que vous jugez inutile ?

La plupart des maniaco-dépressifs qui décident de se traiter utilisent l'allopathie standard, et une psychothérapie traditionnelle. Les résultats de ces approches sont en général nettement meilleurs que si rien n'est tenté. Cependant, ce n'est pas une vérité universelle et absolue.

Certains maniaco-dépressifs suivront des thérapies alternatives, soit parce que le traitement médical a échoué, soit parce qu'ils se méfient des médecins et des médicaments. Ces thérapies vont du charlatanisme le plus évident à d'autres techniques intéressantes et prometteuses. Mais aucune étude démontrant leur efficacité n'a encore été publiée. Certaines personnes incluent la spiritualité dans leur traitement et leur mode de vie, d'autres l'évitent complètement.

Même si ces approches vous paraissent bizarres, gardez à l'esprit que le fait qu'un maniaco-dépressif prenne une responsabilité dans son traitement est un signe très prometteur.

Enfin, vous devrez également prendre soin de vous-même. Quel que soit l'amour que vous portez à votre proche, ne devenez pas une victime au plan émotionnel ou financier. Il existe des groupes de soutien destinés aux familles, grâce auxquels vous pourrez discuter, exprimer et partager vos émotions, vous renseigner avec précision sur la maniaco-dépression et ses traitements*.

Que faire (et ne pas faire) quand quelqu'un que vous aimez est diagnostiqué maniaco-dépressif ?

Voici douze comportements à adopter si un proche souffre de dépression, de maniaco-dépression ou d'un autre trouble de l'humeur :

1 – Ne considérez pas cette affection comme une tare familiale ou un motif de honte. Tout comme le diabète, les troubles de l'humeur sont pour une partie de nature biochimique, et peuvent également être traités.

2 – Ne harcelez pas ou ne sermonnez pas le patient. Il y a de fortes chances qu'il se soit déjà dit tout ce que vous pourriez lui dire. Il écoutera une petite partie de votre discours et rejettera le reste. Si vous agissez ainsi, vous augmenterez son sentiment de solitude, ou le forcerez à promettre des choses impossibles, comme : « J'irai mieux demain ! »

3 – Évitez de vous positionner comme « meilleur » que le patient, ou au contraire comme un « martyr ». On peut donner cette impression sans prononcer une seule parole. Une personne atteinte d'un trouble de l'humeur possède une sensibilité émotionnelle exacerbée. Cela lui permet de juger l'attitude des autres à son égard davantage par les actes (même les plus infimes) que par les mots.

4 – Bannissez tout chantage affectif. Comme le patient ne peut absolument pas contrôler sa souffrance, cela ne fera qu'augmenter sa culpabilité. Le chantage affectif équivaut à lui dire : « Si tu m'aimais, tu n'aurais pas de diabète. »

* L'association Arsos 2001 organise des activités de groupes de patients maniaco-dépressifs et des conférences d'information autour de cette maladie.

5 – Évitez de recourir à la menace, à moins d'être certain de la mettre à exécution. Bien entendu, il y a des périodes où une action spécifique est indispensable pour protéger les enfants ou les adolescents, voire les adultes. Mais une menace vaine incitera le patient à sentir que vous ne pensez pas et ne faites pas ce que vous dites.

6 – Si le patient prend de la drogue ou de l'alcool, ne les lui enlevez pas brutalement et ne les cachez pas. Généralement, cela provoquera chez lui un état d'agressivité ou de dépression. Au bout du compte, s'il ne peut pas se passer de toxiques, il trouvera toujours de nouveaux moyens pour s'en procurer. Ce n'est pas le moment d'engager une relation de force.

7 – Cependant, si l'abus de drogue ou d'alcool pose un réel problème, ne laissez pas le patient vous persuader d'en prendre en même temps que lui, sous prétexte qu'il en consommerait moins. Cela marche rarement. De plus, quand vous « pardonnez » la prise de toxiques, cela risque de pousser le patient à retarder sa recherche d'une autre solution à ses difficultés.

8 – Ne prenez pas ombrage de la méthode que choisit le patient pour se remettre d'aplomb. Une idée reçue veut que l'amour de la famille et des proches suffise, et puisse remplacer une thérapie extérieure. Le patient est souvent beaucoup plus motivé pour reconquérir l'estime de soi que pour reprendre ses responsabilités familiales. Vous pouvez donc vous sentir « frustré » quand il se tourne vers d'autres pour obtenir un soutien. Mais jalouseriez-vous son médecin généraliste ou son dentiste ?

9 – N'espérez pas un rétablissement immédiat et complet. Beaucoup de maladies sont suivies d'une période de convalescence. Il peut y avoir des rechutes, ainsi que des moments de tension et de ressentiment.

10 – N'essayez pas de protéger le patient de situations vous semblant potentiellement à risque dépressif, ou stressantes. L'une des meilleures façons pour qu'il prenne la fuite est d'agir comme si vous vouliez qu'il dépende entièrement de vous. Il doit apprendre par lui-même ce qui lui convient, en particulier en société.

11 – Ne faites pas pour l'autre ce qu'il peut faire seul. Vous ne pouvez pas prendre ses médicaments à sa place, ni ressentir ce qu'il ressent. Et vous ne pouvez pas résoudre ses problèmes à sa place. Ne tentez pas de faire disparaître les problèmes avant que le patient n'ait à les affronter, à les résoudre, ou à en souffrir.

12 – Offrez de l'amour, du soutien et de la compréhension pendant la période de rétablissement, quelle que soit la méthode employée par le patient. Ainsi certains choisissent de prendre des médicaments, d'autres pas. Exprimer une désapprobation sur la méthode choisie renforcera chez l'autre l'impression que tout ce qu'il fait est mal.

9

Vive les médicaments… mais Freud n'est pas mort !

« Non loin est un mortel que la mélancolie
Ou l'affreux désespoir a frappé de folie…
Adoucissons leur sort, traitons avec bonté
Ces malheureux bannis de la société ;
De ces mânes exclus des scènes de la vie
Laissons errer en paix la libre fantaisie :
Par de durs traitements ne l'effarouchons pas ;
Que des objets riants se montrent sur leurs pas ;
Entourons-les de fleurs, que le cours des fontaines
Roule, nouveau Léthé, l'heureux oubli des peines ;
Et, dans les prés fleuris, sous des ombrages verts,
Offrons-leur l'Élysée et non pas les Enfers. »

Jacques DELILLE, *La Pitié* (1803),
vers philanthropiques inspirés à la fois de Pinel
et de Virgile, cités par Jackie Pigeaud
dans *Aux portes de la psychiatrie*

Les progrès de la psychiatrie

Sous l'impulsion des psychiatres, des philosophes, des sociologues voire des patients eux-mêmes, la psychiatrie se remet sans cesse en question depuis un demi-siècle. Jusqu'à la Seconde Guerre mondiale, les malades internés possédaient à peine le statut d'être humain : on les enfermait avec souvent un seul médecin pour cinq cents patients comme le rappelle Patrick Lemoine dans *Droit d'asiles* [1]. Au début de la guerre, la situation des malades mentaux était si catastrophique que l'on a dû ouvrir les asiles car les malades risquaient d'y mourir de faim. En constatant que certains patients pourraient se réadapter relativement bien à la vie en société, les psychiatres ont commencé à comprendre que les maladies mentales n'étaient pas toujours aussi définitives qu'ils l'estimaient. Ce premier pas vers l'abolition de l'image caricaturale du « fou incurable » a été essentiel.

Je décrirai dans ce chapitre les médicaments dont nous disposons aujourd'hui, qui ont révolutionné la vie des malades. J'aborderai aussi les psychothérapies, si précieuses pour aider le patient à se reconstruire, les différentes institutions existantes et les systèmes d'internement et de protection des malades. Ceux-ci (et leurs familles) manquent souvent d'informations pour savoir où se faire hospitaliser dans les meilleures conditions, puis ensuite se faire aider au cours de leur convalescence. L'institution psychiatrique reste encore tentaculaire et très complexe quand on s'y aventure seul, de surcroît quand on y est contraint et forcé.

« Depuis quelques années certains commentateurs pensent que la psychiatrie est en crise ! Ils dénoncent le biologisme triomphant, cheval de Troie des multinationales qui n'aurait apporté aucune découverte décisive depuis bien longtemps. La psychanalyse, qui a marqué de son sceau vingt années de remaniements dynamiques de la personnalité, continuerait, selon eux, à osciller entre les conflits byzantins et les pratiques charlatanesques. Enfin l'effondrement des modèles sociaux aurait sonné le glas d'une psychiatrie sociale à la française [2]. » Devant cette description pessimiste, il faut raison garder et se rappeler comme on l'a déjà vu que la psychiatrie n'est pas une discipline univoque ; ses limites se confondent avec la médecine, la neurologie, la psychologie et les sciences humaines. L'évolution vers les prises en charge extra-hospitalières s'inscrit dans le cadre du mouvement de son ouverture vers la société, c'est ce que l'on a dénommé la « désinstitutionnalisation ». De nombreux psychiatres ont joué un rôle fondamental. Cette tendance n'est pas spécifique à notre pays et a marqué l'évolution des idées dans toute l'Europe. En Italie et en Grande-Bretagne, on a assisté avec plus ou moins de fortune à des mouvements similaires. Ainsi en Espagne, le nombre des hôpitaux psychiatriques est passé de 114 à 97, et le nombre de lits de 42 000 à 23 000 entre 1978 et 1993.

Les progrès de la psychiatrie contribuent à repousser les limites des prises en charge par :

• le développement des centres médico-psychologiques (CMP) ;

• la création de « structures intermédiaires » même si certaines d'entre elles sont toujours attendues comme l'Arlésienne. Ces structures sont situées à mi-chemin entre l'hospitalisation, les consultations et « la vie civile » (hôpitaux de jour, ateliers thérapeutiques, appartements thérapeutiques, centres de post-cure...) ;

• la création de centres et d'accueils de crise (CAC) ;

• la création de centres d'accueil thérapeutique à temps partiel (CATTP) ;

• la réforme de la loi de l'internement ;

• la recherche dans le domaine de l'épidémiologie et de l'évaluation des soins ;

• enfin la recherche en neurobiologie moléculaire, en psychopharmacologie, en génétique et en imagerie cérébrale, et leurs avancées qui posent des jalons prometteurs pour la psychiatrie de demain.

Ainsi, en quelques décennies, la psychiatrie a réalisé des progrès importants dans plusieurs domaines. Mais ces progrès ne sont pas suffisants pour lutter contre la stigmatisation attachée à la maladie mentale et pour améliorer les pratiques et renforcer les alternatives à l'hospitalisation. Il est largement admis que les maladies mentales ont des causes multiples, et que la relation établie avec le malade se trouve au cœur du processus des soins. Or la psychiatrie reste critiquée par certains. Même s'il a existé certaines dérives concernant les conditions d'internement et si l'on doit encore améliorer la qualité des lieux d'accueil et des soins, il faut savoir que contrairement à ce que pensent certains esprits chagrins « idéologisés » et mal informés, la psychiatrie n'aliène pas le patient mais au contraire tente de le *libérer*. Ce sont les maladies mentales sévères qui emprisonnent le malade dans un monde atroce. Dans cette démarche, les psychotropes ont constitué une étape indispensable pour l'aider à retrouver une part de sa liberté.

Comme on l'a vu, dans les années 1960, l'antipsychiatrie a beaucoup fait parler d'elle. Ce courant de pensée s'opposait essentiellement aux médicaments et privilégiait la sociogenèse de la maladie mentale. En 1957, l'Américain Thomas Szasz présente la maladie mentale comme un simple mythe. Les Anglais Ronald Laing et David Cooper la perçoivent comme une « expérience » dans la vie du malade, à respecter en tant que telle. Dans les structures qu'ils ont créées, les soignants partagent l'existence des soignés, en « accompagnant » les épisodes psychotiques aigus pour les « soulager ». On croit alors que la maladie porte en elle sa propre guérison, à condition que la société n'intervienne pas brutalement dans son évolution mais qu'elle accompagne le patient dans ce « voyage » qu'est la folie.

L'impact de l'antipsychiatrie a été moindre en France. Elle a eu cependant le mérite de faire réfléchir sur les conditions d'internement asilaire. Mais cette thèse a omis de prendre en compte d'une part la souffrance psychique du malade et d'autre part la détérioration intellectuelle engendrée par certaines maladies mentales. Enfin elle a parfois fait du malade le « poème du psychiatre », en référence à certains écrits de Laing*. Peut-on considérer cela comme un moyen de soigner ? Évidemment non, car laisser souffrir les malades et aggraver leur mal au nom d'une théorie « esthétiquement » séduisante et paraissant à l'époque « psychiatriquement correcte » s'apparente au mieux à de l'ignorance, au pire à de la cruauté. L'antipsychiatrie a fait long feu et a laissé peu de traces, sauf peut-être en ce qui concerne une certaine vision des médicaments, perçus comme des « camisoles chimiques » ! Les voir ainsi, c'est ignorer le soulagement (et parfois la guérison) qu'ils apportent aux malades à condition de ne pas y compter exclusivement. J'y reviendrai.

La psychiatrie est le parent pauvre de la médecine

Dans le monde, plus de 400 millions de personnes souffrent de troubles mentaux. Ils représentent aujourd'hui 11 % de l'ensemble des maladies, et devraient approcher d'ici à 2020 les 15 %, selon une étude menée en 2000 par l'Organisation Mondiale de la Santé (OMS) qui classe les maladies mentales au troisième rang de toutes les maladies. Le 5 avril 2001, à l'occasion de la 53e Journée mondiale de la santé, le slogan de l'OMS était : « Oser soigner les quelques 400 millions de malades mentaux, partout dans le monde. » En effet, les maladies mentales ne sont pas assez prises en compte. En France, plus d'un million d'adultes et d'enfants consultent chaque année dans les services de psychiatrie publique. Ces chiffres ne reflètent qu'une partie de l'étendue de la souffrance psychique, car à la part liée à la maladie s'ajoute une douleur plus diffuse liée à la solitude, à la précarité et aux difficultés d'insertion sociale et professionnelle. C'est d'autant plus alarmant qu'il existe des patients psychiatriques qui ne sont pas soignés, ni aidés de manière correcte, dans un pays comme le nôtre dont le système de protection de santé a été reconnu par l'OMS

* Psychiatre et poète, dont certains poèmes furent inspirés par ses patients.

comme le premier du monde ! On convient désormais que la prise en charge de la maladie mentale est inadaptée et insuffisante. La médecine a les capacités de soulager les malades, mais les structures de qualité font défaut. Alors ministre de la Santé, Bernard Kouchner, instruit par le rapport des deux psychiatres Éric Piel et Jean-Luc Roelandt rendu public en juillet 2001, a décidé de rénover les grandes structures existantes, qui datent des années 1980. Ces institutions spécialisées (complètement engorgées et souvent éloignées du domicile des patients) ne correspondent pas à la demande et aux besoins actuels. Elles pourraient être remplacées par de petites unités de soins implantées au cœur des lieux de vie, plus proches des patients et leur offrant une meilleure qualité d'accueil, évitant ainsi certaines hospitalisations injustifiées*. L'amélioration de notre dispositif de santé mentale passera forcément par une refonte du fonctionnement de l'institution, et une bonne information des patients.

Le nombre de psychiatres en France est le plus élevé d'Europe, avec 22 praticiens pour 100 000 habitants. Pourtant les spécialistes manquent dans les hôpitaux publics car sur les 170 psychiatres formés chaque année (à peine 10 % des chiffres des années 1980), les trois quarts s'orientent vers la psychiatrie libérale, probablement pour des raisons économiques et pour éviter les pesanteurs administratives que l'on rencontre relativement moins en psychiatrie privée. Sur 4 000 postes dans les hôpitaux, plus de 700 sont vacants, alors que les demandes de consultation augmentent de 3 à 5 % par an. Dans certaines régions, les hôpitaux ne sont pourvus d'aucun psychiatre et certains postes sont occupés par des médecins généralistes.

D'autre part, les psychiatres nouveaux venus ne compensent pas les 200 départs annuels à la retraite. Il n'y a plus assez de spécialistes, ce qui est dramatique pour les patients ayant un besoin vital d'être hospitalisés dans de bonnes conditions. Selon la belle formule d'Alain Ksensée, « la psychiatrie nécessite avant tout des hommes et du temps ». Augmenter le nombre des internes et rendre la carrière

* La création de la clinique Remy de Gourmont dans le 19e arrondissement qui dépend de l'hôpital psychiatrique de Maison-Blanche à Neuilly-sur-Marne est un exemple de la « délocalisation » de la psychiatrie, et de sa tentative de déstigmatisation, par la création de 60 lits de soins de proximité, situés dans l'arrondissement intra-muros.

hospitalière plus attractive permettrait de remédier pour une part à cette situation.

À l'hôpital comme en ville, les psychiatres sont submergés de travail. Pour Philippe Jeammet, la psychiatrie est « une spécialité qui n'a pas les moyens de ses ambitions. Elle reste le parent pauvre de la médecine [3] [...] « Autrefois, les souffrances n'étaient peut-être pas moins nombreuses, mais elles étaient plus dissimulées et supportées. Aujourd'hui, peut-être aussi parce qu'une attention plus grande est portée à l'individu, elles s'expriment sur un mode plus spectaculaire, souvent plus violent. Elles nécessitent des réponses », souligne Philippe Jeammet. Faute de praticiens en nombre suffisant, comment apporter ces réponses ? Comment, aussi, s'extirper de cette situation paradoxale, où l'individu « roi » est en réalité noyé dans une société exigeante qui exclut les plus vulnérables ? Cependant, il est important d'éviter la confusion entre la maladie mentale et la souffrance psychique liée à des malaises sociaux, affectifs ou existentiels. Il serait aberrant et dangereux de psychiatriser chaque événement douloureux de l'existence.

Selon le philosophe André Comte-Sponville, la « médecine ne sera jamais trop technicienne, jamais trop scientifique, jamais trop performante [...] mais aucune technicité ne tient lieu d'humanité, de proximité, de respect. Attention à ne pas laisser la douceur aux médecines douces... Les progrès de la médecine peuvent éviter la souffrance, reculer les limites de la vie, et c'est tant mieux. Reste à ne pas tomber dans l'excès. Le but n'est pas de mourir le plus tard possible, mais de vivre le mieux possible. [...] La mort fait partie de la vie. Il y a un moment où il faut savoir l'accepter. Grande formule de Montaigne : *Tu ne meurs pas de ce que tu es malade ; tu meurs de ce que tu es vivant.* [4] ».

André Comte-Sponville ajoute que la prise en charge médicale de la plupart des actes de notre vie, et parfois de nos pensées, « est à la fois un progrès et un danger. Un progrès, parce que la vie est pathogène. Un danger, parce qu'elle n'est pas une maladie. Soigner la dépression, par exemple, c'est un formidable progrès : on ne dira jamais assez de bien des antidépresseurs. Mais vouloir nous épargner toute angoisse, toute tristesse, tout malheur serait un contresens sur la vie et sur la médecine. C'est ce que j'appelle le pan-médicalisme : ériger la médecine en conception du monde, en philosophie, en civilisation. Dieu est mort, vive la Sécu ! Marx est mort, vive le Prozac !

C'est un peu court pour sauver une civilisation ou pour justifier une existence... [5] ».

Xavier Emmanuelli (fondateur du Samu social) a passé trente ans au service des exclus et parvient aux mêmes conclusions. Il s'indigne en constatant que « la pratique médicale considère de plus en plus l'organisme comme une machine que l'on peut réparer. L'hôpital est devenu un garage. C'est ce que j'appelle l'homme-Darty, découpé par des spécialistes qui changent les pièces défaillantes [6] ». Il raconte comment les clochards de la Maison de Nanterre, que personne n'écoute lorsqu'ils parlent de leur souffrance, changent brutalement de statut quand ils vont à l'hôpital. Là, ils intéressent beaucoup les médecins, sont respectés et soignés : « On s'intéresse davantage au corps-objet qu'à l'homme-sujet. Pourtant, l'homme a plus besoin de dignité et du réconfort d'un médecin de famille que d'un diagnostic au scanner. [...] Même les gens en souffrance, comme on le dit des objets oubliés à la Poste, cherchent obscurément à exister [7]. »

On ne saurait mieux dire que s'ils restent techniques et donc déshumanisés, les meilleurs soins possibles ne suffiront jamais à soulager ou à guérir la souffrance, quelle qu'elle soit. Le recrutement des futurs médecins ne peut pas se faire uniquement sur leurs compétences en mathématiques... La psychiatrie se trouve à la croisée des chemins physiologiques, psychologiques et sociaux. En appréhendant le malade comme un individu exceptionnel et unique, elle peut lui apporter l'essentiel. Des progrès restent à faire, mais il me semble que nous pouvons demeurer optimistes, car les patients comme les soignants désirent que les choses avancent encore, pour le bien de tous.

Maladie grave évoluant au long cours, la maniaco-dépression a bénéficié du développement des techniques de soins biologiques, psychothérapiques et sociologiques en psychiatrie. Si elle n'est pas traitée, elle peut entraîner de lourdes conséquences personnelles, familiales et sociales. Pour lutter avec efficacité contre cette affection, il faut tout mettre en œuvre sans céder au découragement, en se rappelant qu'elle est la seule maladie psychique que l'on puisse traiter préventivement grâce aux médicaments régulateurs de l'humeur. Pourtant, même si les patients maniaco-dépressifs suivent un traitement, ils connaissent parfois de petites variations, le plus souvent associées aux événements traumatisants ou stressants de la vie, et subissent une symptomatologie légère inhérente à leur maladie, ce qui peut interférer avec leurs relations personnelles et leurs relations professionnelles.

De même, quand ils récupèrent, les patients sont parfois confrontés à un sentiment de honte et se sentent coupables d'être malades. En outre, ils ont peur de rechuter, d'être une charge pour leur famille ou leurs proches auxquels ils font prendre des risques. Ils font la triste expérience de la perte de confiance en eux, de la baisse de l'estime de soi et de la modification de leurs aspirations. Ils doivent aussi s'efforcer d'éviter les conflits sociaux ou personnels. Tout cela est très difficile à assumer. La psychothérapie leur permet de reprendre confiance en eux, d'exprimer leur souffrance et leur colère, de gérer leur stress, de comprendre la nécessité absolue de continuer leur traitement même quand ils se sentent mieux…

Les patients maniaco-dépressifs ont donc besoin de prises en charge variées, que je vais maintenant détailler. Elles doivent se poursuivre parfois à vie, y compris chez certains patients stabilisés.

Les traitements médicamenteux : une révolution de fond

Quatre catégories de médicaments sont utilisées dans la maniaco-dépression :

- les stabilisateurs et régulateurs de l'humeur ;
- les antidépresseurs ;
- les neuroleptiques ;
- les tranquillisants.

La plupart de ces médicaments ont été découverts peu après les années 1950. En quelques années ils ont radicalement transformé l'existence des dépressifs et des maniaco-dépressifs. Imagine-t-on aujourd'hui un accès maniaque qui durerait six mois, ou une dépression mélancolique qui durerait un an, voire davantage ? C'est ce qui se passait avant la découverte de ces traitements. La *psychopharmacologie*, terme introduit en 1956, a permis de changer le visage de la maladie mentale.

Les traitements de base

– *Manie* : neuroleptiques (surtout en Europe), et/ou stabilisateurs et régulateurs de l'humeur (surtout aux États-Unis) + tranquillisants

— *Dépression* : antidépresseurs, parfois électroconvulsivothérapie (« électrochocs ») ou stimulation magnétique transcrânienne

— *États mixtes, cycles rapides et formes résistantes de la maladie maniaco-dépressive* : neuroleptiques et/ou stabilisateurs et régulateurs de l'humeur + antidépresseur (avec grande précaution), parfois électroconvulsivothérapie

— *Traitement préventif* : régulateurs de l'humeur

Les stabilisateurs et régulateurs de l'humeur

Pour certains spécialistes, il existe une nuance entre les stabilisateurs de l'humeur (qui traitent les épisodes aigus) et les régulateurs de l'humeur (qui préviennent les rechutes). Ainsi beaucoup d'auteurs s'accordent pour reconnaître que le lithium et le Tegretol remplissent les deux fonctions. Mais a contrario d'autres praticiens utilisent des médicaments uniquement réputés stabilisateurs dans la prévention des rechutes.

Le traitement de fond préventif par les régulateurs de l'humeur, que le patient doit prendre au long cours, parfois à vie, a pour but d'empêcher la survenue de nouveaux épisodes maniaques ou dépressifs. Grâce aux régulateurs, environ un patient sur trois n'aura plus jamais de rechute. Une autre partie aura des accès beaucoup moins fréquents et surtout moins sévères. Enfin une troisième partie n'y sera pas sensible, aussi faut-il essayer de faire bénéficier ces patients d'autres médicaments ou de l'association de plusieurs d'entre eux. Les régulateurs sont au cœur de la prévention et représentent l'une des aides les plus précieuses pour un maniaco-dépressif. Selon l'état du patient, on utilise un ou deux régulateurs, seuls ou associés à des antidépresseurs, à des neuroleptiques ou à des tranquillisants. Certains maniaco-dépressifs ont besoin de deux voire de trois médicaments pour être stabilisés. La bonne association médicamenteuse, celle qui convient le mieux à un patient, dépend de la nature de ses troubles, et de ses effets secondaires sur le patient. C'est ainsi qu'il faut parfois « tâtonner » pendant un certain temps avant de trouver la meilleure « combinaison ». Cette attente est difficile, mais ne devrait pas décourager le malade, car il est rare que des maniaco-dépressifs soient réfractaires à tout traitement.

Trois types de stabilisateurs et régulateurs sont utilisés actuellement en France : le lithium (Téralithe), la carbamazépine (Tégrétol) et le valproate (Depamide, Dépakote*.) Les stabilisateurs sont employés pour traiter la manie, l'hypomanie et les états mixtes. Certains auteurs les appellent parfois des antimaniaques. On utilise les régulateurs pour prévenir les accès de manie, ou de dépression. Chacun de ces médicaments exerce une action spécifique sur l'organisme. si l'un d'eux ne donne pas de bons résultats ou provoque des effets secondaires déplaisants, on peut en prescrire un autre, ou en associer deux. Ils doivent être dosés dans le sang régulièrement, pour déterminer les doses efficaces et surveiller l'état de santé du patient. En fait cette pratique est surtout valable pour le lithium, et accessoirement pour la carbamazépine et le valproate.

Quand un malade a déjà eu un accès de manie, on choisit le régulateur qui a été efficace lors du traitement précédent en tenant compte des effets secondaires éventuels. Il m'arrive parfois de demander au patient de « choisir » lui-même le médicament qu'il préfère pour préserver encore plus l'observance du traitement. En effet, nul mieux que le patient ne connaît vraiment le traitement qui lui convient et surtout qui lui occasionne le moins d'effets secondaires.

Le lithium. Ce médicament très efficace est bien connu car il a fait l'objet de nombreuses évaluations. C'est le plus ancien des régulateurs, employé depuis les années 1970 grâce à de multiples travaux dont un des promoteurs en France a été le psychiatre Louis Bertagna. À lui seul, le lithium stabilise l'état de près de 60 % des maniaco-dépressifs et des dépressifs. L'analyse de 28 études concernant 17 000 personnes atteintes de dépression majeure ou de maniaco-dépression a démontré que le risque suicidaire était neuf fois plus élevé chez les patients ne prenant pas de lithium. Selon une étude suédoise de 1999, le lithium diminue ce risque de 77 % !

Avant de commencer le traitement, il faut faire un bilan rigoureux afin d'évaluer le fonctionnement du cœur, des reins, du foie, de la

* En France, le Dépakote (dérivé du valproate) a obtenu son autorisation de mise sur le marché pour les épisodes maniaques chez les patients souffrant de troubles bipolaires en cas de contre-indication ou d'intolérance au lithium.

thyroïde et du cerveau. Le lithium peut en effet être toxique pour ces organes, surtout si sa concentration dépasse dans le sang un certain seuil dit « thérapeutique ».

Le dosage de la lithiémie (taux de lithium dans le sang) est effectué toutes les semaines au début du traitement, puis tous les mois quand les doses utiles ont été atteintes. On pourra ensuite espacer les contrôles tous les deux mois, quatre mois voire six mois*.

Le premier thymorégulateur : un simple métal longtemps oublié

Au IIe siècle, les médecins grecs et romains prescrivaient des cures d'eau thermale aux malades mélancoliques et maniaques. Soranus d'Éphèse recommandait de boire l'eau de sources alcalines. Cette tradition a duré pendant plusieurs siècles.

Plusieurs stations thermales créées par les Romains dans l'Europe du Sud et de l'Ouest sont connues actuellement pour leurs eaux ayant un taux élevé en sels de lithium. Le chimiste suédois Johan Arfvedson a identifié le lithium en 1817. Au début du XIXe siècle, les bromures étaient à la mode. On employait le bromure de lithium dans le traitement de l'épilepsie et on le considérait aussi comme un excellent somnifère. Puis le lithium a été oublié.

En 1949, le psychiatre australien John Cade a utilisé les sels de lithium et traité avec succès dix cas de manie. Mais le lithium restait encore dans l'ombre. À partir de 1954, le Danois Mogens Schou s'est battu pour l'imposer dans le traitement de la maniaco-dépression et de la dépression. Mais il lui a fallu plus de dix ans pour démontrer son activité remarquable. Mogens Schou était obstiné et avait bien raison de l'être, puisque le lithium est l'un des meilleurs thymorégulateurs existants. Pour la première fois, on disposait d'un traitement curatif et préventif de la maniaco-dépression. Cela équivalait à une révolution, mettant fin à la « fatalité » des cycles de cette maladie.

Le lithium règle l'humeur intérieure du « moi » en s'intégrant à la personnalité psychique. Il est caractérisé par sa double activité, à la fois curative de l'excitation psychique et mentale, et préventive des dérèglements expansifs et dépressifs de l'humeur. C'est dans son action

* Le lecteur peut se référer en annexe à la fiche « Ce que vous devez savoir sur le lithium » qui est remise à l'hôpital Saint-Antoine à tout patient auquel est proposé ce traitement.

> préventive sur les rechutes de la manie et de la dépression que le lithium trouve sa plus grande originalité. [...] Son action, tout à fait particulière, ne ressemble de près ou de loin à aucun autre médicament psychotrope. Avec le lithium, plus de « sautes d'humeur », plus d'exubérance ou de dépression extrême, plus d'expansivité ou de régression morbide, c'est l'équilibre, l'équanimité. [...] La persévérance de Schou a permis d'introduire en thérapeutique psychiatrique un produit chimique simple qui a soulagé des millions de déprimés dans le monde [...].
>
> Jean Thuillier [8]

K. R. Jamison, avec l'humour qui la caractérise, a défini des « règles pour vivre en bonne entente avec le lithium [9] » :

1. Vider l'armoire à pharmacie avant l'arrivée des invités ou quand un nouvel amant doit rester coucher.

2. Le lendemain, ne pas oublier de remettre le lithium dans l'armoire à pharmacie.

3. Ne pas faire une histoire d'un manque de coordination ou de mauvais résultats dans un sport où l'on excellait autrefois.

4. Apprendre à rire en renversant du café, en refaisant la signature tremblante de ses dix-huit ans ou en mettant dix minutes à boutonner ses poignets.

5. Sourire quand les gens disent en plaisantant qu'ils auraient besoin de se mettre au lithium.

6. Hocher la tête intelligemment, d'un air convaincu, quand votre médecin vous expose les nombreux avantages du lithium pour aplanir le chaos de votre vie.

7. Attendre patiemment l'aplanissement – très patiemment. Relire le *Livre de Job*. Continuer à attendre patiemment. Méditer sur la similitude entre les expressions « être patiente » et « être une patiente ».

8. Essayer de ne pas se laisser perturber par le fait qu'on ne sait plus lire sans effort. Être philosophe. De toute façon, même si on arrivait à lire, on ne retiendrait pas grand-chose.

9. S'accommoder de ne plus avoir le même enthousiasme, la même énergie. S'efforcer de ne plus penser aux folles nuits d'autrefois. On aurait sans doute mieux fait de se coucher de bonne heure.

10. Ne pas perdre de vue qu'on va de mieux en mieux. On vous

le fait si souvent remarquer, et c'est tellement rasoir, que c'est sûrement vrai.

11. Connaître son bonheur. Ne jamais envisager d'arrêter le lithium.

12. On arrête, on est maniaque, on est mélancolique, on doit s'attendre aux refrains de la famille, des amis et des soignants : « Mais tu allais si bien, je ne comprends pas ! » ; « Je t'avais bien dit que tu recommencerais ! »

13. Refaire le plein de l'armoire à pharmacie.

Tégrétol, Depamide, Dépakote et les autres. Le lithium est parfois remplacé par le Tégrétol, le Depamide et le Dépakote. La carbamazépine et les dérivés du valproate stabilisent très bien l'humeur des patients qui supportent mal le lithium, qui n'y réagissent pas, ou qui refusent d'en prendre à cause de la collusion dans leur esprit entre lithium, chronicité et « traitement à vie ». Le lithium est surtout utilisé en Europe alors que les autres produits sont surtout utilisés aux États-Unis (où le lithium est cependant utilisé aussi).

Les régulateurs qui n'appartiennent pas au lithium sont des antiépileptiques (anticonvulsivants). C'est après avoir remarqué que certains épileptiques traités souffrant par ailleurs de troubles de l'humeur ne présentaient plus de rechutes dépressives que l'on a eu l'idée de prescrire des antiépileptiques aux maniaco-dépressifs. Ils donnent d'excellents résultats. Comme le lithium, ils imposent des contrôles sanguins certes moins rigoureux mais réguliers et une surveillance attentive de l'état de santé du patient (le foie en particulier).

On prescrit généralement du lithium pour la manie classique, et du Tégrétol ou du Dépakote en cas de contre-indication du lithium dans les états mixtes, les manies dysphoriques (manies agitées avec agressivité et/ou violence) et les cycles rapides. On peut associer aux régulateurs et stabilisateurs des neuroleptiques ou des tranquillisants pour calmer rapidement l'agitation physique et/ou mentale (délire, hallucinations), et l'insomnie. Cela est nécessaire car ces produits n'agissent qu'au bout de quelques jours, et l'on ne peut pas laisser souffrir un patient en phase maniaque aiguë ni faire subir ses « frasques » à son entourage familial ou à l'unité de soins où il est hospitalisé.

Le Tégrétol existe depuis 1961. Il a été employé pour la première

Traitements stabilisateurs et régulateurs de l'humeur			
Médicaments	*Nom de spécialité*	*Effets secondaires éventuels*	*Autres indications*
Lithium	*Téralithe 250* *Téralithe 400LP* *Neurolithium*	— Sécheresse de la bouche — Nausées — Tremblements — Incidence sur la fonction rénale et thyroïdienne — Possibilité de baisse de la créativité chez les artistes — Dépression — Boulimie — Anxiété prémenstruelle — « Addiction » sexuelle	
Carbamazépine	*Tégrétol*	— Somnolence — Toxicité hépatique — Baisse de l'efficacité de la « pilule contraceptive »	— Épilepsie — Troubles du caractère — Impulsivité
Valpromide	*Depamide*	— Sédatif si association avec autres psychotropes — Nausées — Vomissements — Somnolence	— États d'agressivité d'origines diverses
Divalproate de sodium	*Dépakote*	— Hépatites — États confusionnels — Troubles digestifs	
Olanzapine (Pas d'autorisation de mise sur le marché en France dans cette indication.)	*Zyprexa*	— Vertiges — Sécheresse de la bouche — Tachycardie — Tremblements — Prise de poids	— Schizophrénie

fois dans les troubles de l'humeur en 1975 alors que l'introduction du Dépakote en France remonte à l'année 2001.

La Lamotrigine, l'Épitomax et d'autres molécules issues de la recherche sur les médicaments antiépileptiques sont aussi utilisés dans les troubles maniaco-dépressifs.

Enfin, il est à noter que le Zyprexa, neuroleptique traitant la schizophrénie et qui n'est donc pas un antiépileptique, est aussi utilisé dans le traitement préventif de la maladie maniaco-dépressive aux États-Unis, mais cette indication n'est pas encore reconnue en France.

Les antidépresseurs

Comme le relate Jean Thuillier, le premier antidépresseur (Tofranil) a été mis au point en 1957. Dès 1955, Robert Demenjoz (laboratoires Geigy, à Bâle) essayait avec son équipe de trouver de nouveaux neuroleptiques. Les résultats furent très décevants. Mais grâce au flair et à l'obstination d'un médecin suisse, le Dr Kuhn, les particularités antidépressives de l'un de ces neuroleptiques (l'Imipramine) furent démontrées. R. Kuhn obtenait en effet des résultats spectaculaires dans le traitement des dépressions, et même des mélancolies. Il dut beaucoup insister pour que cette molécule ne soit pas abandonnée, en expliquant qu'il fallait poursuivre le traitement pendant plusieurs semaines avant d'obtenir une action complètement différente de celle des neuroleptiques. Avec l'aide de R. Demenjoz, du psychiatre français Jean Thuillier, qui exerçait à Sainte-Anne avec Jean Delay et Pierre Deniker, R. Kuhn eut la possibilité de faire tester le Tofranil à l'hôpital. Quelque temps plus tard, le Tofranil transformait la vie des déprimés.

Il existe aujourd'hui plusieurs sortes d'antidépresseurs :

1) Les antidépresseurs tricycliques : Tofranil, Anafranil, Laroxyl, Pertofran...

Ce sont les plus anciens et les plus efficaces. Ils constituent la référence dans le traitement des états dépressifs mélancoliques. Si leur efficacité est incontestable, leurs effets secondaires sont nombreux : – prise de poids, sécheresse de la bouche, constipation, action sur la prostate, virage de l'humeur... De plus ils peuvent être toxiques pour le cœur et ralentir le passage du courant électrique des oreillettes vers les ventricules (ralentissement de la conduction auriculo-ventriculaire).

2) Les IMAO ou « inhibiteurs de la mono-amine-oxydase » se divisent en deux catégories :

— Les non-sélectifs (Marsilid, Niamide)

On les prescrit en général aux patients ne répondant pas aux antidépresseurs « classiques ». Ils sont moins nocifs pour le cœur que les tricycliques, et conviennent donc bien aux personnes âgées, ou à celles souffrant de troubles cardiaques. Les IMAO sont efficaces pour les dépressions dites « atypiques » où les symptômes sont pratiquement à l'opposé de ceux des dépressions classiques : le patient se sent plus déprimé le soir que le matin, dort trop plutôt que pas assez, grossit au lieu de maigrir...

Le problème majeur des IMAO est leur interaction potentielle avec les aliments contenant de la tyramine (un acide aminé) et certains médicaments, provoquant ainsi une crise d'hypertension artérielle avec mal de tête intense, nausées, faiblesse, évanouissement voire état de choc.

Un patient prenant des IMAO doit absolument éviter toute automédication, et demander conseil à son médecin. En cas de malaise ou d'accident, il devrait aussi conserver sur lui un document mentionnant le traitement par IMAO.

Les IMAO peuvent également faire grossir*.

— Les sélectifs (Humoryl, Moclamine)

Ils n'ont pas les inconvénients des précédents mais sont nettement moins efficaces et leur utilisation est quasiment tombée en désuétude en France.

3) Les inhibiteurs spécifiques de la recapture de la sérotonine, connus sous le sigle ISRS, sont des antidépresseurs récents qui ont fait l'objet de nombreuses études et sont souvent très bien tolérés. Mais aucune étude n'a encore démontré une efficacité supérieure à celle des tricycliques ou des IMAO, mis au point à la fin des années 1950.

Les ISRS sont cependant peu toxiques à doses élevées, et présentent donc moins de risques pour les patients suicidaires en cas de

* Voir en annexe la fiche remise à l'hôpital Saint-Antoine aux patients auxquels un traitement par IMAO est proposé.

surdosage, et ont nettement moins d'effets secondaires que les tricycliques.

Citons le Prozac, le Zoloft, le Deroxat, le Floxyfral, et le Séropram qui inhibent la recapture de la sérotonine au niveau des synapses*.

Effets secondaires possibles : nausées, insomnie, somnolence, anxiété, hypomanie, sécheresse buccale, tremblements, dysfonctionnement sexuel (baisse de la libido, retard à l'éjaculation, anorgasmie). On a imputé à certains d'entre eux une désinhibition et une propension au suicide.

4) Les antidépresseurs atypiques (Athymil, Pragmarel, Vivalan)

Ces antidépresseurs font partie d'un groupe hétéroclite que l'on a défini par exclusion car ils ne font partie ni des tricycliques ni des IMAO. Certains sont sédatifs et améliorent le sommeil (Athymil) d'autres sont stimulants et susceptibles de générer une réaction anxieuse (Vivalan).

5) Les antidépresseurs ayant une action combinée sur la sérotonine et la noradrénaline (Effexor, Ixel, Norset...)

Ces antidépresseurs sont relativement récents. Différentes études ont démontré leur efficacité. Leur profil d'action est hétérogène, tantôt sédatif tantôt stimulant.

6) Les dopaminergiques (Zyban)

Ils n'induisent qu'exceptionnellement des manies, ce qui est un grand avantage, mais peuvent rendre les patients très nerveux ou provoquer des convulsions. Ce médicament agit sur la fatigue et le ralentissement liés à la dépression. Il a moins d'effets secondaires sur le plan sexuel et sur la prise de poids. En France il n'a pas d'autorisation de mise sur le marché pour la dépression mais est commercialisé pour le sevrage du tabac. Il est à noter qu'une note récente du laboratoire qui le commercialise contre-indique son utilisation dans la maniaco-dépression malgré certaines recherches qui mettent en évidence son efficacité. Depuis le retrait du Survector (amineptine), il

* Le Stablon (tianeptine) agit aussi sur la sérotonine mais paradoxalement facilite le mécanisme de la recapture de la sérotonine et n'est donc pas un ISRS.

ne reste plus sur le marché que le Zyban dans le domaine des antidépresseurs dopaminergiques.

Les antidépresseurs commencent à agir au bout de dix à quinze jours, voire trois semaines à un mois. Le choix d'un antidépresseur dépend du degré, de la nature de la dépression, de son « profil », et des réactions du patient. Environ 80 % des dépressifs répondent bien à ces médicaments. Ils doivent être employés avec précaution chez les maniaco-dépressifs car ils peuvent provoquer l'apparition d'hypomanie, de manie, d'états mixtes et à plus long cours de cycles rapides. Chez les maniaco-dépressifs on peut leur associer un régulateur de l'humeur afin de prévenir ces risques. Il faut surveiller de près les réactions du patient à l'antidépresseur prescrit. Chaque patient ou son entourage devraient aussi signaler au médecin une nervosité ou une euphorie inhabituelles. Enfin, comme pour les régulateurs de l'humeur, le grand choix des antidépresseurs actuels permet de choisir celui qui convient le mieux au cas du patient. Si l'un donne de mauvais résultats, il sera remplacé par un autre. Il faut parfois essayer deux ou trois catégories d'antidépresseurs avant de trouver le « bon », voire les associer. Mais il ne faut pas le faire de façon intempestive. Le maître de la psychiatrie Pierre Deniker affirmait qu'il ne fallait pas arrêter un antidépresseur avant six semaines d'inefficacité.

Il est important de signaler que certains médecins insuffisamment formés au diagnostic de la maniaco-dépression se contentent de prescrire des antidépresseurs à des maniaco-dépressifs : un tiers des patients chez lesquels on diagnostique une dépression souffrent en fait plutôt d'un trouble bipolaire. Ces erreurs concernent surtout les bipolaires II, qui présentent de longues dépressions entrecoupées de périodes d'hypomanie parfois imperceptibles. Ces patients, dont la pathologie ne « saute » pas forcément aux yeux du médecin, consultent pour leur dépression, mais évoquent rarement leur hypomanie car ils la considèrent comme « normale ». Si le médecin ne les questionne pas sur les variations de leur humeur et sur leur comportement en dehors de la dépression (irritabilité, hyperactivité, troubles du sommeil, etc.), le diagnostic de maniaco-dépression n'est pas possible. Dans ce cas, les antidépresseurs pris seuls peuvent aggraver la maladie (accès plus fréquents, agitation, états mixtes) et augmentent le risque suicidaire.

Les manies induites (par les médicaments) surviennent le plus souvent avec des antidépresseurs tricycliques, mais cela peut se produire à un moindre degré avec les ISRS, les IMAO et les autres.

Le tableau de la page suivante classe de façon non exhaustive les antidépresseurs les plus utilisés en France. D'autres sont commercialisés dans des pays étrangers ou ont été retirés du marché. En tout état de cause il est vivement recommandé à tout patient déprimé de ne pas se traiter lui-même en « empruntant » un antidépresseur à un ami ou à un parent. Il y a dans la majorité des cas des types de dépressions relevant d'une classe spécifique d'antidépresseurs que seul un médecin sera capable de choisir dans l'intérêt de son patient.

Comme on l'a vu, certains antidépresseurs sont « stimulants » (excitants), d'autres « sédatifs » (calmants). Certains ont beaucoup d'effets secondaires désagréables, d'autres beaucoup moins. Chaque antidépresseur a un mécanisme d'action spécifique sur les neuromédiateurs, ces fameuses « hormones du cerveau » qui permettent la production de la conduction d'un neurone à un autre. Un des arts de la psychiatrie est de savoir prescrire le bon antidépresseur pour telle forme de dépression et d'en évaluer ses avantages par rapport aux inconvénients pour le patient.

Les neuroleptiques

Les neuroleptiques apaisent la manie, les états d'agitation, les délires, les hallucinations, et calment les fortes angoisses. Jusqu'en 1952, année où le premier neuroleptique (Largactil) fut utilisé, il n'existait aucun traitement efficace pour les troubles mentaux sévères. Grâce au Largactil, de nombreux malades auparavant condamnés à rester hospitalisés ont pu quitter l'hôpital et retrouver un mode de vie actif et plus adapté. Ce progrès a été décisif. L'utilisation des neuroleptiques dans la manie est spécifique à l'Europe, alors qu'aux États-Unis les psychiatres utilisent plus volontiers le lithium ou les antiépileptiques.

Les neuroleptiques sont aujourd'hui très nombreux. Ils appartiennent à deux catégories, une ancienne (Haldol, Largactil, Loxapac, Tercian, Nozinan, Piportil, Moditen...) et une nouvelle offrant une bonne efficacité avec relativement moins d'effets secondaires. Ils sont parfois qualifiés d'« atypiques » : Risperdal, Zyprexa, Solian, Leponex...

Classification des antidépresseurs					
Tricycliques	*IMAO*	*Non tricycliques Non IMAO « atypiques »*	*Action sur la sérotonine*	*Action combinée sur la sérotonine et sur la noradrénaline*	*Action sur la dopamine*
Anafranil (clomipramine)	*Non spécifiques* **Marsilid** (iponiazide)	**Athymil** (miansérine)	*Inhibiteurs sélectifs de la recapture de la sérotonine (ISRS)*	**Effexor** (venlafaxine) **Ixel** (milnacipran)	**Zyban*** (bupropion)
Defanyl (amoxapine)	**Niamide** (nialamide)	**Pragmarel** (trazodone)			
Kinupril (quinupramine)			**Deroxat** (paroxétine)		
Laroxyl (amitriptyline)		**Vivalan** (viloxazine)	**Floxyfral** (fluvoxamine)		
Ludiomil (maprotiline)			**Prozac** (fluoxétine)		
Pertofran (désipramine)			**Séropram** (citalopram)	**Norset** (mirtazapine)	
Prothiaden (dosulépine)	*Spécifiques*		**Zoloft** (sertraline)		
	Humoryl (toloxatone)				
Quitaxon (doxépine)					
	Moclamine (moclobémide)		*Inducteurs de la recapture de la sérotonine* **Stablon** (tianeptine)		
Surmontil (trimipramine)					
Tofranil (imipramine)					

* Pas d'autorisation de mise sur le marché en France comme antidépresseur. Indiqué pour le sevrage du tabac.

L'histoire du premier neuroleptique

Le Largactil (chlorpromazine) a d'abord été employé en anesthésie par le chirurgien Henri Laborit, avec l'aide du docteur Pierre Huguenard. Dès la fin des années 1940, ces chercheurs passionnés essayaient de convaincre leurs collègues qu'il valait mieux « protéger les opérés avec des cocktails médicamenteux, plutôt que de les assommer avec des anesthésiques puissants ». En anesthésie, ils utilisaient des préparations à base de morphine, de morphiniques de synthèse (Dolosal), et d'hypnotiques (Phénergan) associés à d'autres médicaments. Cela évitait aux patients les suites déplaisantes des anesthésiques classiques. Un jour, Huguenard employa un « cocktail » de Diparcol (un médicament voisin du Phénergan, plus puissant et utilisé dans la maladie de Parkinson) et de Dolosal pour une patiente devant être opérée du nez et anesthésiée localement. Cette femme souhaitait cette intervention esthétique. Mais elle était si anxieuse et agitée qu'il fut impossible de lui injecter de la novocaïne. Après l'injection de ce que Huguenard appelait du « Dip-Dol », elle se calma tout de suite et supporta très bien l'intervention : « L'état étonnant dans lequel se trouvait Mme X après l'injection de Dip-Dol fut pour moi une révélation », dit Huguenard. La patiente raconta ensuite : « J'ai senti les coups de marteau et de ciseaux, mais comme s'il s'était agi du nez d'une autre ; cela m'était indifférent. »

Laborit et Huguenard remarquèrent que leurs différents cocktails préopératoires mettaient l'organisme de l'opéré au repos et abaissaient son métabolisme (« hibernation artificielle »). Laborit chercha ensuite une molécule différente du Phénergan ou du Diparcol et testa la chlorpromazine, synthétisée en décembre 1950 par Charpentier, un chimiste des laboratoires Rhône-Poulenc. Cette molécule donna des résultats remarquables en préanesthésie. Laborit et Huguenard étaient enthousiasmés : « Le produit utilisé seul, par voie intraveineuse, ne provoque aucune perte de conscience, aucune altération du psychisme, mais seulement une certaine tendance au sommeil et un désintéressement du malade pour tout ce qui se passe autour de lui. » Ils considéraient le Largactil comme un « stabilisateur neurovégétatif » et pensaient que le produit était « appelé à s'étendre à de multiples domaines parmi lesquels l'analgésie obstétricale et la psychiatrie ».

Des psychiatres du Val-de-Grâce employèrent le Largactil, associé à d'autres médicaments, pour calmer un cas de manie. Mais Pierre Deniker, psychiatre à Sainte-Anne, fut le premier à démontrer que le Largactil, utilisé seul, suffisait à calmer des maniaques agités et à les rendre indifférents à leur délire. Son maître Jean Delay créa le terme de neuroleptique pour décrire la « substance qui imprègne l'organisme du malade auquel on la prescrit, se saisit du système nerveux en le déprimant sélectivement, en abaissant le psychisme exalté ».

Plus de cris, d'agitation ou de violence, une atténuation des délires ou des hallucinations, un retour progressif vers le monde réel, une désinhibition des malades enfermés dans leur prison intérieure, leur torpeur et leur prostration : voilà tout ce qu'a permis le Largactil. On peut donc se demander pourquoi certains persistent à critiquer les neuroleptiques… Peut-être parce qu'ils n'ont jamais vu ce qu'est un accès de manie, délirante ou non ? Peut-être parce qu'ils ignorent à quel point le malade souffre ?

Jean Thuillier [10].

Dans la maniaco-dépression, les neuroleptiques sont employés avant tout pour calmer la phase maniaque aiguë, en attendant qu'un régulateur de l'humeur agisse. Ces médicaments font rapidement effet. Quand un patient a un grave accès de manie, il ne se rend pas compte de son état, délire et refuse les soins, une injection de neuroleptique le calme très vite. Cela le protège contre les actes impulsifs, violents, irrationnels ou suicidaires (dirigés vers lui-même ou vers les autres). Ces médicaments aident aussi le patient à dormir et calment ses fortes angoisses. Comme un patient en phase maniaque dort à peine (voire plus du tout) depuis plusieurs jours, le neuroleptique lui permet de se rééquilibrer et de récupérer. On voit ainsi des patients épuisés par la manie, à bout de forces, les traits tirés, le dos voûté, retrouver en quelques jours une physionomie apaisée. La transformation est radicale et étonnante. Malgré leurs effets secondaires, les neuroleptiques sont des médicaments utiles. Leur dose est diminuée au fur et à mesure de l'amélioration de l'état du patient. Quand il a quitté l'hôpital, on poursuit le traitement à faibles doses (en association avec un régulateur de l'humeur), pour calmer l'anxiété et favoriser le sommeil. Une majorité de patients peuvent ensuite se passer de neuroleptique et prendre seulement un régulateur.

Effets secondaires des neuroleptiques classiques

Ralentissement de la parole et de la pensée, somnolence, confusion, tremblements, difficultés de la marche et de l'équilibre, rigidité, mouvements involontaires, tics, prise de poids…

Les mouvements involontaires, les tremblements, les tics et la rigidité (celle-ci donne au malade l'aspect d'un « robot ») peuvent devenir sévères et gêner le patient. Ils sont atténués et même disparaissent grâce un « antiparkinsonien » comme l'Akinéton, l'Artane ou le Lepticur.

Un effet secondaire sérieux est celui des « dyskinésies tardives » (tant décriées, à raison, par les Américains) : les tics et les mouvements involontaires continuent après l'arrêt du traitement. Mais ce phénomène est rare quand les doses sont faibles, et surtout quand la durée de la prise n'est pas trop longue.

Effets secondaires des neuroleptiques récents (atypiques)

Les neuroleptiques récents provoquent généralement moins d'effets secondaires que les anciens et sont souvent employés (pas assez en France) en première intention. La prudence s'impose avec la clozapine (Leponex), qui risque de provoquer de graves problèmes sanguins. Le risque de dyskinésie tardive est cependant de 1 %. Chez certains patients, ils peuvent pourtant entraîner des effets secondaires similaires à ceux des neuroleptiques typiques (tremblements, mouvements involontaires, tics...), ainsi qu'une somnolence, une prise de poids et des effets secondaires sanguins (« agranulocytose », c'est-à-dire une baisse des globules blancs pour le Leponex).

Les tranquillisants (ou anxiolytiques)

Les tranquillisants sont prescrits pour atténuer l'anxiété et favoriser le sommeil.

— Famille des benzodiazépines (BZD) : Valium, Lexomil, Temesta, Lysanxia, Tranxène, Urbanyl, Xanax...

— Autres : Atarax, Buspar, Équanil, Stresam...

Les effets secondaires des BZD (somnolence, diminution des réflexes, baisse de la vigilance, potentialisation avec l'alcool) existent et il faut mettre en garde les conducteurs de véhicule ou les utilisateurs de machines. Ces médicaments peuvent provoquer de plus une dépendance, une tolérance rapide (il faut augmenter les doses pour obtenir le même effet) et des troubles de la mémoire récente. L'arrêt du traitement doit être progressif, pour éviter un état de manque, ou une réactivation de l'angoisse (effet « rebond »).

Les tranquillisants non BZD ne provoquent pas ces effets délétères, et quoique moins efficaces que les BZD, ils ont une marge de sécurité plus grande.

Le traitement des cycles rapides : un défi à relever. Les troubles de l'humeur sont généralement correctement traités et stabilisés grâce aux médicaments que je viens de décrire. Mais la survenue des « cycles rapides » (au moins quatre accès de manie ou de dépression par an) représente un grave problème, car les patients qui en sont atteints (13 à 20 % des maniaco-dépressifs) sont les plus réfractaires aux traitements usuels. Environ 72 à 82 % des cycles rapides répondent mal au lithium. De plus, ces patients ont souvent une association de problèmes avec abus de substances toxiques (alcool, drogues), des troubles « borderline* » de la personnalité, et une hypothyroïdie. Il existe des cycles rapides « spontanés », et des cycles rapides induits par les antidépresseurs. Le problème, qui est difficile à résoudre, réside dans le fait que ces patients peuvent se déprimer quand ils ne prennent pas d'antidépresseurs, et replongent dans des cycles rapides quand ils en prennent. On se trouve là devant un paradoxe. Comment soigner la dépression et prévenir l'apparition d'autres cycles ? En 1998, Wehr a démontré que l'association d'une thérapie par le sommeil et l'obscurité à des antidépresseurs et des régulateurs de l'humeur peut être une manière de résoudre ce dilemme. Mais il reste encore beaucoup à faire pour traiter avec succès les cycles rapides.

Le millepertuis : prudence. La phytothérapie (médicaments à base d'extraits de plantes) est largement employée dans certains pays comme l'Allemagne, et commence à beaucoup intéresser les Américains. Le millepertuis a la réputation d'avoir des propriétés antidépressives. Cette plante était déjà utilisée dans l'Antiquité par la médecine hippocratique.

Quelques rares études semblent prouver que le millepertuis est parfois efficace dans les dépressions légères. Mais des résultats aléatoires laissent encore planer un doute sur son efficacité réelle, qui serait cependant supérieure à celle d'un placebo (55 % contre 22 %).

Les omega 3 : des résultats prometteurs pour la maniaco-dépression. Les omega 3 sont des acides gras polyinsaturés dont l'être humain a besoin pour rester en bonne santé. Ils sont indispensables au bon fonctionnement du cerveau, mais ne sont pas synthétisés

* Personnalité « limite » oscillant entre « névrose » et « psychose », et particulièrement sensible à l'« angoisse de séparation ».

spontanément par l'organisme, ce que certains chercheurs considèrent comme un véritable mystère. Il faut donc chercher les omega 3 là où ils se trouvent, c'est-à-dire dans les poissons gras : hareng, morue, saumon, maquereau, flétan, etc. Depuis très longtemps, le succès des huiles de poisson ne se dément pas. Elles sont prescrites et ont été testées dans une quantité impressionnante de maladies, sauf dans les maladies mentales. Actuellement on étudie (enfin ?) les propriétés des omega 3 dans ce domaine et les résultats sont intéressants.

Pendant quatre mois, on a prescrit à des maniaco-dépressifs (ayant déjà un traitement médicamenteux) soit un placebo, soit des gélules contenant des omega 3 (l'équivalent de cinq darnes de saumon). Les patients ayant pris des omega 3 ont eu deux fois plus de phases de rémission que ceux sous placebo. Les omega 3 ont toujours été bien tolérés.

Des statistiques de l'OMS ont montré que le pronostic est meilleur pour les patients appartenant à des populations ayant une alimentation riche en omega 3. Ainsi, au Japon, le nombre de psychoses puerpérales – et donc d'hospitalisations pendant la période de post-partum – est très bas. Cela pourrait s'expliquer par l'alimentation des Japonais, très riche en poisson et autres produits de la mer.

Le problème de la bonne observance du traitement. La plupart des rechutes de la maniaco-dépression sont dues à l'arrêt du traitement préventif par le patient. Ce que l'on appelle l'observance, ou compliance au traitement (c'est-à-dire la prise correcte et régulière des médicaments), est probablement l'un des éléments le plus importants pour la stabilisation ou la guérison, et le plus difficile à gérer pour le patient comme pour le médecin. La lassitude de prendre des médicaments, l'agacement devant des effets secondaires parfois pénibles, ajoutés au fait que le patient se sent mieux en phase de rémission et peut se croire guéri, expliquent en partie ces arrêts soudains, qui mènent souvent à la rechute, au bout de quelques semaines ou de quelques mois.

L'association d'une psychothérapie à la prise en charge médicamenteuse, la bonne relation médecin-malade, et le suivi régulier basé sur une confiance mutuelle devraient être le meilleur garant d'une bonne observance médicamenteuse.

Le rôle du psychiatre est aussi de dédramatiser l'image négative des médicaments colportée par certains médias et par certains « conseilleurs » qui ne sont pas nécessairement les « payeurs ».

Certes, « il vaut mieux être riche et bien portant que pauvre et malade », mais quand on est atteint d'une affection aussi handicapante que la dépression ou la maniaco-dépression il vaut mieux relativement bien vivre avec des médicaments que mal et parfois dramatiquement sans.

Un peu d'histoire

Les médecins des XVIIIe et XIXe siècles disposaient de peu de moyens thérapeutiques pour soulager les malades. Pinel analyse en 1785 un livre de l'Anglais David Stuart sur la manie, et la thérapeutique de l'hydrothérapie, longtemps utilisée dans les asiles pour calmer les malades mentaux.

Un moyen qui paraît d'une application plus générale est l'usage des bains froids, et surtout une immersion subite et inattendue dans l'eau froide. Ce dernier moyen est un usage en Hollande et presque toujours suivi de succès ; il est vrai que pour opérer la guérison, surtout dans les manies rebelles et invétérées, on doit tenter l'extrême remède de la submersion, c'est-à-dire qu'il ne suffit pas de plonger le maniaque dans l'eau, et de l'en retirer aussitôt ; mais il faut l'y retenir assez longtemps pour que son état avoisine celui des personnes submergées ; en le faisant ensuite revenir de cet état par les moyens connus, il se trouve guéri. On conçoit en effet combien ce remède extrême doit produire une révolution profonde. Il paraît que l'usage des Hollandais est dû à un hasard singulier. Une terreur extrême avait rendu maniaque un artisan d'Anvers. On le conduisait, lié dans sa voiture, à un hospice destiné à le recevoir. Durant le voyage, il trompa la vigilance de ses conducteurs, et il se jeta dans un étang profond, d'où il ne fut retiré que quelque temps après, et comme dans un état de mort. On lui donna des secours, et on le ramena à la vie également sain de corps et d'esprit. Il a vécu ensuite dix-huit années dans le même état. Vanhelmont, encouragé par cet exemple, a tenté la submersion chez d'autres maniaques toujours avec le même succès, excepté, ajoute-t-il, qu'il ne les ait retirés trop tôt, de crainte de les retrouver suffoqués [11]. »

Ce texte montre l'état de dénuement thérapeutique des soignants avant l'apparition de la pharmacologie.

L'hospitalisation

La majorité des patients souffrant d'une forme grave de maniaco-dépression doivent être hospitalisés à un moment ou à un autre de l'évolution de leur maladie. Un accès sévère de manie ou de dépression impose une hospitalisation pour protéger le malade de lui-même, et soulager ses proches. L'hospitalisation n'est ni une mise à l'écart ni un « abandon » du malade (même s'il peut parfois la percevoir ainsi), mais elle culpabilise souvent les proches. Or en cas de manie grave, aucune famille, aussi solide et aimante soit-elle, n'est capable de maîtriser les conduites débridées, démesurées et parfois dangereuses du malade. Dans les cas de mélancolie, les risques suicidaires représentent, comme on l'a vu, toujours un danger et l'hospitalisation est tout aussi nécessaire.

Beaucoup de parents se sentent démunis quand l'un de leurs proches tombe malade pour la première fois. J'ai déjà mentionné qu'il faut d'abord savoir repérer les signes de manie ou de dépression. Or à l'exception des symptômes les plus évidents de dépression, la plupart des parents ne les connaissent pas, ou ne veulent pas les reconnaître. La fonction du déni est une défense très fréquente dans l'entourage de ceux que l'on aime, surtout quand ils présentent un épisode psychiatrique pour la première fois. En général, c'est seulement quand le malade change brutalement de comportement, ne dort et ne mange plus, devient irrationnel ou agressif, demeure prostré ou met sa vie en danger que l'entourage commence à comprendre qu'il « se passe quelque chose d'anormal ». Cette période de doutes et de questions dure plus ou moins longtemps. Mais le bon sens reprend vite ses droits et les proches se demandent alors qui appeler, à qui demander de l'aide ou du secours. La manie pose le problème essentiel de la résistance extrême du malade à se faire soigner. Comme il se sent « très bien », il refuse cette aide qu'il juge inutile et la vit comme un abus de pouvoir. Les proches ont donc le pénible rôle de tenter de le persuader ou de l'obliger à se faire soigner. Au contraire, les patients mélancoliques, sauf s'ils sont délirants et agités, acceptent généralement non pas de se soigner (car ils sont parfois convaincus d'être incurables), mais de se laisser passivement examiner par un médecin.

Qui appeler et où consulter ?

Choisir un psychiatre est déjà une première épreuve pour le malade et sa famille car le monde de la psychiatrie est très complexe et la formation des psychiatres très hétéroclite. L'ouvrage de Pierre et Sylvie Angel, *Comment bien choisir son psy* [12], vous aidera à pénétrer les arcanes de la psychiatrie.

En phase aiguë, le patient et sa famille peuvent avoir recours aux instances suivantes :

— Le *médecin généraliste* est souvent en première ligne. Les proches lui demanderont de venir à domicile, ou, si possible, lui conduiront directement le patient. Il l'orientera vers un confrère psychiatre ou l'incitera à consulter un service de psychiatrie en milieu hospitalier.

— *SOS Médecins, SOS Psy ou Urgences psychiatriques* : ces services privés sont implantés seulement dans les grandes villes, et fonctionnent vingt-quatre heures sur vingt-quatre. Ces psychiatres se déplacent au domicile du patient et rendent des services parfois irremplaçables.

— Le *psychiatre traitant* : si le patient est déjà suivi par un psychiatre, les parents lui téléphoneront en lui décrivant l'état du malade. Un diagnostic d'urgence est parfois possible quand les symptômes décrits sont évidents. Mais ce n'est pas toujours le cas, et le psychiatre doit alors recevoir le malade pour évaluer son état car seule une minorité de psychiatres font des visites à domicile.

— Le *centre psychiatrique d'orientation et d'accueil (CPOA)* est situé à l'hôpital Sainte-Anne, dans le 14e arrondissement de Paris. Dans la plupart des cas, l'équipe oriente le patient selon la gravité de ses troubles vers l'hôpital psychiatrique dont il dépend (hôpital de secteur).

— L'*hôpital général* : tous les hôpitaux publics possèdent des services d'urgence, mais tous ne sont pas équipés de services d'hospitalisation en psychiatrie. On peut y conduire le patient, qui sera ensuite reçu par le psychiatre de garde du service d'accueil et d'urgence (SAU). Les SAU fonctionnent vingt-quatre heures sur vingt-quatre. Selon son état, le patient est soit orienté après les premiers soins vers un psychiatre de ville, soit hospitalisé si des lits sont disponibles, soit orienté vers une clinique ou vers le CPOA.

— Les *services d'urgence des cliniques privées* : un service de garde est disponible dans les cliniques privées psychiatriques et un patient peut être admis en fonction de la disponibilité des lits après accord préalable avec le psychiatre de garde.

— Les *centres d'accueil et de crise (les CAC)* permettent à certains patients une alternative à l'admission en hôpital psychiatrique. Le patient peut y séjourner quelques jours, et sera ensuite orienté en fonction de son état.

— En cas d'extrême urgence ou si l'état d'agitation du patient représente un danger pour lui-même et pour les autres, la *police* ou les *pompiers* peuvent être sollicités.

Cependant, tous les malades ne vivent pas en couple, en famille et ne sont pas nécessairement proches d'un réseau amical. Certains, surtout s'ils ne travaillent pas (invalidité, chômage, retraite...), se trouvent même dans un isolement total. Ce seront alors les voisins ou les commerçants qui pourront remarquer quelque chose, et donner éventuellement l'alerte. Une personne isolée mais qui travaille attirera forcément l'attention de ses collègues. Leur réaction dépendra dans ce cas de ce qu'ils sauront (ou voudront) voir. Enfin, quand un malade en phase maniaque aiguë se livre sur la voie publique à des actes agressifs ou « sortant de l'ordinaire », il est fréquent que des passants appellent les forces de l'ordre. Dans ce cas, elles conduiront vraisemblablement le patient à l'infirmerie psychiatrique de la préfecture de police de paris *(IPPPP)* de la rue Cabanis dans le 14e arrondissement et en province dans un hôpital général ou psychiatrique. Le patient peut d'abord être conduit au poste de police, comme cela s'est passé avec un footballeur connu qui avait fait un « clash » sur les Champs-Élysées avant d'être emmené au commissariat puis dans une clinique psychiatrique.

Existe-t-il des conditions « idéales » d'hospitalisation pour un maniaque ou un dépressif ? Les lieux de soins diffèrent les uns des autres. Mieux vaut savoir où conduire le patient, et dans quelles conditions il sera hospitalisé, et être informé de la qualité des soins et de l'infrastructure du lieu qui va admettre un de nos proches.

Le service public

L'hôpital général (HG). Un service de psychiatrie situé dans un hôpital général est souvent très recherché. Mais les hôpitaux du service public ne possèdent pas tous un service de psychiatrie et quand il en existe un, il est fréquemment saturé. Tout dépend donc des places disponibles. Un des avantages de cette structure est inhérent à son insertion dans un hôpital général pourvu d'un plateau technique médical et chirurgical au cas où il existerait des maladies physiques concomitantes à l'affection psychiatrique.

L'hôpital psychiatrique (HP). Comme son nom l'indique, l'hôpital psychiatrique est une structure entièrement dévolue aux soins psychiatriques. Ces structures pèchent par leur taille gigantesque. Elles accueillent parfois plusieurs centaines de patients. D'autre part, la majorité de ces hôpitaux sont situés loin des villes. Le patient se retrouve alors brutalement propulsé dans un univers inconnu, vécu comme menaçant en raison de la présence d'autres patients eux aussi souvent gravement atteints.

La politique de santé mentale française a délimité ce que l'on appelle des « secteurs » : les psychiatres du service public doivent exercer sur un territoire défini et traiter les patients qui habitent sur ce secteur. C'est la raison pour laquelle de nombreux malades sont orientés directement vers l'hôpital psychiatrique dont dépend leur domicile. Comme on l'a vu, il est à noter que dans le cadre d'une modernisation des hôpitaux psychiatriques de secteur, des unités de « taille humaine » voient le jour dans les arrondissements parisiens. Ces unités sont proches des patients et sont vécues comme beaucoup plus sécurisantes que les hôpitaux psychiatriques classiques.

Le secteur privé

Les cliniques (privées ou non) présentent l'avantage d'être des lieux de soins de petite taille. Elles offrent globalement la même qualité de soins que l'hôpital public, mais traitent en général des pathologies relativement légères et n'admettent pas, sauf exception, des malades en hospitalisation demandée par un tiers (HDT). La plupart sont conventionnées et le patient est remboursé totalement. D'autres ne sont qu'agréées et la différence de coût est assurée par les mutuelles complémentaires ou par les malades eux-mêmes.

Les modalités d'admission en psychiatrie*

— **Hospitalisation libre (HL)**

Un patient donnant son accord pour être hospitalisé est admis en hospitalisation libre.

C'est la meilleure solution et la moins traumatisante pour son avenir, ainsi que pour ses proches qui se sentiront moins coupables.

Inversement, une personne n'ayant pas conscience de son état sera hospitalisée en hospitalisation à la demande d'un tiers (HDT) ou hospitalisée d'office (HO). Ces formes d'hospitalisation dites sans consentement sont régies par la loi du 27 juin 1990.

— **Hospitalisation demandée par un tiers (HDT)** : deux médecins effectuent la demande sur un certificat constatant l'état mental du patient et décrivant les particularités de sa maladie. Parallèlement, la demande écrite d'un parent (ou d'un proche considéré comme apte à agir dans l'intérêt du malade) est indispensable. La loi stipule que l'HDT est réservée aux malades dont l'état nécessite « des soins immédiats et une surveillance constante en milieu hospitalier ». Le premier certificat ne peut être rédigé que par un médecin n'exerçant pas dans le lieu d'accueil. Les médecins ne doivent avoir aucun lien de parenté ou d'alliance entre eux, avec le directeur de l'établissement, avec le proche signant la demande, et enfin avec le malade lui-même.

— **Hospitalisation d'office (HO)** : cette forme d'hospitalisation est destinée aux malades dont les troubles « compromettent l'ordre public et la sûreté des personnes ». Il s'agit d'une décision administrative promulguée par arrêté préfectoral. Cet arrêté doit bien sûr être motivé après la présentation d'un certificat médical détaillé.

La question de la liberté du patient est centrale. Contrairement aux patients placés en HDT, ou en HO, un patient en hospitalisation libre peut quitter le lieu de soins à tout moment, y compris *contre avis médical.* Pourtant, les médecins ne laisseront pas sortir un patient s'ils considèrent qu'il court un danger, et tenteront de le convaincre de continuer à se soigner ou transformeront l'HL en HDT.

La loi du 30 juin 1838 a été modifiée pour éviter d'éventuels abus (internements arbitraires). Elle protégeait assez bien les intérêts des patients mais présentait des lacunes. Ainsi la signature d'un seul médecin suffisait.

Les patients hospitalisés en HDT ou en HO doivent être mis au

* Voir annexes pour plus d'informations.

courant de leurs droits dès leur admission. Ils peuvent demander conseil à un médecin ou à un avocat, contacter les autorités, envoyer ou recevoir du courrier… Bien sûr, ils comprennent la teneur de leurs droits quand leur état commence à s'améliorer. Les médecins établissent régulièrement des certificats afin de justifier le maintien ou la levée de l'HDT, ou de l'HO. Les patients ou leurs proches peuvent contester ces conditions d'hospitalisation en envoyant une requête au président du tribunal de grande instance. Celui-ci peut ordonner, dans certains cas, la sortie immédiate du patient.

Enfin, l'HDT peut être levée à la demande d'un des médecins ayant requis l'admission, ou à la demande d'un proche parent du patient. Mais le directeur de l'établissement est en droit de s'y opposer ; il informera alors le préfet qui prendra une décision.

Les services accueillant des patients en HDT ou en HO sont régulièrement surveillés. Ils peuvent être visités à tout moment par des instances administratives et judiciaires (procureur de la République, juge, maire, préfet), qui vérifient que les conditions d'accueil sont conformes à la loi, et reçoivent éventuellement les commentaires ou doléances des patients.

Contrairement à une idée reçue, les psychiatres ne cherchent pas à « toujours hospitaliser les malades ». Après les avoir accusés d'« internements abusifs », on leur a reproché ensuite de faire sortir trop tôt les patients en taxant cette démarche d'« externement abusif ». L'hospitalisation est parfois indispensable pour la sécurité, voire la survie, du patient. Nous avons vu qu'elle est une nécessité pour de nombreux patients déprimés et maniaco-dépressifs. Selon la gravité et la fréquence des accès, certains sont souvent hospitalisés, d'autres le sont peu. Le terme d'hôpital fait peur à beaucoup de personnes, et celui d'hospitalisation en psychiatrie crée souvent l'effroi, pour le patient comme pour ses proches. Bien sûr, il serait déplacé de dire qu'une hospitalisation n'est pas « grave ». Elle l'est forcément en raison de la nature de la maladie. À l'hôpital, rien n'est anodin pour un malade maniaque ou dépressif. Il est là, consentant ou non, et il ressent l'ambiance du service. Le rôle des médecins, des infirmiers et du reste de l'équipe médicale consiste à le soigner puis à le soutenir afin qu'il parvienne à réintégrer son milieu social. Jusqu'à la guérison ou la stabilisation, le patient a généralement des difficultés à supporter son séjour, même s'il se sent mieux. L'hôpital reste l'hôpital, avec ses locaux parfois sinistres, ses odeurs, les couleurs tristes des murs, les fenêtres (parfois les portes) verrouillées… La meilleure équipe et les meilleurs soins ne peuvent faire oublier cette réalité. La psychiatrie manque de moyens, et cela se remarque souvent.

Or certaines personnes (y compris, hélas, des proches des patients) considèrent que les malades « ne voient rien de ce qui se passe autour d'eux, parce qu'ils sont centrés sur eux-mêmes » et sur leur maladie. Autrement dit, ils seraient devenus aveugles et sans émotions puisqu'ils sont malades. Cette idée est fausse. Nul n'est plus sensible à son environnement qu'un patient hospitalisé. D'abord, il souffre. Il se voit, lui-même, et voit les autres malades, subit leurs comportements dérangeants, ou a peur d'eux. Il voit les locaux, les chambres, les sanitaires… Il doit supporter ses soins. Il est parfois contraint de rester et le sait. Mais quelquefois il veut partir car il est persuadé d'être guéri, ou parce qu'il a l'impression d'être en prison. Les infirmiers et le service de sécurité de l'hôpital sont là pour surveiller les « fugueurs », mais ils ne peuvent pas toujours éviter ce que l'on peut comparer à une « évasion ». Il arrive donc que des patients (surtout en phase maniaque) réussissent à prendre la fuite et retournent chez eux ou chez des proches. D'autres errent dans les rues, égarés, anxieux et désorientés. L'équipe soignante ou la police partent à leur recherche… et les retrouvent dans la grande majorité des cas. Ce seront quelquefois des passants qui, alarmés par la détresse de ces malades perdus, les ramèneront à l'hôpital.

Contrairement aux autres, certains patients désirent rester hospitalisés. Leur histoire personnelle, la nature de leur maladie et la mauvaise « qualité » de vie extérieure (difficultés ou isolement psychosociaux, détresse psychologique, pauvreté…) les conduisent à préférer l'hôpital au « dehors ». Les équipes médicales essaient de combattre cette attitude de repli et de retrait du monde afin d'éviter les risques de régression, grave écueil lié à de multiples éléments médicaux et sociaux. Elles sont moins inquiètes face aux patients qui formulent le souhait de partir quand ils commencent à aller mieux. L'un des rôles majeurs de l'équipe médicale et des assistantes sociales est d'inciter les patients ayant tendance à se réfugier dans l'hôpital à réintégrer le monde extérieur.

Les conséquences psychologiques d'une hospitalisation

Je viens d'évoquer ce que ressentent la plupart des patients hospitalisés : détresse, souffrance, anxiété, colère, ambivalence vis-à-vis du personnel soignant… Pourtant, après leur sortie de l'hôpital, la plupart d'entre eux sont très reconnaissants d'avoir été soignés. Même s'ils restent fragiles, l'équilibre retrouvé leur permet de comprendre que leur hospitalisation (y compris et peut-être surtout sans leur consentement) était indispensable. Les témoignages de gratitude sont fréquents et il n'est pas rare que des patients repassent dans le service pour saluer un médecin, une infirmière, une aide-soignante… Il s'agit aussi d'un moyen de prendre conscience de leur guérison et de la montrer aux autres. Ils retrouvent une partie de leurs souvenirs, même douloureux, et « consolident » ce moment si important de leur existence, et sa mise entre parenthèses. D'autres donnent de leurs nouvelles par courrier. Bien entendu, d'autres encore préféreront garder des distances et ne plus jamais revoir personne !

Avec leurs amis ou leurs collègues, certains patients évoquent facilement leur hospitalisation, d'autres la dissimulent. Ceux qui s'expriment éprouvent moins de honte que les autres à révéler leur maladie, et ont aussi besoin d'en parler. Ils participent à lever le tabou entourant la maladie. Mais chacun à sa manière. Tous souffrent à la fois d'être malades et d'être « passés par l'hôpital ». Cela est dû, une fois encore, à leur souffrance mais aussi à la mauvaise image liée à la maladie mentale dans nos sociétés et à ses répercussions sur la réinsertion socioprofessionnelle. Beaucoup de patients maniaco-dépressifs disent à leurs proches qu'il faut avoir été soi-même malade pour comprendre réellement de quoi il s'agit. Et en effet, on ne peut comprendre les épreuves de la vie sans les avoir traversées soi-même.

Les suites psychosociales d'une hospitalisation

Les patients dont l'état le permet peuvent rentrer chez eux dès la sortie de l'hôpital, et reprendre progressivement leurs activités. Mais le plus souvent, une période de convalescence et de repos est indispensable. L'équipe médicale et les services sociaux conjuguent leurs efforts pour que cette période se déroule dans les meilleures conditions. Les patients pourront passer quelques jours en hôpital de jour, intégrer un foyer de postcure, une maison de repos… Les problèmes provoqués par la maladie ne se règlent jamais en un jour, et le patient doit fournir beaucoup d'efforts pour retrouver les repères de son existence. Il a aussi besoin d'aide et de soutien pour atteindre ce but si l'équipe qui l'a soigné est disponible, attentive et non pas infantilisante. Notre société ne laisse pas les malades convalescents livrés à eux-mêmes, mais les structures d'accueil manquent dans certaines régions. La lenteur de l'administration, le nombre élevé de patients qu'il faut aider à se réinsérer et le manque de moyens suscitent parfois (pour ne pas dire souvent) des situations inconfortables aux plans psychologique, familial, financier et socioprofessionnel. Le risque de chronicité existe aussi en dehors de l'hôpital : le patient, même bien entouré, peut en effet avoir l'impression que son avenir est totalement compromis. Son médecin, les thérapeutes, les assistantes sociales mais aussi son entourage ont un rôle clef à jouer pour le soutenir.

Enfin, quand un patient rentre chez lui après son hospitalisation, le problème du bon suivi du traitement se pose souvent. La réticence, la méfiance, la lassitude ou le désir d'« oublier tout ça » expliquent en partie ces attitudes de rejet. L'abandon du traitement peut être dramatique puisque le patient risque une rechute à plus ou moins courte échéance. L'institution demande parfois trop aux familles, quand le patient est encore très vulnérable. Au cours de cette période si délicate de la convalescence (mêlée au traumatisme quelquefois aigu de l'hospitalisation), les proches sont implicitement « sommés » de tenir le rôle d'infirmiers. Les parents ou le partenaire n'ont pas à jouer ce rôle mais y sont quelquefois contraints. Ils doivent surveiller la prise des médicaments, s'assurer que le patient ne boit pas ou ne se drogue pas, assumer son agressivité voire sa violence... Les médicaments deviennent un enjeu et une source de conflits. L'inquiétude des proches est légitime, tandis que le patient est persuadé qu'il peut se « débrouiller » seul. Mais quand il est « tout juste guéri », cela signifie qu'il est encore malade. De nombreux parents racontent devoir littéralement empêcher leur enfant de prendre trop ou trop peu de neuroleptiques, d'antidépresseurs ou de régulateurs de l'humeur, car son état de détresse et de confusion le rend incapable de compter ses comprimés. Que faire ? Dans un premier temps il faut « compter » avec lui pour éviter un surdosage qui risque d'être préjudiciable. Cette situation ne saurait perdurer, il est indispensable qu'elle évolue. Si les familles ne doivent pas tout attendre de l'institution, celle-ci ne doit pas non plus exiger l'impossible d'elles.

Comme la famille n'est pas toujours le lieu idéal pour « imposer » le suivi du traitement, un adolescent ou un jeune adulte seront souvent beaucoup plus adaptés dans un foyer de post-cure, entourés d'infirmiers et de soignants. Ce choix dépend bien sûr du patient lui-même, de la demande du médecin et de l'accord de l'équipe pour le recevoir. Quelques mois en foyer de post-cure sont souvent plus bénéfiques pour le patient que de rester en famille, avec les risques d'engrenage que cela comporte. La vie en foyer n'est pas facile, mais ce cadre restructure des patients encore fragiles. Ils reprennent progressivement confiance en eux et peuvent s'autonomiser plus aisément.

Les traitements « de choc »

Quand le traitement médicamenteux ne suffit pas à atténuer puis à guérir une dépression mélancolique et quand deux traitements successifs et bien conduits ont échoué, il faut parfois utiliser des méthodes plus puissantes, qui permettent au malade de retrouver son équilibre psychique. L'électroconvulsivothérapie (ECT) ou sismothérapie ou électronarcose (anciennement « électrochocs ») se pratique à l'hôpital et s'avère très efficace : souvent elle sauve la vie de patients gravement atteints. Cette méthode est également employée en urgence quand il est impossible d'attendre l'effet des traitements médicamenteux habituels. C'est le cas lorsqu'un patient est très suicidaire, agité ou délirant, refuse de se nourrir et de boire, ne peut plus bouger à cause de sa dépression, ou encore si l'état de santé d'une femme enceinte rend dangereuse la prise des médicaments habituels.

L'électroconvulsivothérapie (ECT) [13]

Il est essentiel de dédramatiser l'ECT. Le terme malencontreux et menaçant d'« électrochocs », l'image négative et violente véhiculée dans l'esprit du grand public par certains films doivent être dépassés. La prescription de l'ECT ne relève pas (ou plus) du sadisme des médecins, bien que certaines images d'une psychiatre soviétique issue du goulag y aient été rattachées.

Les séances s'effectuent sous anesthésie générale très brève (l'ECT est donc totalement indolore) et sous haute surveillance médicale. La technique employée consiste à délivrer une stimulation électrique au niveau du cerveau. Cela entraîne une activation électrique du système nerveux central et une crise d'épilepsie généralisée. Quand le patient se trouve dans l'incapacité de donner son accord pour être traité par cette technique, celui de la famille est nécessaire. L'ECT est absolument indispensable dans certains cas, car il s'agit du traitement le plus efficace actuellement connu dans la dépression mélancolique.

Les patients suivent en moyenne 6 à 12 séances (environ 3 par semaine) étalées sur plusieurs semaines. L'amélioration survient quelquefois dès la deuxième séance.

De même on peut avoir recours parfois aux ECT d'entretien ou de maintenance à raison d'une séance toutes les 4 à 6 semaines pendant un an ou deux. L'effet secondaire le plus fréquent de la sismothérapie est une perturbation temporaire de la mémoire récente, mais le patient retrouve très vite ses capacités mnésiques. La sismothérapie permet de guérir ou d'espacer les dépressions graves et résistantes, et beaucoup de patients considèrent que ces bénéfices l'emportent largement sur les effets secondaires légers et réversibles.

Tout patient subissant un ECT a le droit d'être informé de cette technique, aussi un document lui est-il remis ou à l'un de ses proches.

Le document de la page suivante est celui que nous remettons à l'hôpital Saint-Antoine dans le service de Psychiatrie et de Psychologie médicale.

Démystifier l'électroconvulsivothérapie

Il m'a semblé intéressant de relater dans cet ouvrage le témoignage du Dr J.P. Labreze lu dans un magazine publié par la protection sociale de la santé et de la solidarité [14]. Il y est affirmé que l'électroconvulsivothérapie « a été administrée à des millions de patients dans le monde et a définitivement ruiné la santé mentale d'une immense majorité d'entre eux. Comment peut-on penser un seul instant que le fait de brûler des neurones avec du courant puisse aider une personne à retrouver l'équilibre et la sécurité qu'elle a perdus ? Les effets destructeurs des électrochocs sont indiscutablement établis et les dégâts causés au cerveau sont clairement décrits dans la littérature médicale [...] », et l'auteur de citer le professeur Henri Baruk qui aurait écrit : « J'ai donc été amené à m'élever vigoureusement contre cette méthode qui n'a jamais été utilisée dans mon service, et j'ai montré que sans l'utiliser, on peut soigner les malades par d'autres méthodes plus humaines et moins dangereuses. »

Si je m'attarde sur le contenu de ces deux citations c'est parce

Document d'information pour les patients et leurs roches concernant l'électroconvulsivothérapie ou ECT*

(Fiche patient)

Un traitement par ECT vous a été proposé. Ce document résume les informations principales concernant ce traitement.

Qu'est-ce que l'ECT ?

L'ECT est l'aboutissement des progrès scientifiques et techniques de l'ancienne méthode appelée « électrochocs ». Réalisée aujourd'hui sous anesthésie générale, l'ECT permet l'amélioration rapide de l'état de santé de certains patients par le recours à l'équivalent d'une crise convulsive, artificiellement provoquée en utilisant un courant électrique faible et très bref appliqué à la surface du crâne.

Quels sont les bénéfices de l'ECT ?

Certains patients ne réagissent pas ou réagissent tardivement aux médicaments utilisés habituellement dans quelques maladies comme la vôtre. Des études scientifiques ont montré que l'ECT procure une amélioration nette de l'état de santé d'au moins 80 % de ces patients. Les principaux avantages de l'ECT sont sa rapidité d'action et l'importance de son effet bénéfique sur les symptômes aigus.

Quels peuvent être les risques du traitement ?

Comme toute thérapeutique efficace et puissante, l'ECT comporte, à côté des avantages, des inconvénients, parfois des incidents et exceptionnellement des accidents.

Les risques de toute anesthésie générale peuvent être observés (en particulier allergie à certains produits, complications cardio-respiratoires, voire décès). La consultation préanesthésique a pour but de limiter ces risques. De rares lésions dentaires, neurologiques, traumatiques (luxation, voire fracture) ont été enregistrées.

Comment se déroule le traitement ?

Une consultation d'anesthésie a lieu avant le début du traitement. Le médecin anesthésiste vous examine et, si votre état de santé le nécessite, il demande des examens complémentaires. Le traitement comporte plusieurs séances, d'une dizaine de minutes chacune. Les séances sont

* Délivré à l'hôpital Saint-Antoine, service de Psychiatrie et de Psychologie médicale.

renouvelées 2 ou 3 fois par semaine et leur nombre total varie de 4 à 20 environ, en fonction de l'amélioration de votre état de santé.

Les séances se déroulent en présence d'un médecin anesthésiste, d'un médecin psychiatre et d'un(e) infirmier(ère).

À chaque séance, vous êtes anesthésié : il s'agit d'une anesthésie générale de quelques minutes. Le médecin anesthésiste vous injecte aussi un médicament destiné à relâcher vos muscles. Vous recevez de l'oxygène jusqu'à votre réveil. Votre tension artérielle, votre électrocardiogramme et parfois votre électroencéphalogramme sont enregistrés durant la séance.

Au cours d'une séance, vous ne percevez aucune sensation particulière. Vous ne sentez pas l'administration du courant et vous n'avez aucune douleur.

À votre réveil, vous ne vous souvenez pas du déroulement de la séance. Il se peut que vous vous sentiez confus. En général, cette confusion disparaît au bout d'une heure environ. Vous pouvez éprouver un mal de tête durant la journée et parfois ressentir quelques nausées.

Des troubles de la mémoire peuvent être observés chez certains patients. Ces troubles concernent la mémoire des événements récents et parfois la mémoire des événements passés : dates, noms, adresses ou numéros de téléphone. La plupart du temps, ces troubles disparaissent après quelques jours ou quelques semaines. Exceptionnellement, ils peuvent persister plusieurs mois.

Après les premières séances et en fonction de votre état de santé, votre médecin peut vous proposer de poursuivre votre traitement par des séances ambulatoires. Vous aurez alors la possibilité de venir de chez vous pour la séance et de retourner à votre domicile après celle-ci. Si cela est votre cas, des précisions complémentaires vous seront fournies en temps utile

Sachez toutefois que vous devrez être obligatoirement accompagné.

Pourquoi vous a-t-on proposé l'ECT ?

Après un examen approfondi de votre état de santé, les avantages et les inconvénients de l'ECT ont été comparés à ceux des autres traitements possibles. L'ECT vous a été proposée parce qu'il est nécessaire d'agir très rapidement, et habituellement pour l'une ou l'autre des raisons suivantes :

— votre traitement par médicaments n'a pas été ou n'est plus suffisamment efficace ;

— votre organisme n'a pas supporté les traitements par médicaments ;

— les médicaments sont contre-indiqués dans votre cas ;
— l'ECT a été efficace pour vous lors d'une situation identique dans le passé.

Si vous souhaitez des précisions ou d'autres informations,
n'hésitez pas à les demander.
L'ensemble de l'équipe soignante sera toujours disponible
pour en parler avec vous et avec votre entourage si vous le désirez.

qu'elles sont présentes dans l'esprit d'un bon nombre de patients et de familles auxquels on propose ce type de traitement.

Aussi faut-il tordre le cou à certaines idées fausses concernant l'électroconvulsivothérapie telle qu'elle est pratiquée actuellement dans les règles actuelles de sécurité optimale.

Idées fausses concernant l'ECT [15]

Non, l'ECT n'endommage pas les structures cérébrales. Et de plus l'ECT favorise la survie neuronale, le bourgeonnement dendritique et la production de facteurs neurotropes*.

Non, le stimulus électrique ne fait pas courir le risque d'une électrocution. Il agit selon les mêmes modalités et la même sûreté que les défribrillateurs cardiaques qui sauvent des vies tous les jours.

Non, l'ECT n'est pas plus risquée que les psychotropes. Au contraire, l'ECT a bien moins de contre-indications chez le sujet âgé en particulier, souvent polymédicamenté.

Non, l'anesthésie des ECT ne comporte pas plus de risques que celle de la chirurgie ambulatoire.

Non, l'ECT n'induit pas de maladie épileptique. Les épilepsies chimiorésistantes peuvent parfois être utilement et efficacement traitées par les ECT qui sont anticonvulsivantes.

Non, l'ECT n'est pas un traitement de dernière intention, il faut savoir y avoir recours en première intention devant une mélancolie. L'ECT est efficace dans plus de 90 % des cas là ou les psychotropes ne le sont que dans 70 à 75 % des cas.

* C'est-à-dire qu'elle favorise la production des neuromédiateurs indispensable à la conduction neuronale.

Certains psychiatres ne pratiquent pas l'ECT par « idéologie » ou par manque de conviction quant à son efficacité et son innocuité. Mais pour la majorité des autres, c'est parce qu'ils ne bénéficient pas d'un plateau technique correspondant précisément aux conditions de règles de sécurité optimales nécessaires à ce traitement.

Dans ce domaine il ne faut surtout pas être manichéen et péremptoire. Les faits sont beaucoup plus complexes et subtils.

Aux États-Unis, il ne se passe pas un congrès de psychiatrie sans que les adeptes de l'Église de scientologie ne viennent défiler devant le site du congrès en question pour dénoncer les pratiques « barbares » de l'ECT et de la prescription de médications psychotropes.

En 1975, Milos Forman a remué les Américains par son film *Vol au-dessus d'un nid de coucou*, qui a eu des incidences sur les patients et sur la communauté médicale américaine.

Pendant le quart de siècle qui a suivi, l'utilisation de l'ECT a été quasiment bannie de l'arsenal thérapeutique américain bien que les autorités américaines n'aient jamais condamné cette pratique, et qu'aujourd'hui encore elle reste avalisée par les puissantes American Medical Association, la National Mental Health Association et l'American Psychiatric Association.

En fait la philosophie de la pratique médicale aux États-Unis favorise une attitude « médicalement correcte ». En effet il faut éviter à tout prix d'être poursuivi devant les tribunaux, fût-ce au détriment de la qualité des soins donnés aux malades.

Une anecdote mérite d'être contée dans ce registre. Il y a quelques années, sur un vol Nouvelle-Orléans-Miami dont j'étais passager, une femme fut prise de convulsions traduisant une crise d'anxiété généralisée.

Un médecin fut demandé par le chef de cabine et trois médecins américains se présentèrent, déclinant chacun leur identité, leur numéro d'inscription à l'ordre des médecins de leurs États respectifs. Puis ils affirmèrent tour à tour que cette patiente ne relevait pas de leur compétence et que leur assurance ne les couvrait pas en cas de *mal practice* (faute médicale) ; en réalité, ils ne s'étaient présentés que pour éviter d'être accusés de non-assistance à personne en danger.

Quand j'ai offert mes soins en demandant à l'hôtesse d'arrêter l'oxygène dont elle abreuvait la patiente et de la faire respirer dans un sac en papier, elle a hésité et m'a demandé si j'étais inscrit sur une liste de médecins aux États-Unis.

L'histoire s'est bien terminée mais la chute vaut le détour.

À l'atterrissage, on me demande de présenter mes papiers d'identité, mon numéro d'inscription à l'ordre des médecins français : démarche de routine mais on m'a expliqué qu'elle pourrait aussi servir si la patiente jugeait avoir été mal soignée et voulait se retourner contre la compagnie d'aviation. Il valait donc mieux avoir les coordonnées du médecin qui était intervenu pour se retourner éventuellement contre lui !

Pour clore ce chapitre sur l'ECT et sa pratique aux États-Unis, je citerai une affirmation de Teresa A. Rummings, psychiatre et spécialiste de l'ECT à la fameuse Mayo Clinic de Rochester, Minnesota : « L'ECT est toujours considérée comme le traitement de choix dans les dépressions sévères [...] comme d'autres traitements médicaux ou chirurgicaux l'ECT a ses limites et ses effets secondaires. Cependant elle reste un traitement extrêmement utile pour beaucoup de patients qui n'ont pas été améliorés par d'autres formes de traitement [16]. »

La stimulation magnétique transcrânienne (SMT)

Cette nouvelle technique n'est pas à proprement parler une technique de choc bien qu'elle fasse intervenir une action « extérieure » au cerveau par le moyen d'ondes magnétiques. Elle ne nécessite pas d'anesthésie générale et ne présente pas d'effets délétères sur la mémoire. Le cerveau est stimulé par des ondes magnétiques de haute ou de basse fréquence. Les premières augmentent le métabolisme de certaines régions cérébrales, les secondes produisent l'effet contraire. Robert Post et Mark George ont démontré l'efficacité de cette technique, qui peut s'employer en association avec un traitement médicamenteux et une psychothérapie.

Plusieurs études ont confirmé en Allemagne que la stimulation magnétique transcrânienne a un effet antidépresseur. Il est fort probable que les effets de la SMT soient efficaces sur l'axe de la sérotonine, neuro-hormone qui est augmentée comme on l'a vu grâce aux antidépresseurs.

En utilisant simultanément des SMT répétées et des PET Scan (*Positon Emission Tomography*, ou caméra à positons), on a pu révéler des changements d'activité cérébrale en fonction de l'application de SMT.

Les travaux de Mark George aux États-Unis ont prouvé que la SMT peut non seulement être utilisée dans la dépression mais aussi dans les troubles obsesso-compulsifs (TOC), le syndrome de stress post-traumatique et certaines psychoses.

Quant à Ziad Nahas, il a montré l'intérêt de cette technique chez les femmes enceintes présentant une dépression à forme anxieuse.

En France seuls quelques centres utilisent cette méthode qui est certainement appelée à prendre une place de plus en plus importante dans l'arsenal thérapeutique psychiatrique.

Grossesse et traitement [17]

Quand une femme maniaco-dépressive désire avoir un enfant, il est capital qu'elle en parle à son médecin avant la conception. Comme cela se pratique pour n'importe quelle maladie chronique nécessitant un traitement médicamenteux au long cours, il faut évaluer avec soin les bénéfices et les risques d'une grossesse sous traitement. La gravité des troubles liés à la maladie, la fréquence et la gravité des accès précédents et l'état psychologique de la mère doivent aussi être pris en compte car l'avenir de la mère et de l'enfant en dépend.

Le traitement présente certains risques potentiels pour le fœtus qui « absorbe » directement les médicaments pris par la mère. En effet, le placenta n'est pas une barrière totalement « étanche », et beaucoup de médicaments le traversent. Les psychotropes (régulateurs de l'humeur, antidépresseurs, neuroleptiques, tranquillisants) peuvent provoquer des effets secondaires plus ou moins graves chez l'enfant avant et après sa naissance. Les parents et le médecin doivent donc réfléchir ensemble aux conséquences possibles d'une grossesse chez une patiente maniaco-dépressive.

Une grossesse programmée permet de diminuer les risques pour la mère comme pour l'enfant. Cela nécessite une adaptation soigneuse du traitement et un suivi très régulier, sur les plans physiologique et psychologique. Dans la majorité des cas, une femme bien équilibrée par son traitement et surveillée attentivement pendant sa grossesse pourra mettre au monde un bébé en parfaite santé. Mais pour certaines catégories de médicaments, il est actuellement impossible de prévoir si le traitement entraînera ou non des conséquences chez le fœtus, puis chez le bébé. Il s'agit d'une sorte de pari sur l'avenir. C'est tout l'intérêt de collaborer avec un centre spécialisé qui apporte son savoir en matière de toxicité des médicaments sur la grossesse [18].

Le lithium. Pris pendant le premier trimestre de la grossesse, il peut parfois entraîner des malformations cardiaques. La maladie d'Epstein, qui est une anomalie grave du ventricule droit du cœur, toucherait particulièrement les « bébés lithium ».

Les anticonvulsivants. Avec la Depakine et le Depamide, on a noté des risques de *spina bifida* (malformation de la colonne vertébrale) et quelques anomalies de la coagulation sanguine.

Les antidépresseurs. Aucun risque de malformation n'a été décrit avec les antidépresseurs, qu'ils soient tricycliques ou appartenant à la catégorie agissant sur la sérotonine. À l'heure actuelle, on peut dire qu'ils ne représentent pas de risque pour le fœtus. Mais comme tous les médicaments, ils imposent une surveillance étroite de la mère comme des nouveaux produits. L'antidépresseur le plus sûr pendant la grossesse reste l'Anafranil.

Les neuroleptiques. Les neuroleptiques ne semblent pas provoquer de malformations chez le fœtus. Si cela est possible, un seul neuroleptique sera prescrit à la mère, les doses seront diminuées pendant le dernier mois de grossesse et on évitera les médicaments correcteurs (Lepticur, Artane...).

Le nouveau-né risque parfois de présenter des signes neurologiques de type : hypertonie, mouvements anormaux, accès de contracture du tronc. Il peut aussi présenter une tachycardie, une distension vésicale ou une agitation, en particulier si sa mère prend du Largactil. Les troubles digestifs sont fréquents. L'enfant sera surveillé aux plans digestif et neurologique.

Les tranquillisants. Ces médicaments sont éliminés plus ou moins rapidement par l'organisme. Certains sont à élimination lente (Valium, Lysanxia, Tranxène, Urbanyl, Rivotril...), intermédiaire (Seresta, Xanax...), ou rapide (Halcion).

Les tranquillisants ne provoquent pas de malformations chez le fœtus. Mais idéalement, la mère devrait éviter d'en utiliser. Les risques pour le nouveau-né sont une imprégnation aiguë (quand la mère a pris ces médicaments sur une courte durée et à haute dose avant l'accouchement), ou chronique. La durée des signes (apnée, hypothermie en cas d'imprégnation aiguë, hypotonie et troubles de la succion en cas d'imprégnation chronique) varie entre une et trois semaines et dépend des médicaments utilisés. Ces signes sont parfois suivis par un syndrome de sevrage (hyperexcitabilité, agitation, angoisse), dont la durée et la fréquence restent encore mal connues.

Au début de la grossesse le médecin prescrira de préférence des médicaments à élimination lente. À la fin de la grossesse, il évitera les traitements prolongés et mettra en garde la mère contre toute automédication.

Le Seresta (Oxazepam) semble le tranquillisant le plus sûr pendant la grossesse.

On voit que plusieurs médicaments prescrits pour traiter et prévenir la maniaco-dépression présentent des risques pour le fœtus et le nouveau-né. Il est donc préférable si possible d'en prescrire un seul (monothérapie) en fonction de l'état de la mère, qui aura besoin de toute façon d'une psychothérapie de soutien pour aborder sa grossesse avec sérénité. Le couple doit pouvoir questionner le médecin sur tous les sujets lui posant un problème. En dehors du traitement médicamenteux de la mère, l'avenir et le bien-être de l'enfant dépendent aussi de la relation de confiance établie avec l'équipe médicale.

Le traitement psychothérapique de la maniaco-dépression

Pour soigner les patients maniaco-dépressifs, il faut d'abord les soulager comme on l'a vu de leurs symptômes grâce aux traitements médicamenteux, puis les aider à se réorganiser psychiquement grâce à une psychothérapie. Cette prise en compte de la maladie mentale comme un tout est essentielle, et l'association médicaments-psychothérapie donne des résultats supérieurs à la seule prescription médicamenteuse. K. R. Jamison note qu'« en dépit [...] des résultats de la plupart des travaux récents de différentes équipes aux États-Unis comme en Grande-Bretagne, montrant de façon convaincante que les patients bipolaires ou schizophrènes bénéficiant d'une psychothérapie associée à la prescription médicamenteuse s'en sortaient mieux que ceux qui se contentaient de prendre des médicaments, bon nombre de psychiatres et d'équipes de recherche continuent à croire que les médicaments suffisent à traiter la grave maladie mentale [19] ».

Cette situation désolante a pourtant évolué. D'autres progrès viendront grâce aux médecins, mais aussi aux patients, et à leurs proches. Les patients ont un rôle clef à jouer, à condition qu'on les informe – et qu'ils s'informent – sur leurs droits fondamentaux, leurs traitements médicamenteux, et les bienfaits d'une psychothérapie qui demande du temps, de la disponibilité et de la compétence spécifique de la part des thérapeutes. Ne s'instaure pas psychothérapeute qui veut et pourtant il n'est pas nécessaire actuellement d'avoir un diplôme pour se réclamer de cette discipline. Aucune loi n'encadre la profession de psychothérapeute et beaucoup de charlatans s'instituent « médecins de l'âme ». Devant le vide juridique actuel, une proposition de loi relative à l'usage du titre de psychothérapeute vient d'être déposée afin que des autorités universitaires ou professionnelles puissent être habilitées à avaliser cet exercice. Il est à noter enfin qu'au nom d'un bon nombre de psychothérapeutes et des usagers de psychothérapie victimes d'abus, la Mission interministérielle de lutte contre les sectes (MILS) a demandé au secrétariat d'État à la Santé de protéger la discipline de psychothérapeute et de répertorier certaines structures qui profitent de la détresse humaine.

Les patients dont l'histoire personnelle et la souffrance psychologique ne sont pas pris en compte se retrouvent livrés à eux-mêmes, isolés et anxieux face à leurs boîtes de médicaments. Déjà Avicenne ne se contentait pas de décrire des symptômes mais essayait de les interpréter, proposait des traitements et des mesures préventives. Dans son *Canon*, il approfondit la relation entre le corps et l'esprit, déjà bien connue des médecins arabo-musulmans inspirés par les Grecs : « Les remèdes psychiques doivent toujours aider à la thérapeutique médicamenteuse et la compléter en accroissant la résistance du malade [...] Nous devons considérer que l'un des meilleurs traitements, l'un des plus efficaces, consiste à accroître les forces mentales et psychiques du patient [...] à l'encourager à la lutte, à créer autour de lui une ambiance agréable, à lui faire écouter de la bonne musique, à le mettre en contact avec les personnes qui lui agréent, qu'il respecte et en qui il a confiance [20]. » Rhazès (El Razi), quant à lui, avait déjà affirmé que « la structure du corps suit les vicissitudes de l'esprit ».

Il existe plusieurs sortes de psychothérapies. Leur choix dépend de la personnalité et de l'environnement du patient, de la nature et de la fréquence de ses troubles, d'éventuels problèmes associés d'alcoolisme ou de toxicomanie, de la gravité des « séquelles » après un accès maniaque ou dépressif et de la formation du praticien. Mais pour donner de bons résultats, toutes les psychothérapies doivent être désirées par le patient, régulières et se poursuivre longtemps. Une des qualités requises dans ce domaine est la capacité de « voir en soi » (l'*insight*) et la patience que William Baranès a définie comme « la passion de la durée consentie ».

À quoi sert une psychothérapie ?

La psychothérapie permet, entre autres, au patient de donner un sens à sa maladie en essayant d'inscrire ses symptômes dans sa propre histoire. Quand on ignore son passé, on est parfois condamné à le répéter. Les questions que se pose un malade sont innombrables : « Pourquoi suis-je malade ? Pourquoi cela m'arrive-t-il ? De quoi s'agit-il ? Est-ce que je suis fou ? Qu'est-ce que les autres pensent de moi ?… » La souffrance morale de la majorité des maniaco-dépressifs et des dépressifs est intense, mais certains ont des idées préconçues au sujet de la psychothérapie. Il revient au médecin de la leur proposer (il est impossible de l'imposer), en expliquant son utilité. Il est vrai qu'une psychothérapie est parfois entrecoupée de moments de lassitude. Le patient peut avoir l'impression de se répéter, ou, tout simplement, en avoir assez de « parler de lui ». Ces phases sont classiques. Mais au fur et à mesure des entretiens, beaucoup de patients comprennent mieux une partie des raisons profondes de leur douleur psychique. Ils commencent à entrevoir leur histoire personnelle, ce qui leur permet progressivement de se reconstruire. Ils peuvent ensuite retrouver une bonne estime d'eux-mêmes, mieux prendre soin d'eux, atténuer leur stress, renouer avec les autres, prévoir les rechutes et agir différemment dans plusieurs domaines de leur existence. Les patients suicidaires comprennent pour une part aussi ce qui les a amenés à envisager la mort comme un « remède » définitif à leur douleur. Grâce aux traitements curatifs et préventifs actuels et à la psychothérapie, le nombre de suicides a beaucoup diminué chez les maniaco-dépressifs. Le risque persiste chez certains d'entre eux, mais il est mieux circonscrit.

Quand commencer une psychothérapie ?

Face à un accès maniaque ou mélancolique, l'urgence impose avant tout de réduire les symptômes pour éviter que le malade ne soit mené à l'irrémédiable par ses conduites ou ses actes. L'hospitalisation et/ou le traitement médicamenteux sont donc l'étape indispensable à une prise en charge psychothérapique. Cela se comprend facilement. On voit mal comment un malade plongé au plus profond de sa dépression pourrait investir la relation psychothérapique, et s'accorder suffisamment d'estime pour demander de l'aide. À cause de sa dépression, il n'espère et n'attend plus rien, ni de lui-même ni des autres, et se sent incurable. Le soulagement lui semble impossible, et une aide, totalement vaine. Inversement, un malade maniaque se sent si « bien » qu'il est persuadé de ne pas avoir besoin d'aide…

Après la guérison ou l'amélioration d'un accès aigu, le malade reste très fragile et a besoin de soutien. Un patient maniaco-dépressif est particulièrement dépendant des êtres qu'il aime. Les réactions parfois hostiles ou rejetantes de ses proches provoquent une blessure supplémentaire. L'attitude de l'entourage est donc déterminante pour l'avenir du patient. Dans le milieu familial, la maladie (surtout si elle est cyclique) nécessite un nouvel ajustement des relations, et l'instauration d'une tolérance mutuelle. Le patient et ses proches doivent travailler ensemble à se comprendre et à se respecter. Cela peut prendre du temps.

L'indication d'une psychanalyse est très rare au cours de la maladie maniaco-dépressive, et n'est jamais conseillée pendant un épisode aigu. En phase maniaque, il existe en effet une possibilité constante de passages à l'acte (agressivité verbale, séduction outrancière, violences physiques, etc.), et le risque suicidaire inhérent aux épisodes dépressifs est encore plus grave. Cela rend impossible le maintien de la technique psychanalytique et de la neutralité de l'analyste. Le patient n'est plus en état de poursuivre le travail thérapeutique, et la rechute entraîne forcément une rupture du cadre et du processus de la cure. Il serait difficile de la reprendre après l'amélioration des troubles. C'est donc seulement quand les symptômes commenceront à s'améliorer grâce au traitement médicamenteux que l'on pourra proposer au patient non pas une cure analytique classique, mais un aménagement sous la forme d'un accompagnement psychothérapique en face à face.

Racine dit dans *Athalie* « comment en un plomb vil l'or pur s'est changé ». Il ne s'agit pas de proposer aux maniaco-dépressifs une psychanalyse au rabais mais d'aménager la technique tel que cela a été suggéré par Freud lui-même qui a proposé des « alliages » avec l'or pur de la psychanalyse.

Certains malades s'y refusent car ils se sentent entièrement guéris après un accès aigu. Ils ne souhaitent pas évoquer le moment de leur décompensation, souvenir trop angoissant pour eux. Cette attitude doit être respectée, car contrairement à un traitement médicamenteux que l'on peut prescrire avec une certaine fermeté, la demande et l'implication personnelle du patient sont un préalable indispensable à toute démarche psychothérapique. Une psychothérapie ne donne de bons résultats que si le patient prend conscience de son utilité et la souhaite.

L'accès maniaque ou dépressif possède un fondement biologique indiscutable, mais s'inscrit aussi dans une trame personnelle et familiale. Il produit de profonds bouleversements psychiques et relationnels dont le malade subira forcément les conséquences. Le caractère endogène (« organique ») des troubles n'est pas contradictoire avec un travail psychothérapique, puisque toute maladie à rechutes représente une menace pour l'identité de la personne, la cohésion de sa famille, et suscite chez le patient une vive angoisse. D'où l'importance d'un travail de parole permettant d'atténuer et d'exprimer cette angoisse.

Si la thérapie s'engage, le thérapeute aidera d'abord le patient à restaurer ses liens affectifs, et à retrouver une bonne image de lui-même. Cette étape est primordiale, car la maladie bouleverse en profondeur les relations du patient avec son entourage, et l'image qu'il a de lui-même. Son narcissisme (la manière dont il se voit et l'estime qu'il se porte) est mis à mal par ses troubles. Le patient se sent coupable, bon à rien, inutile. Il a grand besoin de retrouver une estime de soi, une confiance, et surtout la capacité de réinvestir les êtres et les événements au quotidien. La remémoration de l'épisode pathologique, le désir de comprendre les circonstances où sont apparus les accès et la possibilité de mettre un sens sur les conduites les plus « insensées » lui permettront de mieux maîtriser le déroulement des séquences de sa maladie.

Au début de la psychothérapie, nous constatons souvent que le simple récit de souvenirs – quelquefois très vagues – liés à l'accès maniaque ou mélancolique soulage beaucoup le patient. Oser se rappeler des conduites qui lui font honte (achats inconsidérés, liaisons dangereuses, violences verbales ou physiques, désintérêt pour ses proches, tentative de suicide...) est déjà une façon de les dédramatiser. Il lui restera ensuite à reconnaître qu'il s'agit bien de sa propre vie mentale, qui peut subir les conséquences d'une humeur devenue « folle ». C'est sans doute le plus difficile à admettre.

Il arrive que des patients, stabilisés par un traitement, expriment certains regrets concernant l'aspect « libératoire et orgiaque » de leur accès maniaque. Mais le plus souvent, c'est la peur d'une rechute dépressive qui est évoquée avec angoisse. Le patient se rappelle avec effroi l'anéantissement terrible éprouvé pendant sa dépression. La prise continue d'un médicament régulateur de l'humeur lui offre alors une protection rassurante à l'égard des rechutes. Bien sûr, la nécessité d'un traitement prolongé (parfois à vie) le confronte à la chronicité de sa maladie et au deuil de sa guérison absolue et définitive. Une partie du travail psychothérapique consiste à l'y aider. Mais ce cheminement lui permet aussi d'être plus attentif à ses variations d'humeur et, parfois, de repérer lui-même les signes avant-coureurs d'une rechute. À défaut de guérir la maladie, il s'agit bien de la maîtriser peu ou prou. Cela aide beaucoup le patient à ne plus la vivre comme « plus forte » que lui et lui apprend au contraire à la dominer.

Freud est plus que jamais actuel, et il y a non seulement comme l'affirme Juan David Nasio [21] un plaisir, mais une nécessité de le lire. Il existe cependant plusieurs types de psychothérapies qui ne s'inspirent pas de la théorie freudienne et qui peuvent aussi être très utiles pour les maniaco-dépressifs.

La thérapie cognitivo-comportementale (TCC)

Cette forme de thérapie se pratique individuellement ou en groupe. Selon la théorie de la TCC, les manières de penser influencent le comportement et l'état psychique du patient. En effet, les relations entre les pensées, l'humeur et le comportement sont toujours étroitement imbriquées. La TCC permet de diminuer la vulnérabilité des patients maniaco-dépressifs et de les rendre plus actifs. Le thérapeute les « rééduque » en leur apprenant à se remettre en question puis à modifier leur système de pensée. La TCC donne de bons résultats pour traiter les symptômes de dépression et d'hypomanie, prévenir les rechutes et aider les patients à changer certains aspects de leur vie quotidienne et avoir une bonne observance du traitement.

Par exemple, l'humeur dépressive serait accentuée par des pensées « automatiques » (survenant spontanément) qui amplifient les fluctuations de l'humeur. Les patients déprimés ont une vision très pessimiste et négative d'eux-mêmes, du monde et de l'avenir (« triade cognitive négative » décrite par Beck en 1976). Ils ont tendance à percevoir uniquement le « côté noir » de l'existence et se culpabilisent de façon exagérée. Le thérapeute motive le patient pour faire resurgir les sentiments de confiance en soi, de satisfaction, de plaisir et de valorisation des événements importants. Le patient découvre peu à peu des solutions nouvelles, et souvent très simples, auxquelles il n'avait jamais songé. Cela lui permet de lutter contre son pessimisme et d'affronter ses problèmes de manière positive et constructive.

La manie est l'inverse de la dépression puisque le patient perçoit sa propre personne, le monde et l'avenir comme des univers remplis de promesses merveilleuses. Cette « triade cognitive positive » lui donne un sentiment de toute-puissance. Il se croit supérieur aux autres et capable de réaliser les plus grands projets. La TCC apporte beaucoup à ces patients grâce à des « apprentissages » de techniques d'autocontrôle. Mais le patient maniaque doit d'abord admettre l'idée qu'il est malade, et reconnaître que son comportement a des conséquences négatives dans ses rapports avec les autres...

Concernant la dépression, certains auteurs estiment que la TCC est aussi efficace que les médicaments. Elle est donc précieuse pour les patients qui répondent mal ou insuffisamment aux antidépresseurs, et son efficacité dans la prévention des rechutes dépressives a été démontrée. Elle aide beaucoup les patients, en particulier unipolaires. Le patient a la possibilité d'agir sur ses symptômes dépressifs dès leur apparition, ou de modifier en profondeur ses sentiments. Cela le rend moins vulnérable à la dépression.

La TCC permet également aux patients de mieux affronter les stress et d'éviter ainsi des rechutes, dont ils apprennent à repérer les signes précurseurs. De nombreuses difficultés liées à la maladie (relationnelles, amicales, professionnelles, etc.) sont améliorées grâce à cette technique. Pour cela, l'analyse des problèmes doit être fine et détaillée. Le patient décrit les obstacles qu'il rencontre, leur fréquence, sa manière de réagir, ce que font ses proches... Avec le thérapeute, il étudie quels éléments provoquent des troubles ou les entretiennent, et apprend comment les modifier.

Nous avons vu que la poursuite régulière du traitement médicamenteux est bien difficile pour de nombreux malades. 20 à 50 % des patients sous lithium cessent d'en prendre à un moment ou à un autre, soit parce qu'ils se sentent mieux (le but même du traitement !), soit parce qu'ils ont des effets secondaires gênants. La thérapie les aide à comprendre la nécessité de se soigner, et de respecter une bonne hygiène de vie.

Enfin, la TCC offre aux patients dont la maladie devient chronique (25 à 30 % des cas) ou à ceux souffrant de cycles rapides la possibilité de mieux se réadapter malgré de fréquentes hospitalisations. Ils parviennent peu à peu à structurer leur existence et à organiser leurs journées de façon positive. Ils affrontent leurs difficultés personnelles, sociales et professionnelles avec davantage de force et de courage.

*Les thérapies interpersonnelles**

Essentiellement inspirées d'auteurs anglo-saxons, elles s'adressent aux relations interpersonnelles qui sont altérées dans la dépression et la maladie maniaco-dépressive : absence, insatisfaction ou altération des liens sociaux.

Ces techniques peuvent apporter une diminution du stress lié à la famille, au travail, et ont pour objectif d'améliorer la communication interpersonnelle. Contrairement à la théorie psychanalytique, le thérapeute n'interprète pas le transfert noué avec son patient, et peut revêtir un rôle actif pour influencer son patient et lui donner des recommandations en évaluant le rôle du conjoint, essentiel dans cette approche.

La thérapie de groupe

La thérapie de groupe (classique en groupe de discussion, ou sous forme de psychodrame) est efficace dans de nombreux troubles du comportement. Le groupe est formé pour au moins un an. Les patients sont prévenus d'un risque de rechute pendant la thérapie. Ils sont choisis selon leurs capacités d'introspection (*insight*) et leur

---

* Ces thérapies abordent les relations entre les personnes, contrairement aux thérapies personnelles (la psychanalyse par exemple) qui s'adressent aux relations de la personne avec elle-même.

aptitude à faire face à des conflits et à les gérer (*coping*). Le groupe est constitué de personnes atteintes de la même pathologie et les participants doivent avoir donné leur accord pour suivre leur traitement médicamenteux, et consulter régulièrement leur psychiatre. Le thérapeute évalue les forces et les faiblesses du groupe, et le sécurise pour affronter les difficultés qui peuvent survenir.

Une thérapie de groupe permet d'abord aux patients de se rendre compte qu'ils ne sont pas seuls à souffrir de maniaco-dépression. Ce seul fait est déjà bénéfique. Il est important pour eux de partager leurs expériences avec les autres et de s'écouter mutuellement. Le thérapeute anime ces échanges, incite quelqu'un de renfermé à s'exprimer... ou au contraire canalise quelqu'un d'un peu trop « dominateur ». Les participants apprennent ensemble à contrôler leur comportement et leurs émotions. Le principal intérêt de cette thérapie est le support moral du groupe : personne ne jugera un participant, puisque tous connaissent intimement ce que signifie le fait d'avoir traversé des phases dépressives, ou maniaques. La maladie et ses conséquences (y compris le récit de délires ou d'hallucinations) sont donc mises en commun, sans rejet ni ironie. Le thérapeute oriente le travail du groupe sur la vulnérabilité à la *perte* (classique chez les patients maniaco-dépressifs), et les difficultés relationnelles. Tous les problèmes dus à la maladie sont évoqués et discutés : relations conjugales, familiales, amicales, professionnelles, abus d'alcool et de drogue, stress, angoisse, vécu des éventuelles hospitalisations, traitement médicamenteux... Ce soutien mutuel essentiel se révèle utile pour bon nombre de patients. Il se poursuit parfois en dehors du cadre de la thérapie. Mais si un membre du groupe devient hypomaniaque et donc envahissant, le thérapeute lui demandera de limiter momentanément les rencontres.

Les rechutes sont moins fréquentes chez les personnes participant régulièrement à une thérapie de groupe. Les patients apprennent à reconnaître quels événements déclenchent chez eux des troubles, et mesurent aussi les conséquences de ceux-ci sur leur entourage. Grâce au lien noué avec le thérapeute, ils admettent plus facilement la fragilité particulière liée à leur maladie, et acceptent mieux la prise de leur traitement. Ce lien et les affinités développées avec les autres participants les aident à se socialiser. On a aussi remarqué que la durée des hospitalisations se réduit. Quand le groupe est formé depuis longtemps, les participants se connaissent bien. Ils savent alors ce que peut ou non supporter chacun d'eux, et sont en mesure d'affronter des situations pénibles ou sortant de l'ordinaire. Si un participant est hospitalisé, il est quelquefois difficile pour lui de réintégrer ensuite le groupe. Dans ce cas, le patient aura besoin d'une aide individuelle avant de rejoindre les autres.

Chez les déprimés et les maniaco-dépressifs le traitement psychothérapique, quelle que soit son orientation, s'avère indispensable en complément au traitement médicamenteux.

La technique utilisée dépendra de la demande du patient, de sa capacité de voir en lui-même, de son besoin de gérer ponctuellement son symptôme ou de sa capacité et de son désir de renouer avec sa vie antérieure.

Cette entreprise est ardue, mais cette démarche permet au patient de se réapproprier son histoire et de mieux gérer son avenir. En paraphrasant une réflexion attribuée à Paul Sivadon au sujet des institutions, disons que « les prophètes les mieux inspirés sont ceux qui lisent dans le passé ».

ANNEXES

I. Critères diagnostiques d'un épisode dépressif majeur.

II. Critères diagnostiques d'un épisode maniaque.

III. Critères diagnostiques d'un épisode hypomaniaque.

IV. Check-list d'hypomanie d'Angst.

V. Critères diagnostiques du trouble dysthymique.

VI. Ce que vous devez savoir sur les IMAO.

VII. Modalités d'hospitalisation en psychiatrie. Hospitalisation Libre (HL). Hospitalisation sur demande d'un tiers (HDT). Hospitalisation d'office (HO).

VIII. Protection juridique des patients majeurs.
Sauvegarde de justice, tutelle et curatelle.

ANNEXE I

Critères diagnostiques d'un épisode dépressif majeur*

A. Au moins cinq des symptômes suivants doivent avoir été présents pendant une même période d'une durée de deux semaines et avoir représenté un changement par rapport au fonctionnement antérieur ; au moins un des symptômes est soit (1) une humeur dépressive, soit (2) une perte d'intérêt ou de plaisir.

NB : Ne pas inclure des symptômes qui sont manifestement imputables à une affection médicale générale, à des idées délirantes ou à des hallucinations non congruentes à l'humeur.

1. Humeur dépressive présente pratiquement toute la journée, presque tous les jours, signalée par le sujet (par exemple se sent triste ou vide) ou observée par les autres (par exemple pleure). NB : Éventuellement irritabilité chez l'enfant et l'adolescent.

2. Diminution marquée de l'intérêt ou du plaisir pour toutes ou presque toutes les activités, pratiquement toute la journée, presque tous les jours (signalée par le sujet ou observée par les autres).

3. Perte ou gain de poids significatifs en l'absence de régime (par exemple modification du poids corporel en un mois excédant 5 %), ou diminution ou augmentation de l'appétit presque tous les jours.

   NB : chez l'enfant, prendre en compte l'absence de l'augmentation de poids attendue.

4. Insomnie ou hypersomnie presque tous les jours.

5. Agitation ou ralentissement psychomoteur presque tous les jours (constaté par les autres, non limité à un sentiment subjectif de fébrilité ou de ralentissement intérieur).

6. Fatigue ou perte d'énergie presque tous les jours.

7. Sentiment de dévalorisation ou de culpabilité excessive ou inappropriée (qui peut être délirante) presque tous les jours (pas seulement se faire grief ou se sentir coupable d'être malade).

8. Diminution de l'aptitude à penser ou à se concentrer ou indécision presque tous les jours (signalée par le sujet ou observée par les autres).

---

* Selon le DSM IV.

9. Pensées de mort récurrentes (pas seulement une peur de mourir), idées suicidaires récurrentes sans plan précis ou tentative de suicide ou plan précis pour se suicider.

B. Les symptômes ne répondent pas aux critères d'épisode mixte.

C. Les symptômes induisent une souffrance cliniquement significative ou une altération du fonctionnement social, professionnel ou dans d'autres domaines importants.

ANNEXE II

Critères diagnostiques d'un épisode maniaque*

A. Une période nettement délimitée durant laquelle l'humeur est élevée de façon anormale et persistante, pendant au moins une semaine (ou toute autre durée si une hospitalisation est nécessaire).

B. Au cours de cette période de perturbation de l'humeur, au moins 3 des symptômes (4 si l'humeur est seulement irritable) ont persisté avec une intensité suffisante :

1. augmentation de l'estime de soi ou idées de grandeur ;

2. réduction du besoin de sommeil (par exemple, le sujet se sent reposé après seulement 3 heures de sommeil) ;

3. plus grande communicabilité que d'habitude ou désir de parler constamment ;

4. fuite des idées ou sensations subjectives que les pensées défilent ;

5. distractibilité (par exemple, l'attention est trop facilement attirée par des stimuli extérieurs sans importance ou insignifiants) ;

6. augmentation de l'activité orientée vers un but (social, professionnel, scolaire, ou sexuel) ou agitation psychomotrice ;

7. engagement excessif dans des activités agréables mais à potentiel élevé de conséquences dommageables (par exemple, la personne se lance sans retenue dans des achats inconsidérés, des conduites inconséquentes ou des investissements commerciaux déraisonnables).

C. Les symptômes ne répondent pas aux critères d'un épisode mixte.

D. La perturbation de l'humeur est suffisamment sévère pour entraîner une altération marquée du fonctionnement professionnel, des activités sociales ou des relations interpersonnelles, ou pour nécessiter l'hospitalisation afin de prévenir les conséquences dommageables pour le sujet ou pour autrui, ou bien il existe des caractéristiques psychotiques.

E. Les symptômes ne sont pas dus aux effets physiologiques directs d'une substance (par exemple, substance donnant lieu à abus, médicament ou autre traitement) ou d'une affection médicale générale (par exemple, hyperthyroïdie).

---

* Selon le DSM IV.

ANNEXE III

Critères diagnostiques d'un épisode hypomaniaque*

A. Une période nettement délimitée durant laquelle l'humeur est élevée de façon persistante, expansive ou irritable, clairement différente de l'humeur dépressive habituelle, et ce tous les jours pendant au moins 4 jours.

B. Au cours de cette période de perturbation de l'humeur, au moins 3 des symptômes suivants (4 si l'humeur est seulement irritable) ont persisté avec une intensité significative :

1. augmentation de l'estime de soi ou idées de grandeur ;

2. réduction du besoin de sommeil (par exemple le sujet se sent reposé après seulement 3 heures de sommeil) ;

3. plus grande communicabilité que d'habitude ou désir de parler constamment ;

4. fuite des idées ou sensations subjectives que les pensées défilent ;

5. distractibilité (par exemple l'attention est trop facilement attirée par des stimuli extérieurs sans importance ou insignifiants) ;

6. augmentation de l'activité orientée vers un but (social, professionnel, scolaire ou sexuel) ou agitation psychomotrice ;

7. engagement excessif dans des activités agréables mais à potentiel élevé de conséquences dommageables (par exemple la personne se lance sans retenue dans des achats inconsidérés, des conduites sexuelles inconséquentes ou des investissements commerciaux déraisonnables).

C. L'épisode s'accompagne de modifications indiscutables du fonctionnement, qui diffère de celui du sujet hors période symptomatique.

D. La perturbation de l'humeur et la modification du fonctionnement sont manifestes pour les autres.

E. La sévérité de l'épisode n'est pas suffisante pour entraîner une altération marquée du fonctionnement professionnel ou social, ou pour nécessiter l'hospitalisation, et il n'existe pas de caractéristiques psychotiques.

---

* Selon le DSM IV.

F. Les symptômes ne sont pas dus aux effets physiologiques directs d'une substance (par exemple, substance donnant lieu à abus, médicament, ou autre traitement) ou d'une affection médicale générale (par exemple hyperthyroïdie).

ANNEXE IV

Check-list d'hypomanie d'Angst

Veuillez répondre en cochant par X les cases correspondantes oui/non, en pensant aux derniers épisodes durant lesquels vous vous êtes senti « bien dans votre peau », heureux, agité ou irritable.

Cette évaluation porte sur la vie entière

	OUI	*NON*
Moins d'heures de sommeil		
Davantage de confiance en soi		
Davantage de plaisir à faire plus de travail		
Davantage d'activités sociales (plus d'appels téléphoniques, plus de visites…)		
Plus de déplacements et voyages ; davantage d'imprudence au volant		
Dépenses d'argent excessives		
Comportement déraisonnable dans les affaires		
Surcroît d'activité (y compris au travail)		
Davantage de projets et d'idées créatives		
Moins de timidité, moins d'inhibition		
Plus bavard que d'habitude		
Plus d'impatience ou d'irritabilité que d'habitude		
Attention facilement distraite		
Augmentation des pulsions sexuelles		
Augmentation de la consommation de café et de cigarettes		
Augmentation de la consommation d'alcool		
Exagérément optimiste, voire euphorique		
Augmentation du rire (farces, plaisanteries, jeux de mots, calembours)		
Rapidité de la pensée ; idées soudaines, calembours		

Le score maximum est de 10.
Ce tableau est tiré d'Angst, « L'hypomanie – À propos d'une cohorte de jeunes », *L'Encéphale*, 1992, XVIII : 23-9.

ANNEXE V

Critères diagnostiques du trouble dysthymique*

A. Humeur dépressive présente pratiquement toute la journée, plus d'un jour sur deux pendant au moins deux ans, signalée par le sujet ou observée par les autres.

NB : chez les enfants et les adolescents, l'humeur peut être irritable et la durée doit être d'au moins un an.

B. Quand le sujet est déprimé, il présente au moins deux des symptômes suivants :

1. perte d'appétit ou hyperphagie ;
2. insomnie ou hypersomnie ;
3. baisse d'énergie ou fatigue ;
4. faible estime de soi ;
5. difficultés de concentration ou difficultés à prendre des décisions ;
6. sentiments de perte d'espoir.

---

* Selon le DSM IV.

ANNEXE VI

Ce que vous devez savoir sur les IMAO (Marsilid) Hôpital Saint-Antoine

Vous recevez ou allez recevoir un traitement par le Marsilid. Ce médicament antidépresseur est efficace dans certaines dépressions non sensibles à d'autres produits. Il agit comme inhibiteur de la mono amine oxydase (IMAO), en bloquant la dégradation par l'organisme de substances (les monoamines) dont le dysfonctionnement est associé aux états dépressifs.

La posologie habituellement efficace est comprise entre 1 et 2,5 comprimés (à 50 mg) par jour.

Quel régime alimentaire faut-il suivre ?

La prise de Marsilid impose un régime alimentaire qu'il convient de respecter pour éviter un risque de poussée d'hypertension artérielle.

Celle-ci peut se traduire par des maux de tête et des bouffées de chaleur.

Voici la liste non exhaustive des aliments interdits lors du traitement par Marsilid :

— Fromages (sauf fromage blanc et petit suisse)
— Viandes et poissons fumés, séchés et en saumure (y compris caviar)
— Saucisson
— Foie
— Pâtes à base de crevettes
— Pâtes et sauce de soja
— Soupes en sachets ou en boîtes
— Fèves
— Avocats
— Bananes
— Figues
— Ginseng
— Chocolat
— Vin, liqueur, bière et levure de bière
— Conserves, sardines, maquereaux...

Quelles associations médicamenteuses faut-il éviter ?

Il convient de prendre garde aux associations entre le Marsilid et d'autres médicaments, en raison du risque accru de poussée d'hypertension artérielle.

Il s'agit des médicaments :
— anti-hypertenseurs (risque d'hypotention) ;
— vaso-constricteurs : Hept-A-Myl, Dihydroergotamine, Néosynéphrine ;

— antidépresseurs autres que le Marsilid ;
— antiparkinsoniens.

Les produits ayant une certaine toxicité pour le foie doivent également être évités :
— morphiniques ;
— hypolipémiants ;
— certains produits d'anesthésie générale.

En tout état de cause il est impérativement recommandé :
1. de ne pas prendre de médicaments ou de substances actives sans en avoir référé à votre psychiatre ou généraliste ;
2. de signaler la prise d'IMAO avant toute intervention chirurgicale, ou dentaire, à l'anesthésiste ou au dentiste ;
3. de signaler la prise d'IMAO lors de toute consultation chez un généraliste ou un spécialiste.

ANNEXE VII

Modalités d'hospitalisation en psychiatrie

Par le Dr Anne-Marie Quétin,
Vice-Présidente du Conseil de l'Ordre des médecins
de la ville de Paris*

Le certificat médical en cas d'hospitalisation

Tout d'abord rappelons qu'il existe 3 modes d'hospitalisation en psychiatrie :

— l'hospitalisation libre (HL) ;
— l'hospitalisation sur demande d'un tiers (HDT) ;
— l'hospitalisation d'office (HO).

Des règles précises. Comment éviter les erreurs

Les certificats médicaux doivent être rédigés de façon précise et tout particulièrement lorsqu'ils concernent des malades atteints de troubles mentaux.

C'est en raison de ce fait qu'il nous a paru nécessaire d'envisager les situations les plus fréquentes en psychiatrie et neuropsychiatrie d'adulte, situations exigeant la rédaction d'un certificat médical par le médecin généraliste ou spécialiste.

Nous envisageons donc deux types de situation :

— le certificat médical en cas d'hospitalisation en psychiatrie ;
— le certificat médical devant la nécessité de protection juridique des majeurs.

L'hospitalisation libre

Le malade demande lui-même son admission, c'est le cas le plus fréquent, il s'agit d'une hospitalisation libre. Le patient peut entrer et sortir librement de l'hôpital. Il respecte, comme tout malade, les règles administratives de l'établissement hospitalier.

L'hospitalisation sur demande d'un tiers (HDT)

Article L 3212-1 et suivants du Code de la santé publique.

Une personne atteinte de troubles mentaux ne peut être hospitalisée sans son consentement, sur demande d'un tiers, que si :

---

* A. M. Quetin, « Le certificat médical en psychiatrie », *Bulletin de l'Ordre des médecins de la ville de Paris*, avril 2001, n° 78.

— ses troubles rendent impossible son consentement ;
— son état impose des soins immédiats assortis d'une surveillance constante en milieu hospitalier spécialisé.

La demande d'admission à l'hôpital doit être manuscrite, effectuée par un tiers (famille ou personne agissant dans l'intérêt du patient, personnel soignant exclu) et conformément à l'article L 3212-1 du Code de la santé publique et aux conclusions des certificats médicaux.

Elle s'accompagne de deux certificats médicaux (sauf en cas de *péril imminent*, nous y reviendrons) ; ils doivent constater l'état mental de la personne à soigner, indiquer les particularités de sa maladie et la nécessité de la faire hospitaliser sans consentement.
— Ces certificats doivent dater de moins de 15 jours.
— Chaque médecin doit être thésé, inscrit au Conseil de l'Ordre, ou être un étudiant en médecine ayant obtenu une licence de remplacement.
— Le 1er certificat doit être établi par un médecin n'exerçant pas dans l'établissement d'accueil.
— Les deux médecins ne doivent pas être parents ou alliés entre eux, ni avec le directeur de l'hôpital, ni avec le demandeur, ni avec le malade.
— Les certificats doivent être adressés, sous pli cacheté, au directeur de l'établissement habilité dans le département à soigner les personnes atteintes de troubles mentaux.

Modèle de certificat

Il doit être établi sur un papier libre (ordonnance en libéral avec nom, prénom, domicile ; ordonnance de l'hôpital avec nom, prénom et fonction hospitalière autorisant le certificat).

« Je soussigné Docteur .... certifie avoir examiné Monsieur ou Madame .... né(e) le .... à .... et avoir constaté les troubles suivants :
— faire un état des symptômes constatés ;
— écrire les notions données par l'entourage de la façon suivante : notion de thèmes délirants, notion de refus de traitement, notion de désir de suicide, notion de dépenses ou de démarches absurdes mais surtout ne jamais signaler que ces notions ont été transmises par l'entourage ;
— notion d'antécédents psychiatriques. Ce certificat ne doit comporter aucun diagnostic psychiatrique précis.

Son état mental impose des soins immédiats assistés d'une surveillance constante en milieu hospitalier, il rend impossible son consentement à une hospitalisation et nécessite une hospitalisation selon les termes de l'article L 3212-1 du Code de la santé publique.

Fait à ...., le ....
Signature. »

Cas particulier : le péril imminent
(L 3212-3 du Code de la santé publique)

À titre exceptionnel et uniquement en cas de péril imminent pour le patient, le directeur de l'établissement peut prononcer l'admission au vu d'un seul certificat médical.

La demande manuscrite du tiers reste bien sûr indispensable. Le certificat médical doit faire apparaître les risques de péril imminent : dépression grave avec réitération de désir de mort, notion de suicide dans les heures précédentes, nécessité d'un traitement médicamenteux fait en urgence empêchant que le 2e certificat soit fait dans de bonnes conditions. Le certificat se terminera donc de façon un peu différente.

Modèle de certificat

« Le malade doit être hospitalisé selon les termes de l'Article L 3212-3 du Code de la santé publique ».

Fait à ...., etc. »

L'hospitalisation d'office (HO)

À Paris le préfet de police, dans les départements le préfet, prononce par arrêté, au vu d'un certificat médical circonstancié, l'hospitalisation d'office dans un établissement mentionné à l'article L 3222-1 du Code de la santé publique, des malades dont les troubles mentaux compromettent l'ordre public ou la sûreté des personnes. Le certificat médical circonstancié ne peut émaner d'un psychiatre exerçant dans l'établissement accueillant le malade.

Modèle de certificat

« Je soussigné, Docteur …
certifie avoir examiné (ou tenté d'examiner) ce jour Monsieur ou Madame .... né(e) le .... à .... et avoir constaté les troubles suivants :

— décrire les troubles constatés : patient élaborant un délire persécutif par exemple avec des mécanismes interprétatifs ou hallucinatoires, troubles du comportement graves hétéro-agressifs, menaces sérieuses à l'égard de l'entourage, agitation, coups…

Ces troubles compromettent l'ordre public et la sécurité des personnes et, dans ces conditions, le malade doit être hospitalisé selon les termes de l'article L 3213-1 du Code de la santé publique.

Fait à ...., le ....

Signature. »

En cas de danger imminent pour la sécurité des personnes, il est possible que le maire, ou à Paris le commissaire de police, demande à un médecin un avis médical.

Ce médecin peut se trouver dans l'impossibilité d'examiner et d'interroger le malade ; il est souhaitable qu'en s'appuyant sur les renseignements donnés, le médecin donne l'« avis médical » de transporter le malade dans un service d'urgences hospitalières afin qu'il soit examiné et que les décisions soient prises. On dit aussi « avis médical » pour parler de tout médecin non habilité : interne ou psychiatre de l'établissement d'accueil...

Il existe un autre cas particulier : la transformation d'une hospitalisation sur demande d'un tiers en hospitalisation d'office. Le médecin de l'établissement peut vouloir protéger le malade contre une demande de sortie prématurée.

Citons par exemple le cas où, dans l'urgence, c'est un ami ou un voisin portant intérêt au malade qui a effectué la demande d'hospitalisation ; la famille qui n'a pas pu être prévenue à temps peut s'opposer à cette hospitalisation par demande d'un tiers, et demande la levée de l'HDT. Le médecin de l'établissement peut initier une procédure qui permet de surseoir provisoirement à la sortie et dans le cas où l'état mental pourrait compromette l'ordre public ou la sûreté des personnes, il peut demander un arrêté provisoire d'hospitalisation d'office (L 3213-6).

On se rend compte de l'importance de l'HDT puisque l'on vient de voir que lorsque cette mesure a été prise dans une situation de grande urgence et qu'elle est ultérieurement contestée, elle peut être transformée en hospitalisation d'office si nécessaire.

L'hospitalisation d'office peut, bien sûr, être ultérieurement transformée en hospitalisation sur demande d'un tiers.

ANNEXE VIII

Protection juridique des patients majeurs*

Le certificat médical en cas de nécessité de protection juridique des majeurs

La loi du 3 janvier 1968 a institué 3 régimes de protection :

— la sauvegarde de justice ;

— la curatelle ;

— la tutelle.

En réalité cette présentation est réductrice au regard des multiples mesures possibles d'assistance et de représentation juridique : curatelles aménagées ou renforcées, tutelles aménagées.

Ces différents régimes de protection répondent à un certain nombre de règles générales communes, et tout particulièrement celle qui précise que « l'altération des facultés mentales ou corporelles doit être médicalement établie (article 490 du Code civil) ». Le médecin intervient donc dans une mise en place de mesures de protection.

a) Sauvegarde de justice *(Article 491 du code civil.)*

Destinée au majeur qui a besoin d'être « protégé » de façon urgente dans les actes de la vie civile (la curatelle entraînant une assistance et un contrôle ; la tutelle entraînant une représentation de manière continue). Le médecin traitant, s'il a connaissance d'une mise en péril du patrimoine consécutive à la détérioration de l'état de santé du malade majeur, a l'obligation d'effectuer une déclaration aux fins de sauvegarde de justice, sous peine de voir sa responsabilité engagée ultérieurement. Le médecin traitant adresse une simple demande au procureur de la République du lieu de traitement qui se contente d'enregistrer cette mesure.

— Si le médecin traitant est un psychiatre ou un gériatre, un médecin d'établissement public, son seul certificat suffit à faire placer le sujet sous sauvegarde de justice.

— Dans les autres cas, un certificat d'un médecin spécialiste devra être joint.

Cette mesure est provisoire (2 mois, pouvant être prolongée 6 mois renouvelables). Elle n'empêche pas un individu d'agir, mais elle l'empêche de se léser en agissant.

* Dr Annie Quétin (*ibid.*).

Modèle de certificat

Je soussigné, Docteur X .... spécialiste en .... certifie avoir examiné Monsieur ou Madame .... domicilié(e) à .... Ce malade me paraît devoir être protégé dans les actes de la vie civile et doit donc être placé ou (rester placé) sous sauvegarde de justice en application de l'article 491 du Code civil. »

Le médecin peut si nécessaire demander auprès du juge des tutelles la nomination d'un mandataire spécial pour accomplir des actes administratifs.

b) Tutelle ou curatelle. Mesures de protection applicables aux personnes qui en raison de l'altération de leurs facultés mentales, ou corporelles, ont besoin dans les actes de la vie civile :

— d'être représentées de façon continue : c'est la tutelle (article 492 et s. du Code civil).

— d'être conseillées : c'est la curatelle (article 508 et s. du Code civil).

La requête se fait auprès du juge des tutelles du tribunal d'instance. Elle peut émaner :

— de la personne qu'il y a lieu de protéger ;

— de sa proche famille (conjoint, à moins que la communauté de vie n'ait cessé entre eux, ascendants directs, collatéraux directs) ;

— du procureur de la République ;

— du tuteur ou du curateur (en cas de nécessité d'un nouveau régime de protection).

Le médecin traitant, qu'il s'agisse du médecin de famille, d'un psychiatre ou d'un gériatre, d'un médecin hospitalier, peut jouer un rôle à l'occasion de l'ouverture de la procédure de tutelle ou de curatelle. Lorsque celle-ci est demandée par le malade ou sa famille, le médecin traitant doit rédiger un certificat non descriptif et dans lequel il donne un avis concernant l'ouverture de cette demande de mesure de protection.

Modèle de certificat

« Le malade me paraît avoir besoin d'être représenté d'une manière continue dans les actes de la vie civile et dans ces conditions l'ouverture d'une procédure de tutelle serait justifiée. »

« Le malade, sans être hors d'état d'agir lui-même, a besoin d'être conseillé (ou contrôlé) dans les actes de la vie civile et dans ces conditions l'ouverture d'une procédure de curatelle serait justifiée. »

Le médecin signalera l'existence ou non d'une mesure de sauvegarde de justice antérieurement demandée.

L'élément déterminant de la procédure est le certificat fait par un médecin spécialiste inscrit sur une liste tenue par le tribunal de grande instance pour l'application de la loi du 3 janvier 1968. La finalité de cet examen, appelé injustement « expertise », doit tout particulièrement être explicitée, en général par le médecin traitant, au malade et à sa famille, et ce afin que cette protection puisse, si besoin, jouer ultérieurement, en quelque sorte, un rôle thérapeutique.

Ce certificat d'« expertise » est alors un certificat descriptif et détaillé des troubles neurologiques et psychiatriques comportant la discussion sémiologique qui aboutit au diagnostic et insiste sur la capacité de jugement du malade. Les questions posées par le juge aboutissent à la nécessité :

— d'attester l'incapacité du majeur au regard de son état de santé, incapacité qui entraîne des conséquences graves dans la gestion de ses biens ;

— de suggérer la mesure la plus appropriée : tutelle complète ou simplifiée, curatelle simple ou renforcée.

Si le médecin l'estime nécessaire dans l'intérêt du malade, le rapport comportera des indications d'ordre médical quant aux conséquences de la nomination de telle ou telle personne en qualité de représentant légal.

Ce certificat précisera s'il existe une contre-indication médicale à l'audition du malade par le juge lui-même.

c) La procédure de mainlevée de la mesure de protection est un droit absolu du protégé. Les modalités sont les mêmes que celles qui ont nécessité la demande de protection.

Elle implique une nouvelle concertation entre les acteurs concernés qui, grâce à une meilleure compréhension de la situation, peut permettre parfois un réaménagement de la mesure de protection. Cette concertation peut jouer un rôle de compréhension souhaitable pour tous les acteurs et devenir ainsi un élément de la prise en charge du malade.

En conclusion

Toutes ces précisions ont permis de voir que tout médecin peut avoir un rôle important, voire décisif, lors de la rédaction des certificats médicaux lorsque ceux-ci concernent les malades atteints de troubles mentaux.

Il doit avoir apprécié, lui-même, son rôle exact dans cette rédaction. Il ne doit pas dépasser ce rôle. Cela se traduit par une rédaction particulièrement réfléchie et précise de son certificat.

LES LIEUX D'HOSPITALISATION EN PSYCHIATRIE

Ils sont très divers. Pour la région parisienne, il existe plusieurs possibilités :

1. Les hôpitaux de l'Assistance Publique

2. Les établissements psychiatriques spécialisés

Les 4 établissement publics de santé mentale du département de Paris (Sainte-Anne, Esquirol, Maison-Blanche et Perray-Vaucluse) sont regroupés avec l'Association de santé mentale du 13e arrondissement (L'Eau-Vive) dans le cadre de Psy Com 75 et possèdent un site : http:/www.Psycom.75.org qui est un véritable guide de la psychiatrie publique à Paris.

3. Les cliniques privées

La plupart d'entre elles sont « conventionnées » et le patient est remboursé par la Sécurité sociale et sa mutuelle. D'autres sont uniquement « agréées » et dépassent les barèmes fixés par la Sécurité sociale. Il est utile de s'informer auprès des instances administratives des cliniques sur les remboursements pratiqués car certaines mutuelles remboursent au-delà des barèmes de base.

4. Les autres hôpitaux

Hôpitaux des armées ou de l'Éducation nationale ou privés faisant fonction de publics.

LES SITES INTERNET

Avec le développement d'Internet, les sites concernant la dépression et la maladie maniaco-dépressive abondent mais sont de qualité inégale. Les principaux sont anglo-saxons et offrent une documentation très pointue et surtout une mise à jour régulière concernant ces deux affections.

http://www.ndmda.org (site de la National Depressive and Manic Depressive Association)
http://www.pendulum.org
http://www.nami.org (site de la National Alliance for Mentally Ill)
http://www.mayohealth.org (site de la Mayo Clinic aux États-Unis)
http://www.psycom.net (site du Dr I. Goldberg)
http://www. bipolar disorder.com
http://argos.2001.free.fr
http://maniaco-depressif.com
http://psydoc-fr.broca.inserm.fr (site généraliste)
http://www.psycom.75.org (site généraliste)

ADRESSES UTILES

URGENCES

— Centre psychiatrique d'orientation et d'accueil (CPOA)
1, rue Cabanis, 75014 Paris – 01 45 65 81 09

— Infirmerie psychiatrique de la préfecture de Police de Paris (IPPP)
3, rue Cabanis, 75014 Paris – 01 53 73 66 01

— SOS Psychiatrie
01 47 07 24 24

— Urgences psychiatriques
01 43 87 79 79

— SOS Dépression (24h/24 et 7j/7)
01 42 22 44 44

— SAMU
15

— Pompiers
18

ASSOCIATIONS
De traitement et d'information de patients déprimés bipolaires
et de leurs familles

— UNAFAM
Union nationale des amis et familles des malades mentaux
12, villa Compoint, 75017 Paris – 01 42 63 03 03

— UNAPEI
Union nationale des amis et des familles de personnes handicapées mentales
15, rue Coyseux, 75876 Paris 18 – 01 42 63 84 33

— Association l'Élan retrouvé (Institut Paul-Sivadon)
23, rue de la Rochefoucauld, 75009 Paris – 01 49 70 88 88

— Centre de Thérapies Familiales Monceau
91, rue Saint-Lazare, 75008 Paris – 01 53 20 11 50

— Association ARGOS 2001
32, rue de la Tour-d'Auvergne B.P. 132, 75422 Paris

ADRESSES UTILES

— Association ARGOS 2002
11, rue du Maréchal-Foch, 64900 Pau

— AREDETA
41, rue du Général-Dumont, 17000 La Rochelle - 05 46 31 07 79

— Association pour les Malades Bipolaires (ASS. MBP)
Clermont-Ferrand
E-mail : denisbarras@wanadoo.fr

— Le Fil retrouvé
66, rue des Grands-Champs, 75020 Paris

— France Dépression
4, rue Vigée-Lebrun, 75015 Paris

— France Dépression Bourgogne
B.P. 10, 89240 Pourrain

— France Dépression Normandie
130, rue Orbe, 76000 Rouen

— Des Hauts et des Bas
APETA (Association poitevine pour l'étude des troubles affectifs)
Centre hospitalier Henri-Laborit, secteur 4
Avenue Jacques-Cœur, 86021 Poitiers Cedex

— Ombre et Lumière
13, rue du Baratou, 31670 Labège

— Association des Dépressifs et des Maniaco-Dépressifs (ADMD)
801 Sherbrook est
Bureau 301
Montréal, Québec
Canada

— National Depression and Manic Depressive Association
730 N Fronthin St Suite 5011
Chicago Ill 60610 – 3526
USA

Notes

INTRODUCTION

1. Jean Delay, *Les Dérèglements de l'humeur*, Presses Universitaires de France, 1946.
2. Emil Kraepelin, *La Folie maniaco-dépressive* (1913), texte présenté par J. Postel et D. E. Aller, Jérôme Million, 1993.
3. Catherine Derivery, *L'Enfer*, NiL Éditions (1999).
4. *DSM IV Manuel diagnostique et statistique des troubles mentaux*. Traduction française Masson (1994).
5. Peter Berner et coll. « Diagnostic criteria for schizophrenia and affective psychoses », World Psychiatric Association, Washington DC, 1983.
6. Ronald Fieve, *Mood Swing : « The third revolution in Psychiatry. » Nous sommes tous des maniaco-dépressifs*, Flammarion. 1980.
7. Édouard Zarifian, *La force de guérir*, Odile Jacob, 1999.
8. Élisabeth Roudinesco, *Pourquoi la psychanalyse ?*, Fayard. 1999.
9. Marie-Christine Hardy-Baylé et Patrick Hardy dans *Maniaco-dépressif, l'histoire de Pierre*, Odile Jacob, 1998.
10. F. K. Goodwin and Kay Redfield Jamison, *Manic depressive illness*, Oxford University (1990).
11. Kay Redfield Jamison, *De l'exaltation à la dépression*, Robert Laffont, 1997.

CHAPITRE 1

1. K. R. Jamison, *op. cit.*
2. Thérèse Lempérière, *Les troubles bipolaires. Programme de recherche et d'informations sur la dépression*, Masson éditeur, 1996.
3. In Thérèse Lempérière, *op. cit.*
4. T. Lempérière, *op. cit.*
5. Maurice Ferreri, *Les troubles psychiatriques de la grossesse et du post-partum*, *Revue du praticien*, 1994.

CHAPITRE 2

1. Marc L. Bourgeois, « 2000 ans de mélancolie », in *2000 ans de psychiatrie*, NHA, mars 2000.
2. Son site Internet, www.psycom.net.
3. Henri Ey, *Études psychiatriques*, t. 3, Desclée de Brouwer et Cie, 1954.
4. B. Lewin, *Psychoanalysis of Elation*, Norton WWEdition, New York, 1980.
5. Pierre Janet, *De l'angoisse à l'extase*, Alcan éditions, 1928.
6. Graziella Magherini, *Le Syndrome de Stendhal*, Perte Allée Grazie, 1989.
7. Voir site internet www.psycom.net.
8. K. R. Jamison, *op. cit.*

CHAPITRE 3

1. Aristote, *L'Homme de génie et la mélancolie*, traduction, présentation et notes de J. Pigeaud, Rivages 1998.
2. Avicenne, *Canon de la médecine*, Éditions Sador, 1995.
3. Sami-Paul Tawil, « Les très riches heures de la psychiatrie arabo-musulmane », in *2000 ans de psychiatrie*, NHA, 2000.
4. Philippe Pinel, *Traité médico-philosophique sur l'aliénation mentale ou la manie*, Richard, Caille et Ravier, 1801.
5. Jean E. D. Esquirol, *De la lypémanie ou mélancolie*, présentation de F. Fedida et J. Postel, Privat, 1976.
6. J.-P. Falret, *Des maladies mentales et des asiles d'aliénés*, J. B. Baillière, 1864.
7. J.-P. Falret, *op. cit.*
8. J.-P. Falret, *op. cit.*
9. Emil Kraepelin, *Traité de psychiatrie*, 1899.
10. *Ibid.*
11. *Ibid.*

CHAPITRE 4

1. Jacques Postel, *Genèse de la psychiatrie, les premiers écrits de Philippe Pinel*, Les Empêcheurs de tourner en rond, 1998.
2. Adapté du Programme de recherche et d'information sur la dépression, *Les Troubles bipolaires*, Direction Th. Lempérière, Masson, 1996.
3. E. G. Hantouche et coll. Systematic clinical methodology for validiting BP II. Disorders in midstream from a French national multi-site story, *Journal of affective disorders*, 1998.
4. In J. Postel, *op. cit.*
5. Henry Ey, *Études psychiatriques*, Desclée de Brouwer, 1954.
6. R. Fieve, *Nous sommes tous des maniaco-dépressifs*, Flammarion, 1980.
7. Anna Freud, « Adolescence. Psychoanalysis Study Child », 1958.
8. Mélanie Klein, « Contribution à l'étude de la psychogenèse des états maniaco-dépressifs » (1934), in *Essais de psychanalyse*, Payot, 1968.
9. René Spitz, *La première année de la vie de l'enfant*, PUF, Paris, 1968.
10. Anna Freud, *op. cit.*
11. F. Kochman, J. A. Meynard, *Les troubles bipolaires*, Sanofi, 1999.
12. B. Geller, J. Luby, « Child and Adolescent Bipolar Disorders : A review of the last 10 years », J. Am. Acad. Child Adolescence Psychiatry, 1997.
13. J. M. Azorin, *Trouble bipolaire de l'enfant*, Psynergie, Novartris Psy., 1998.

CHAPITRE 5

1. Maurice Ferreri, « Au-delà des dualismes », *Synapse*, n° 166, mai 2000.
2. Axel Kahn, *Et l'homme dans tout ça ?* NiL éditions, 2000. Axel Kahn doit le titre de son livre à un enseignant, qui avait inscrit cette phrase sur une pancarte pendant les grandes grèves de 1995.
3. Voir Stéphane Szerman, *Le Guide du bien-être. Mieux se connaître pour réagir positivement aux stress*, « Réponses », Robert Laffont, 2001.

4. Hans Selye, *Le Stress de la vie. Le problème de l'adaptation*, Gallimard, 1975.

5. R. Post, « Maladie bipolaire : un double regard », *Abstract Neuro et psy*, n° 188, 1998.

6. F. Pasche, « De la dépression », *Revue française de psychanalyse*, 1963.

7. Philippe Pinel, *op. cit.*

8. Sigmund Freud, « Deuil et mélancolie » (1915), in *Métapsychologie*, Gallimard, 1968.

9. *Ibid.*

10. *Ibid.*

11. Mélanie Klein, « Contribution à l'étude de la psychogenèse des états maniaco-dépressifs », in *Essais de Psychanalyse*, Payot, 1968.

CHAPITRE 6

1. R. Klibansky, E. Panofsky, F. Saxl, *Saturn and Melancoly, Studies in History of Natural Philosophy*, Religion and Art Basic Books, New York, 1964.

2. Aristote, *L'Homme de génie et la mélancolie*, traduction, présentation et notes de J. Pigeaud, Rivages, 1998.

3. J. E. D. Esquirol, *De la lypémanie ou mélancolie*, présentation par F. Fédida et J. Postel, Privat, 1976.

4. K. R. Jamison, *La Tentation du néant*, Robert Laffont, 2000.

5. R. Fieve, *op. cit.*

6. Jean Cocteau, Discours de réception à l'Académie française, 20 octobre 1955.

7. J. Moreau de Tours, *Du haschisch et de l'aliénation mentale*, Études psychologiques, De Fortin Masson et Cie, Paris, 1845.

8. K. et H. Akiskal, Cyclothymic, Hyperthymic and Repressive Temperaments, *APA Rev. Psychiatry*, 1992.

9. K. R. Jamison, *Touched with Fire : Manic Depressive Illness and the Artistic Temperament*, The Free Press, New York, 1993.

10. *Op. cit.*

11. Certaines citations, informations ou anecdotes proviennent de :

— L'Encyclopédie Hachette multimédia, 1999 ;

— François Granier, *Art et schizophrénie*, Lilly Neurosciences, 2000 ;

— Sophie de Sivry et Philippe Meyer, *L'Art et la Folie*, Les Empêcheurs de penser en rond, 1998 ; sous la direction de Bruno Schwenck, *Psychiatrie et Art, Sémiologie et pathologie psychiatrique à travers l'art pictural*, Privat ;

— R. Fieve : *Nous sommes tous des maniaco-dépressifs*, *op. cit.*

12. Voir Laure Murat, *La Maison du Dr Blanche*, J.-C. Lattès, 2001.

13. In François-Bernard Michel, *La Face humaine de Vincent Van Gogh*, Grasset, 1999.

14. *Ibid.*

CHAPITRE 7

1. In « Itinéraires des déprimés », *Le Monde*, dimanche 4-lundi 5 mars 2001.

2. Mission générale concernant la prescription de l'utilisation des médicaments psychotropes en France, Direction générale de la Santé, mars 1996.

3. *Le Figaro*, 16 novembre 1998.

4. Guy Darcourt, in « Itinéraires des déprimés », *Le Monde*, Dimanche 4-lundi 5 mars 2001.

5. K. R. Jamison, *op. cit.*

6. *Ibid.*

7. *Ibid.*

8. P. Mâle, « Le suicide chez l'enfant et l'adolescent », *Revue du praticien*, 1971.

9. *Ibid.*

10. A. Haim, *Les Suicides d'adolescents*, Payot, 1969.

11. Henriette Walter, *L'Aventure des mots français venus d'ailleurs*, Robert Laffont, 1996.

12. Antoine Boustany, *Histoire des paradis artificiels, drogues de paix et drogues de guerre*, Hachette, 1993.

13. T. R. Kosten, B. J. Rounsaville, *Psychopathology in opiate addicts*, Psychiatric Clinic North America, 1986, 9:515-532.

CHAPITRE 8

1. Le self-management ou autogestion de la maniaco-dépression » et « Comment aider un proche » sont puisés aux sources suivantes :

— David Guiness, « A guide to self management » in *Managing Manic Disorders* (edited by Ved Varma), Jessica Kingsley Publishers, 1997 ;

— MDF (Manic Depression Fellowship), *Inside Out*, 8-10 Hight Street, Kingston upon Thames, Surrey KTI IEY, Grande-Bretagne (1995).

CHAPITRE 9

1. Patrick Lemoine, *Droit d'asiles*, Odile Jacob, 1998.

2. Sami-Paul Tawil (en coll. avec Jean de Verbizier), *Limites de la prise en charge ambulatoire en psychiatrie*, Éditions l'Élan, 1994.

3. *Bulletin de l'ordre des médecins*, mai 2001.

4. *Bulletin de l'ordre des médecins*, janvier 2000.

5. *Ibid.*

6. Xavier Emmanuelli, *Dernier avis avant la fin du monde*, Albin Michel, 1998.

7. *Ibid.*

8. Jean Thuillier, *Les Dix Ans qui ont changé la folie*, Robert Laffont, 1980.

9. K. R. Jamison, *De l'exaltation à la dépression*, *op. cit.*

10. Jean Thuillier, *op. cit.*

11. P. Pinel, *op. cit.*

12. Pierre et Sylvie Angel, *Comment bien choisir son psy*, « Réponses », Robert Laffont, 2000.

13. Voir l'excellent rapport du Congrès de psychiatrie et de neurologie française, Biarritz, 1999, in William de Carvalho et Jean-Pierre Olié, *Électroconvulsivothérapie*, Média Flash, 2001.

14. *Viva,* septembre 1999.

15. W. de Carvalho, « De l'électrochoc à l'électroconvulsivothérapie », *Paris Psycom*, n° 8, déc. 1999.

16. Site Internet www.mayohealth.org.

17. Voir l'excellent article « Psychotropes et Grossesse » (É. Éléphant et coll.), *J. Gynécol. Obstét. Reprod.* 2000 29 (suppl. n° 1), 43.51.

18. Centre de renseignements sur les agents tératogènes (CRAT), professeurs Roux et É. Éléphant, Hôpital Saint-Antoine, Laboratoire d'embryologie pathologique et cytogénétique.

19. Kay Redfield Jamison, *op. cit.*

20. Avicenne, *Canon de la médecine.*

21. Juan David Nasio, *Le Plaisir de lire Freud*, Payot, 1999.

Bibliographie

ABRAHAM Karl, « Les États maniaco-dépressifs et les étapes prégénitales d'organisation de la libido (1924) », in *Œuvres complètes*, Payot, 1966.

AKISKAL K. et H. S. AKISKAL, « Cyclothymic, Hyperthymic and Depressive Temperaments », *APA Rev. Psychiatry*, 1992, Nervure, 7, 1997.

AKISKAL K., HANTOUCHE E. G., BOURGEOIS M. L, AZORIN J. M., SECHTER D., ALLILAIRE F., LANCRENON S., FRAUD J. PH., CHATENET-DUCHENE, « Sexe, tempérament et tableau clinique dans la manie dysphorique mixte : résultats d'une étude nationale française (EPIMAN) », *Journal of Affective Disorders*, vol. 50 n° 2-3, sept. 1998, Elsevier.

AKISKAL H. S., MASER J. D., ZELLER P. J., *et al.*, « Switching from Unipolar to Bipolar II. An 11 year prospective study on clinical and temperament predictors in 55 patients », *Ach. Gen. Psychiatr. 52*, 114-123, 1995.

ALLILAIRE J.F., (sous la direction), Jean-Étienne Dominique Esquirol, *Une œuvre clinique, thérapeutique et institutionnelle*, Interligne, juin 2001.

AMMAR S., « Histoire de la psychiatrie maghrébine », *Manuel de Psychiatrie maghrébine*, sous la direction de Douki S., Moussaoui D., Kacha F., Masson, 1987.

AMMAR S., MABROUK C., « Le traité de la mélancolie d'Ishac Ibn Omrane, *Inf. Psychiatr.*, 1979 ; 55 : 273-81.

ANDREASEN Nancy, *The Broken Brain : the Biological Revolution in Psychiatry*, Harper-perennial, 1984.

ANDREASEN Nancy, « Creativity and mental illness : prevalence rates in writers and their first degree relative », *American Journal of Psychiatry*, 114, 10, p. 1288-1292, 1987.

ANGEL Pierre et Sylvie, *Comment bien choisir son Psy*, « Réponses », Robert Laffont, 1997.

ANGST J., « L'hypomanie. À propos d'une cohorte de jeunes », *L'Encéphale*, XVIII, 23-29, 1992.

ARISTOTE, *L'Homme de génie et la mélancolie*, traduction, présentation et notes de J. Pigeaud, Rivages, 1998.

AVICENNE, voir IBNOU SINA.

AZORIN Jean Michel, « Trouble bipolaire de l'enfant. Début précoce de la psychose maniaco-dépressive bipolaire », *Psynergie, Novartis., Psy*, 1998.

BAILLARGER J. B., « Classification des maladies mentales », *Gazette des Hôpitaux*, 28, n° 77, 1855.

BAILLARGER J. B., *Recherche sur les maladies mentales*, Paris, G. Masson, 1855.

BERNER Peter et coll., *Diagnostic criteria for schizophrenia and Affective Psychoses (World Psychiatric Association)*, Washington DC, 1983.

BOURGEOIS M.L., « 2000 ans de mélancolie », in *2000 ans de psychiatrie*, NHA, mars 2000.

BOURGEOIS M.L. et VERDOUX H., *Les Troubles bipolaires de l'humeur*, Masson, 1993.

BOUSTANY A., *L'Histoire des paradis artificiels, drogues de paix et drogues de guerre*, Hachette, 1993.

BROWN G. et coll., « Life events, vulnerability and onset of depression : some refinements », *British Journal of Psychiatry*, 1987.

BRUNSCHWIG H., *Une famille ça s'invente. Les atouts des parents. Les atouts des enfants*, Albin Michel, 2001.

BULICK C. M., CARPENTER L. L., KUPFER D. J., FRANCK E., « Features associated with suicide attemps in recurrent major depression », Journal of Affective Disorders, 1990, 18, 29-37

CARVALHO (de) W., OLIE J. P., *Électroconvulsivothérapie. Congrès de psychiatrie et neurologie de langue française*, Media Flash, 2001.

CARVALHO (de) W., « De l'électrochoc à l'électroconvulsivothérapie », *Paris Psycom*, 75, n° 28, déc. 1999.

DELAY Jean *Les Dérèglements de l'humeur*, Presses universitaires de France, 1946.

DERIVERY Catherine, *L'Enfer*, NiL Éditions, 1999.

DSM IV, *Manuel diagnostique et statistique des troubles mentaux*, traduction française, Masson, 1994.

DUKE Patty et HOCHMAN Gloria, *A Brilliant Madness : Living With Manic Depressive Illness*, Bantan Books, 1992.

DURKHEIM Émile, *Le Suicide*, réédition Payot, 1980.

EBTINGER R. et SICHEL J.-P., « L'hypocondrie et le suicide chez l'adolescent. Psychopathologie de l'adolescence », *Confrontations psychiatriques*, n° 7, 1971.

EGELAND J. A., GERHARD D. S., PAULS D. L., *et al.*, « Bipolar Affective Disorders Linked to DNA Markers on Chromosome 11 », Nature, 1987.

EMMANUELLI Xavier, *Dernier avis avant la fin du monde*, Albin Michel, 1998.

ESCANDE M., « Des rapports entre créativité, narcissisme, dépressivité et dépression. À propos de R. Schumann », *Psychol. Méd*, 19, 10, p. 1777-1779, 1987.

ESQUIROL Jean Étienne Dominique, *De la lypémanie ou mélancolie*, présentation par F. Fédida et J. Postel, Privat, 1976.

EY Henri, *Études psychiatriques t. 3*, Desclée de Brouwer et Cie, 1954.

FALRET J.-P., *Des maladies mentales et des asiles d'aliénés*, Paris, J.B. Baillière, 1864.

FALRET Jules, « De la mélancolie et de ses diverses variétés », *Ann. Med. Psych.*, 1890.

FERRRERI Maurice, « Au-delà des dualismes », *Synapse*, n° 166, mai 2000.

FERRERI Maurice « Les troubles psychiatriques de la grossesse et du post-partum », *Revue du praticien*, 1994.44-1671-1674.

FIEVE Ronald, *Nous sommes tous des maniaco-dépressifs*, Flammarion, 1980.

FREUD Anna, « Adolescence », *Psychoanal. Study Child*, 1958 ; 13 : 255-278.

FREUD Sigmund, « Pour introduire le narcissisme » (1914), in *La Vie sexuelle*, PUF, 1963.

FREUD Sigmund, « Deuil et mélancolie » (1915), in *Métapsychologie*, Gallimard, 1968.

GELLER B., LUBY J., « Child and Adolescent Bipolar Disorders : A review of the Past 10 Years », *J. Am. Acad. Child Adolesc. Psychiatry*, 1997 ; 36 :9 : 1168-1176.

GOLDBERG J. F., GARNO J. L., LEON A. C. *et al.*, « A History of Substance Abuse Complicates Remission from Acute Mania in Bipolar Disorder », *J. Clin. Psychiatry* 60(11) : 734-740, 1999.

GOODWIN F. K. and JAMISON K. R., *Manic Depressive Illness*, New York, Oxford, University Press, 1990.

GRAVIER François, *Art et schizophrénie*, Lilly Neurosciences, 2000.

GUINESS David, « A guide to self management », in *Managing Manic Depressive Disorders* (edited by Ved Varma), Jessica Kingsley Publisher, 1997.

GUZE S. B., ROBIN E., « Suicide and primary affective disorders », *Br J. Psychiatry*, 1970. 117 : 483-8.

HAÏM A., *Les Suicides d'adolescents*, Payot, 1969.

HANTOUCHE E. G., « Systematic clinical methodology for validating BP II. Disorders in midstream from a French national multisite study (EPIDEP) », *Journal of affective disorders*, 1998.

HARDY-BAYL M. C., HARDY P., *Maniaco-dépressif, l'histoire de Pierre*, Odile Jacob, 1998.

HAUSTGEN Thierry, *Une histoire des psychoses*, Norbert Attali, 1997.

HENRY C., « Du concept d'état mixte à la dimension dysphorique des manies », *Références en psychiatrie*, Doin, 1999.

IBN ZOHR (Avenzoar), « Attaisir », *Édition de l'Organisation arabe de l'éducation de la culture et des sciences, Édition de l'Académie du Maroc*, Rabat, 1990.

IBNOU SINA (Avicenne), « Al Kanoun » (le Canon), Beyrouth, Éditions Sader, 1995.

ISOMETSA E. T., HENRIKSSON M. M., ARO H. M. *et al.*, « Suicide in major depression », *Am. J. Psychiatr.*, 151, 4 530-536, 1994.

ISSA BEY A., *Histoire des Bimaristans à l'époque islamique*, Le Caire, imprimerie Paul Barbey, 1928.

JACQUART D., MICHEAU F., *La médecine arabe et l'occident médiéval*, Paris, Maisonneuve et Larose, 1990.

JAMISON Kay Redfield., « Mood disorders and seasonal patterns in British writers and artists », *Psychiatry 52*, p. 125-134, 1989.

JAMISON K. R., *La Tentation du néant*, Robert Laffont, 2000.

JAMISON K. R., *De l'exaltation à la dépression*, « Réponses », Robert Laffont, 1999.

JAMISON K. R., *Touched With Fire : Manic Depressive Illness and the Artistic Temperament*, The Free Press, New York, 1993.

JANET Pierre., *De l'angoisse à l'extase*, Paris, Alcan Éditions, 1928.

KAHN Axel., « Et l'Homme dans tout ça ? », NiL Éditions, 2000.

KARAM E. G. et coll., « Use and abuse of licit and illicit substances. Prevalence and risk factors among students in Lebanon », *Eur. Addict. Res.*, 6, 189-197, 2000.

KESTEMBERG G. E., « Les psychothérapies des adolescents. Psychopathologie de l'adolescence », *Confrontations psychiatriques*, n° 7, 1971.

KLEIN Mélanie, « Contribution à l'étude de la psychogenèse des états maniaco-dépressifs » (1934), in *Essais de Psychanalyse*, Payot, 1968.

KLIBANSKY R., PANOFSKY E., SAXL F., « Saturn and Melancholy Studies in History of Natural Philosophy », *Religion and Art Basic Books*, New York, 1964.

KOCHMAN Frédéric, MEYNARD Jean Albert, *Les troubles bipolaires*, Sanofi, 1999.

KRAEPELIN Emil, *La folie maniaco-dépressive* (1913), texte présenté par Jacques POSTEL et ALLER D. E., Jérôme Million, 1993.

KRAEPELIN Emil, *Traité de psychiatrie*, 1899.

LECLERC Lucien, *Histoire de la médecine arabe*, 2 tomes, Paris, Ernest Leroux, 1867, réédité par le ministère des Habous et des Affaires islamiques, Rabat, 1980.

LEMOINE Patrick, *Droit d'asiles*, Odile Jacob, 1998.

LEMPÉRIÈRE Thérèse (et coll.), *Les Troubles bipolaires : programme de recherche et d'information sur la dépression*, Masson, 1996.

LEPINE J. P. et coll., *Depression Patient Research in European Society, International Clinical Psychopharmacology*, Rapid Science Publisher, 1997.

LEWIN B., *Psychoanalysis of Elation*, Norton WW, Edition, New York, 1950.

LOO H., OLIÉ J. P., GAY Ch., *Le Déprimé et son lithium. Médecine et psychothérapie*, Masson, 1989.

LOO H., LOO P., *La Dépression*, PUF, 1991.

MAGHERINI Graziella, *Le Syndrome de Stendhal*, Perte Allée Grazie, 1989.

MÂLE P., « Le suicide chez l'enfant et l'adolescent », *Revue du praticien*, D. 1971, t. XXI, n° 32.

MENDLEWICZ J., SIMON P., CHARON F. *et al.*, « Polymorphic DNA Marker on X Chromosome and Manic Depression », *Lancet*, 1987.

MICHEL F.-B., *La Face humaine de Vincent Van Gogh*, Grasset, 1999.

MONTGOMERY D.B., MONTGOMERY S.A., « La poésie expose-t-elle à des troubles psychiatriques ? » *Nervure*, 7, hors-série, p. 10-12, 1994.

MOREAU (de Tours) J., « Du Haschich et de l'aliénation mentale », *Études psychologiques*, Paris, De Fortin Masson et Cie, 1845.

MOUSSAOUI D., ROUX-DESSARPS M. ; *Histoire de la médecine au Maroc et dans les pays arabes et musulmans*, Association marocaine d'histoire de la médecine, Casablanca, 1995.

MURAT Laure, *La maison du Docteur Blanche*, J.-C. Lattès, 2001.

NACHT Sacha, *La présence du psychanalyste*, Presse universitaire, 1963.

NASIO J. D., *Le Plaisir de lire Freud*, Payot, 1999.

OKASHA A., « Mental Health Services in Egypt World Psychiatric », *Official Bulletin*, WPA, 1992, 2.

OLIÉ J.-P. et coll., « Psychoses maniaco-dépressives », *Encyclopédie médico-chirurgicale*, Paris 37226 A 10. 4, 1990.

PASCHE F., « De la dépression », *Revue française de psychanalyse*, 1963.

PERRIS C. et EPSVALL., « Depressive type psychic reaction caused by success », *Psychiatr Clinica*, 1973.

PINEL Philippe, *Traité médico-philosophique sur l'aliénation mentale ou la manie*, Richard, Caille et Ravier, 1801.

POMMEREAU X, *Dictionnaire de la folie. Les mille et un mots de la déraison*, Albin Michel, 1995.

POST Robert, « Maladie bipolaire : un double regard », *Abstract Neuro et Psy.*, n° 188, 30 sept.-15 oct. 1998.

POSTEL J., *Genèse de la psychiatrie, les premiers écrits de Philippe Pinel*, Les Empêcheurs de penser en rond, 1998.

QUETIN A.-M., « Le certificat médical en psychiatrie », *Bulletin de l'Ordre des médecins de la ville de Paris*, avril 2001, n° 78.

ROUDINESCO Élisabeth, *Pourquoi la psychanalyse ?*, Fayard, 1999.

SELYE H., *Le Stress de la vie. Le problème de l'adaptation*, Éd. Gallimard, 1975.

SIVRY (de) Sophie, MEYER Philippe, *L'Art et la Folie*, Les empêcheurs de tourner en rond, 1998.

SOUBRIER Jean-Pierre, « À propos de la psychose maniaco-dépressive », *Perspectives psychiatriques*, I, n° 60, 1977.

SOUBRIER Jean-Pierre, « Dépression et suicide en pratique libérale », *Act. Méd. Inter. Psychiatrie*, 16-24-26, 1989.

SPITZ René, *La Première Année de la vie de l'enfant*, Paris, PUF, 1968.

SZERMAN S., *Le Guide du bien-être. Mieux se connaître pour réagir positivement aux stress*, « Réponses », Robert Laffont, 2001.

TAWIL S. , MIRABEL V., HAUSSER HAUW C., ALBY J. M., « États expansifs », *Encyclopédie médico-chirurgicale*, Éditions Techniques Psychiatrie, 37143 A10, 1991.

TAWIL S., « Les très riches heures de la psychiatrie arabo-musulmane », in *2 000 ans de psychiatrie*, NHA, 2000.

TAWIL S., « Considérations générales sur les problèmes de dépendance et de chronicité : l'expérience d'un hôpital de jour psychiatrique », *Nervure* t. IV, n° 6, sept. 1991.

TAWIL S., « Introduction aux actes des journées de l'Élan retrouvé », in *Limites des soins ambulatoires en psychiatrie*, (sous la direction de J. de VERBIZIER et S. TAWIL), Éditions l'Élan, 1994.

TAWIL S., « Psychothérapie d'inspiration psychanalytique des troubles anxieux : abord transculturel », in *Les Troubles de l'adaptation avec anxiété*, Springer, 1998.

TAWIL S., « Suicide de l'adolescent », *Le Médilien*, n° 36, avril-mai-juin 2001.

TAWIL S., « Le suicide chez l'enfant et l'adolescent », *Revue des soins psychiatriques*, sept. 1981.

TAWIL S., EY Henry, BERNARD P. et BRISSET Ch., « Urgences psychiatriques en pratique extrahospitalières », in *Manuel de psychiatrie*, Masson, 1974.

THUILLIER Jean, *Les Dix ans qui ont changé la folie*, Robert Laffont, 1980.

VARMA Ved., *Managing Manic Depressive Disorders*, Jessica Kingsley, Publisher 1997.

VERDOUX H., DEMOTES-MAINARD Ch., D'ELBÉE R., BOURGEOIS M., « Sémiologie des états d'excitation », *Encyclopédie médico-chirurgicale*, Paris 37.110-A.20, 1998.

WALTER H., *L'Aventure des mots français venus d'ailleurs*, Robert Laffont, 1996.

WINOKUR G., CORYELL W., ENDICOTT J., et coll., « Further distinctions between manic depressive illness (bipolar disorder) and primary depressive disorder (unipolar depression) », *American Journal Psychiatr.*, 150, 8, 117-6-1181, 1993.

WU L. H., DUNNER D. L., « Suicide attemps in rapid cycling bipolar disorder patients », *Journal of Affective Disorders*, 29, 57-61, 1993.

ZARIFIAN Édouard, *La Force de guérir*, Odile Jacob, 1999.

ZARIFIAN Édouard, « En France le recours aux drogues a de quoi inquiéter », propos recueillis par Gérard Nirascou, *Le Figaro*, mardi 30 juillet 2002.

ZARIFIAN Édouard, *Mission générale concernant la prescription de l'utilisation des médicaments psychotropes en France*, mars 1996. Direction générale de la Santé, ministère des Affaires sociales, de la Santé et de la Ville.

Remerciements

Ma reconnaissance va naturellement à mes patients, véritables chevilles ouvrières de cet ouvrage.

Leur souffrance m'a appris à « toujours essayer, souvent oser, parfois céder ».

Cet ouvrage doit aussi :

À Sylvie Angel et Abel Gerschenfeld, directeurs de la collection « Réponses » et pertinents conseillers.

À Claire Laroche, écrivain et « artiste du verbe », et Françoise Delivet, pour leur compétence et leur disponibilité.

À Hagop Akiskal (San Diego), Hélène Arbousse-Bastide, Antoine Boustany (Beyrouth), Saïda Darki (Tunis), Élisabeth Éléphant, Maurice Ferreri, Thierry Gineste, Elie Hantouche, Elie Karam (Beyrouth), Kay Redfield Jamison (Baltimore), Nasser Loza (Le Caire), Ahmed Okasha (Le Caire), Anne-Marie Quétin, Adel Sadek (Le Caire), Driss Moussaoui (Casablanca), Philippe Nuss, Olivier Sabate, Jean-Pierre Soubrier, Sergio Villaseñor (Guadalajara).

Ils m'ont tantôt aidé dans la conception d'un chapitre ou relu un texte, confié une anecdote, un article ou un texte inédit, ou permis de reproduire un texte déjà publié par eux-mêmes.

À Michelle Roy, responsable du centre de documentation à l'Institut Paul Sivadon et à sa collaboratrice Annie Hennebert, à Martine Dussol, Christelle Ferreira et Patricia Lebras, les « trois grâces » du traitement de texte, à Walid Massad et à Thierry Thoraval, les magiciens de l'informatique et d'Internet.

Enfin, ma reconnaissance va à ma femme Christine Tawil-Longreen, qui a relu mon manuscrit et qui a eu le mérite de me supporter tout au long de sa rédaction.

TABLE

Composition et mise en page : Facompo, Lisieux

Impression réalisée sur CAMERON par

BUSSIÈRE CAMEDAN IMPRIMERIES

GROUPE CPI

à Saint-Amand-Montrond (Cher)
pour le compte des Éditions Robert Laffont
en octobre 2002

N° d'édition : 43120. — N° d'impression : 024953/4.
Dépôt légal : novembre 2002.

Imprimé en France